발 행 일	초판 1쇄 2024년 8월 20일
I S B N	978-89-5960-483-8
정 가	14,000원

집 필	렉스 기획팀
진 행	이 영 수
본문디자인	디자인 꿈틀

발 행 처	(주)렉스미디어
발 행 인	안 광 준
주 소	경기도 파주시 파주읍 정문로 588번길 24
대 표 전 화	(02)849-4423
대 표 팩 스	(02)849-4421
홈 페 이 지	www.rexmedia.net

※ 이 책은 저작권법에 따라 보호를 받는 저작물이므로 무단 전재와 무단 복제를 금지하며,
이 책 내용의 전부 또는 일부를 이용하려면 반드시 렉스미디어 출판사의 서면 동의를 받아야 합니다.

이 책의 차례

한쇼 2022

01장 한쇼 시작하기 ·········· 4
- 한쇼 실행하고 프레젠테이션 만들기
- 프레젠테이션 저장하고 한쇼 종료하기

02장 한자와 특수 문자 입력하기 ·········· 10
- 프레젠테이션 열고 한자 입력하기
- 특수문자 입력하고 다른 이름으로 저장하기

03장 슬라이드 다루기 ·········· 16
- 슬라이드 삽입하고 삭제하기
- 슬라이드 복제하고 이동하기

04장 문단 다루기 ·········· 22
- 문단의 들여쓰기 수준 높이고 낮추기
- 문단 사이의 간격 지정하기

05장 글머리표 및 번호 매기기 ·········· 28
- 글머리표 매기기
- 번호 매기기

06장 글자 모양 지정하고 모양 복사하기 ·········· 34
- 글자 모양 지정하기
- 모양 복사하기

07장 테마 지정하기 ·········· 40
- 테마 지정하기
- 테마 색과 테마 글꼴 변경하기

08장 단원 종합 평가 문제 ·········· 46

09장 워드숍과 그리기마당 활용하기 ·········· 48
- 워드숍 활용하기
- 그리기마당 활용하기

10장 도형과 그림 활용하기 ·········· 58
- 도형 활용하기
- 그림 활용하기

11장 디자인마당 활용하기 ·········· 66
- 디자인마당 삽입하기
- 디자인마당 꾸미기

12장 배경 서식 지정하고 인쇄하기 ·········· 74
- 배경 서식 지정하기
- 인쇄하기

이 책의 차례

13장 표 작성하기 ···················· 80
- 표 삽입하기
- 표 꾸미기

14장 차트 작성하기 ···················· 88
- 차트 삽입하기
- 차트 꾸미기

15장 동영상 활용하기 ···················· 96
- 동영상 삽입하기
- 동영상 꾸미기

16장 단원 종합 평가 문제 ····················102

17장 앨범 만들기 ····················104
- 앨범 만들기
- 앨범 수정하기

18장 슬라이드 마스터와 유인물 마스터 설정하기 ············110
- 슬라이드 마스터 설정하기
- 유인물 마스터 설정하기

19장 화면 전환 효과 지정하고 슬라이드 쇼 시작하기 ········ 118
- 화면 전환 효과 지정하기
- 슬라이드 쇼 시작하기

20장 애니메이션 지정하기 ····················126
- 애니메이션 지정하기
- 애니메이션 추가하기

21장 하이퍼링크와 실행 단추 삽입하기 ····················134
- 하이퍼링크 삽입하기
- 실행 단추 삽입하기

22장 슬라이드 숨기고 슬라이드 쇼 재구성하기 ················142
- 슬라이드 숨기기
- 슬라이드 쇼 재구성하기

23장 슬라이드 쇼 진행하고 예행연습하기 ···················· 148
- 슬라이드 쇼 진행하기
- 예행연습하기

24장 단원 종합 평가 문제 ····················156

단원 종합 평가 문제 정답 ····················158

Chapter 01 한쇼 시작하기

학습 목표
- ◆ 한쇼를 실행하고 프레젠테이션을 만드는 방법에 대해 알아봅니다.
- ◆ 프레젠테이션을 저장하고 한쇼를 종료하는 방법에 대해 알아봅니다.

자신의 의견을 청중에게 전달하는 것을 '프레젠테이션'이라고 하는데요. 한쇼는 프레젠테이션을 만들 수 있는 프로그램입니다.

Preview

THEME 01 한쇼 실행하고 프레젠테이션 만들기

❶ 한쇼를 실행하기 위해 ⊞[시작] 단추를 클릭한 후 앱 뷰에서 [한쇼 2022]를 클릭합니다.

바탕화면의 바로 가기 아이콘(　)을 실행해도 한쇼 프로그램을 실행할 수 있습니다.

❷ 한컴 오피스(Hancom Office 2022) 화면의 [한쇼] 탭이 표시되면 [새문서]를 클릭합니다.

❸ 레이아웃을 변경하기 위해 [편집] 탭에서 [레이아웃]을 클릭한 후 [제목 및 내용]을 클릭합니다.

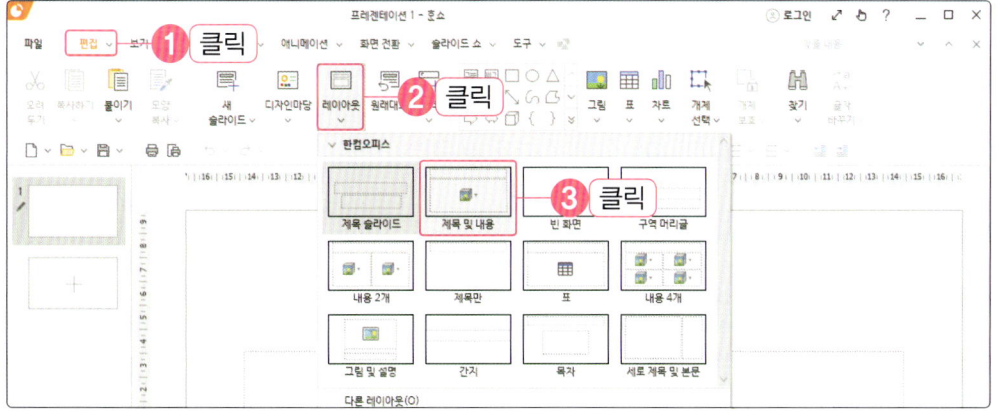

❹ 레이아웃이 변경되면 제목 텍스트 상자를 클릭한 후 제목(채소 영단어)을 입력합니다.

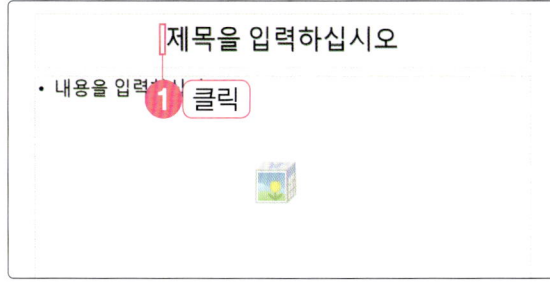 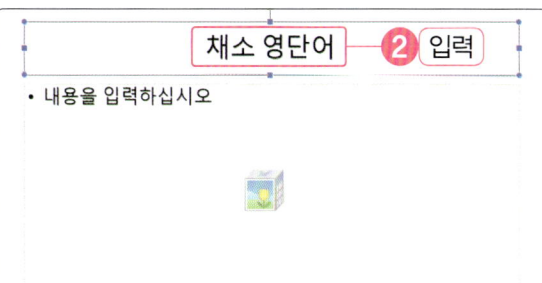

한쇼의 화면 구성 살펴보기

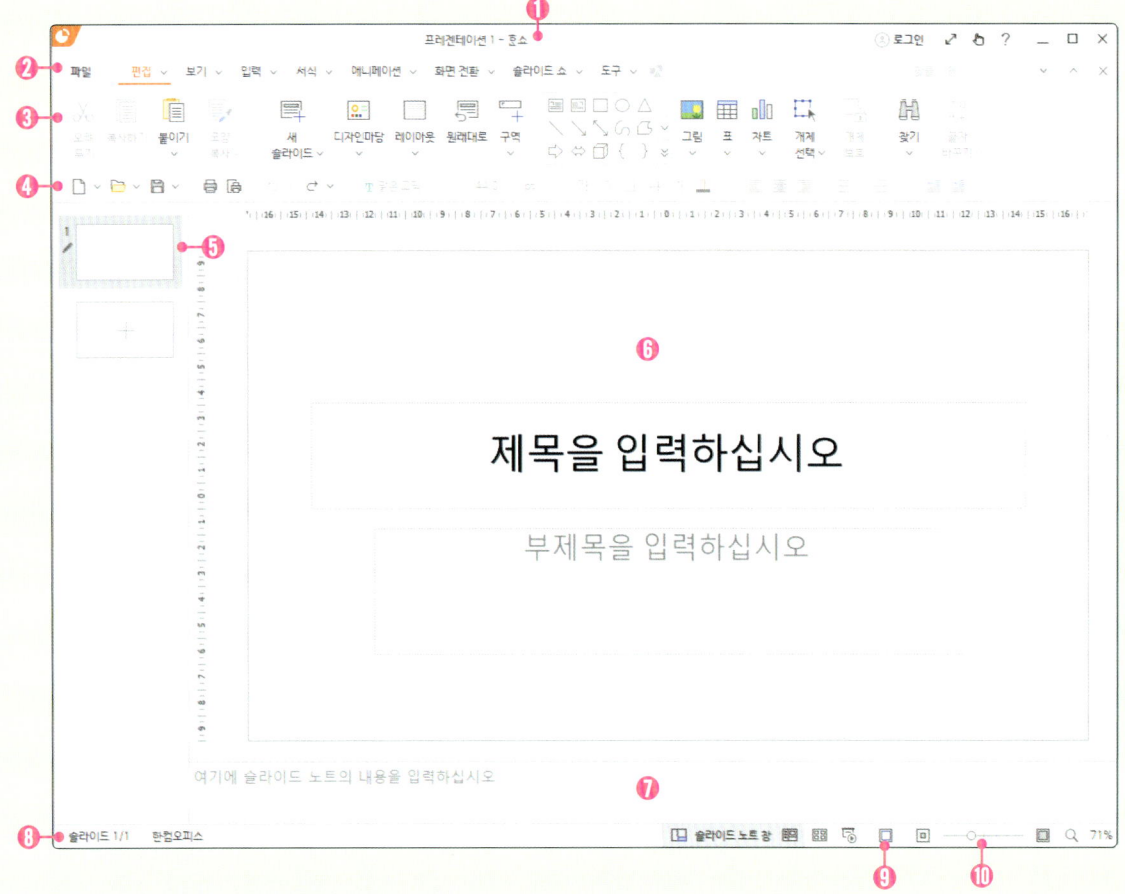

❶ **제목 표시줄** : 프레젠테이션의 파일 이름과 프로그램의 이름(프레젠테이션 1 – 한쇼)이 표시되는 곳입니다.
❷ **메뉴 표시줄** : 프로그램에서 사용하는 메뉴를 비슷한 기능별로 묶어 놓은 곳입니다.
❸ **기본 도구 상자** : 각 메뉴에서 자주 사용하는 기능을 묶어서 메뉴 탭 형식으로 제공합니다.
　　기본적으로는 메뉴별 열림 상자가 나타나며, 상황에 따라 개체(텍스트 상자, 표, 차트, 클립아트 등)별, 상태별 열림 상자가 동적으로 나타납니다.

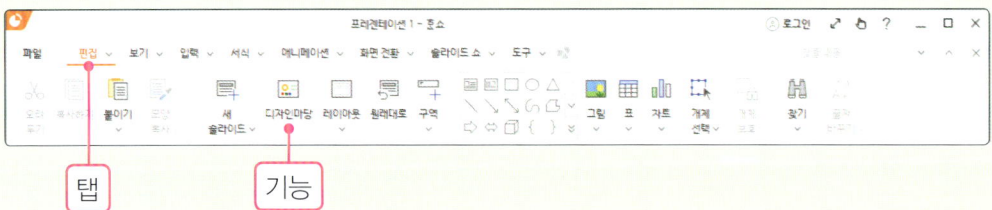

❹ **서식 도구 상자** : 문서 편집 시 자주 사용하는 기능을 모아 아이콘으로 묶어서 놓은 곳입니다.
❺ **슬라이드 탭** : 슬라이드를 축소한 그림이 표시되는 곳입니다.
❻ **슬라이드 창** : 슬라이드를 작성하는 곳입니다.
❼ **슬라이드 노트 창** : 슬라이드를 설명할 때 참고할 내용을 입력하는 곳입니다.
❽ **상태 표시줄** : 선택한 슬라이드의 번호나 지정한 테마 등 사용자에게 필요한 정보를 알려주는 곳입니다.
❾ **창 맞춤** : 슬라이드 화면의 확대/축소 배율을 슬라이드 창에 맞게 맞춥니다.
❿ **확대/축소** : 슬라이드 화면의 확대/축소 배율이 퍼센트(%)로 표시되거나 확대/축소 막대를 드래그하여 화면의 확대/축소 배율을 지정할 수 있는 곳입니다.

❺ 내용 텍스트 상자를 클릭한 후 내용(오이 : cucumber)을 입력한 다음 Enter를 누릅니다.

 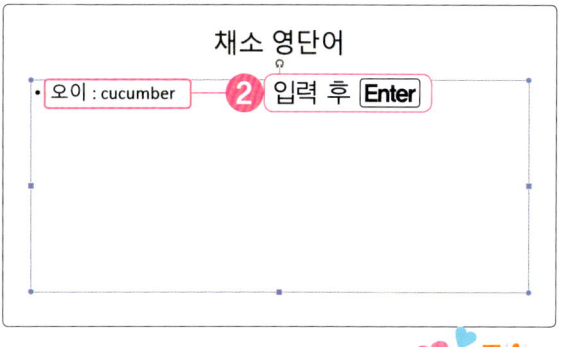

Tip
내용(오이 : cucumber)을 입력한 후 Enter를 누르면 글머리 표(여기서는 •)가 자동으로 넣어집니다.

❻ 같은 방법으로 다음과 같이 나머지 내용을 입력합니다.

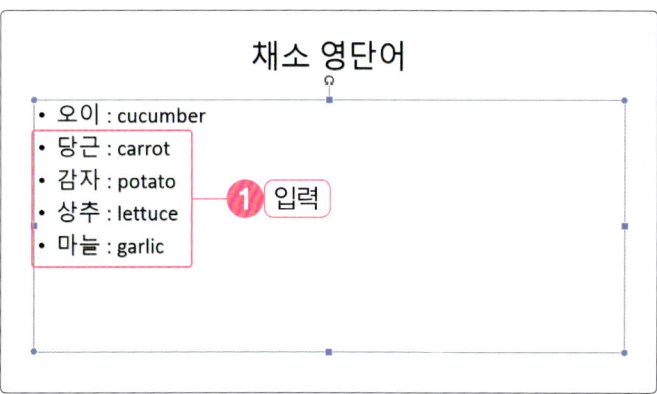

알아두면 실력튼튼

새 프레젠테이션 문서 만들기

[파일] 탭에서 [새 문서]를 클릭하거나 Alt+N을 누르면 새 프레젠테이션 문서를 만들 수 있습니다.

Chapter 01 - 한쇼 시작하기 **7**

THEME 02 프레젠테이션 저장하고 한쇼 종료하기

1 프레젠테이션을 저장하기 위해 [파일] 탭에서 [저장하기]를 클릭합니다.

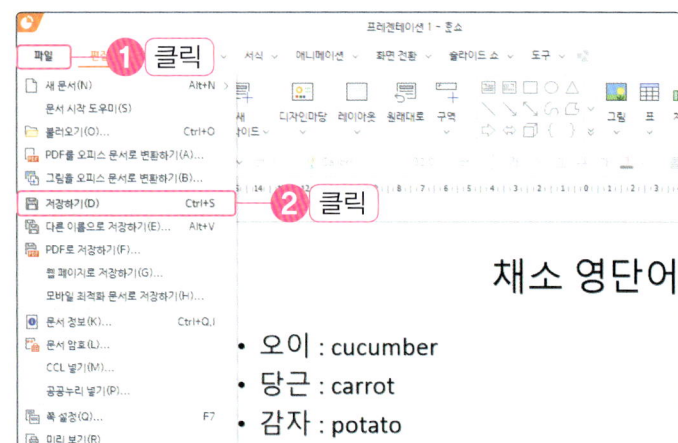

> **Tip**
> Ctrl+S를 눌러 프레젠테이션을 저장할 수도 있습니다.

2 [다른 이름으로 저장하기] 대화상자가 나타나면 위치(내 PC\문서)를 선택한 후 파일 이름(채소 영단어)을 입력한 다음 [저장] 단추를 클릭합니다.

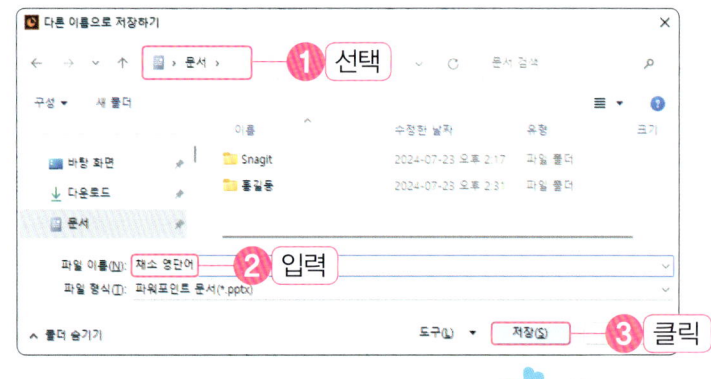

> **Tip**
> 프레젠테이션이 저장되면 제목 표시줄에 저장된 프레젠테이션의 파일 이름이 표시 되며, 저장된 프레젠테이션의 확장자는 'pptx'입니다.

3 [파일] 탭에서 [끝]을 클릭하면 한쇼 프로그램이 종료됩니다.

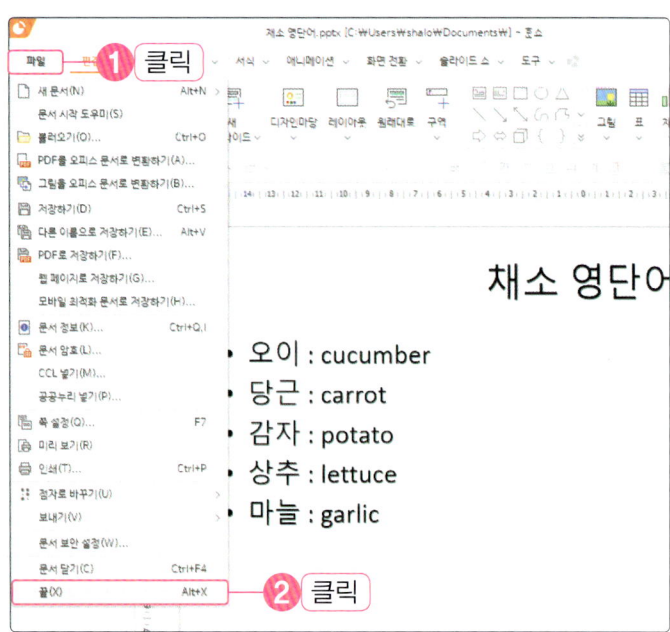

01 다음은 한쇼의 화면 구성입니다. 화면 구성 요소의 이름을 적어 보세요.

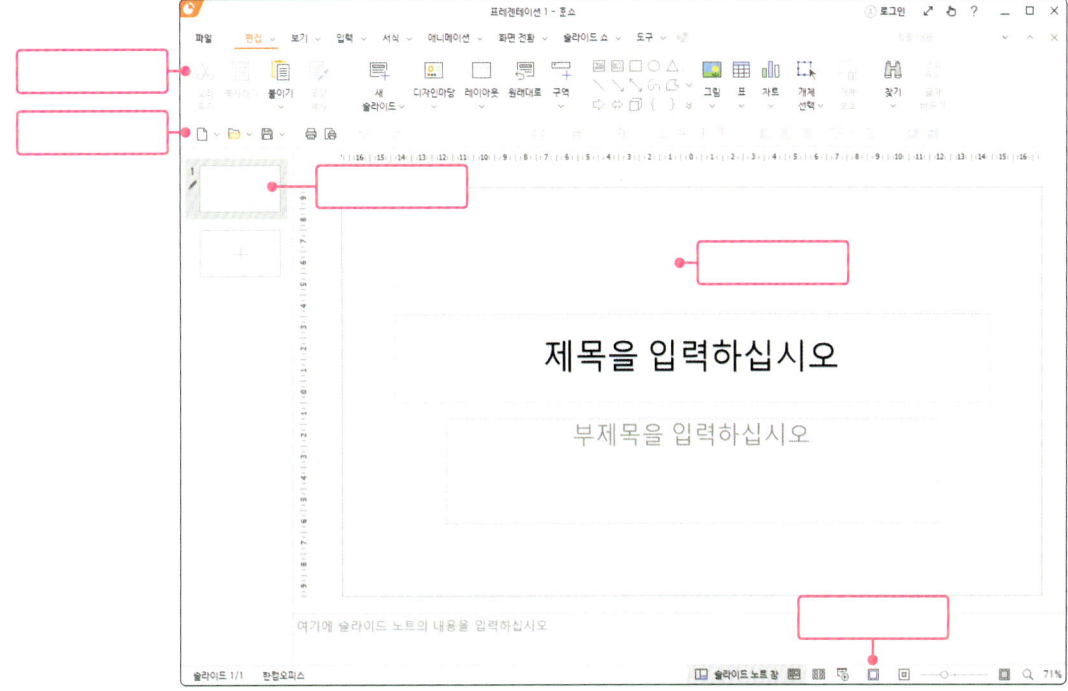

02 다음과 같이 한쇼를 실행한 후 슬라이드를 작성한 다음 프레젠테이션을 저장해 보세요.
- 레이아웃 변경 : 제목 슬라이드 → 제목 및 내용
- 프레젠테이션 저장 : 위치(내 PC\문서), 파일 이름(과일 영단어)

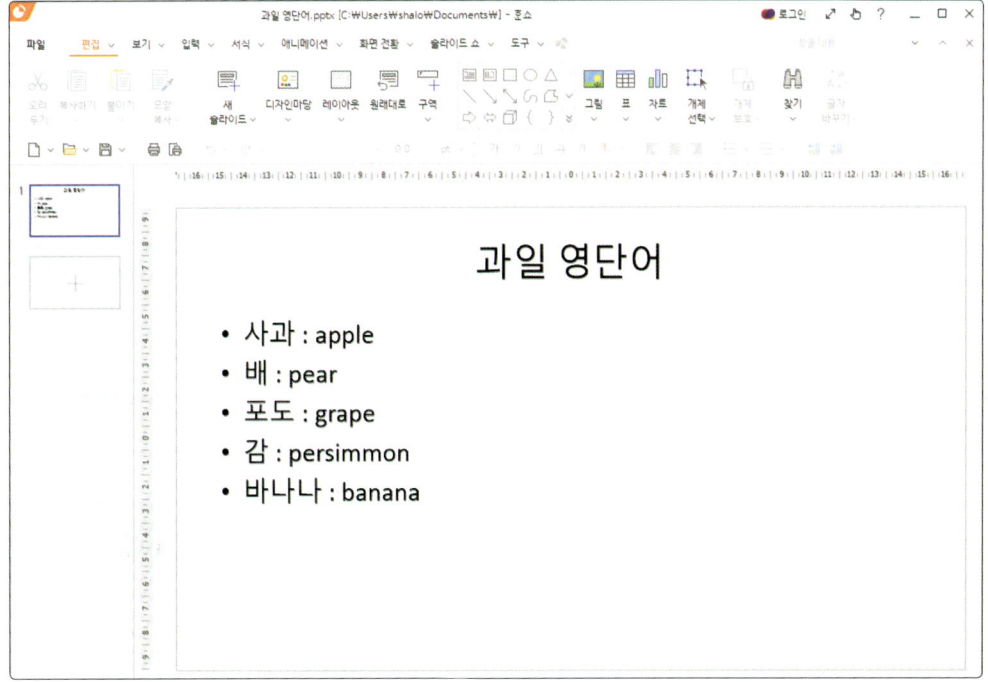

Chapter 02 한자와 특수 문자 입력하기

학습 목표
- 프레젠테이션을 열고 한자를 입력하는 방법에 대해 알아보겠습니다.
- 특수 문자를 입력하고 다른 이름으로 프레젠테이션을 저장하는 방법에 대해 알아보겠습니다.

슬라이드에는 한글이나 영어뿐만 아니라 한자나 특수 문자도 입력할 수 있는데요. 한자는 한글을 입력한 후 글자 바꾸기 기능을 사용하여 입력하고, 키보드로 입력할 수 없는 ●, ㅁ, ▲과 같은 특수 문자는 문자표 기능을 사용하여 입력합니다.

Preview

THEME 01 프레젠테이션 열고 한자 입력하기

1 한쇼를 실행한 후 프레젠테이션을 열기 위해 [파일] 탭에서 [불러오기]를 클릭합니다.

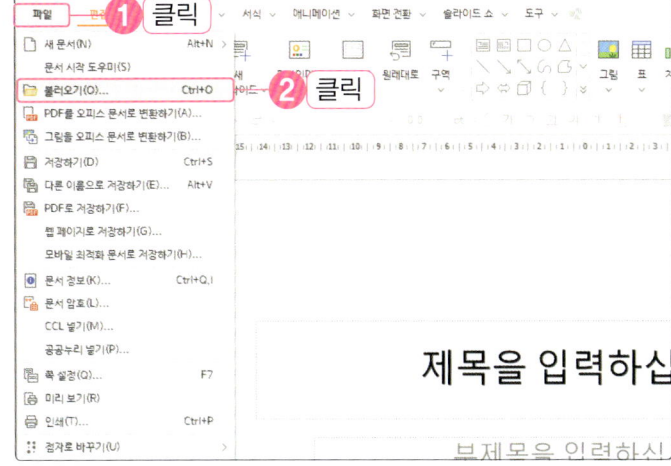

Tip
Ctrl+O를 눌러 프레젠테이션을 열 수도 있습니다.

2 [불러오기] 대화상자가 나타나면 위치(한쇼 2022\Chapter 02)를 선택한 후 파일(단오)을 선택한 다음 [열기] 단추를 클릭합니다.

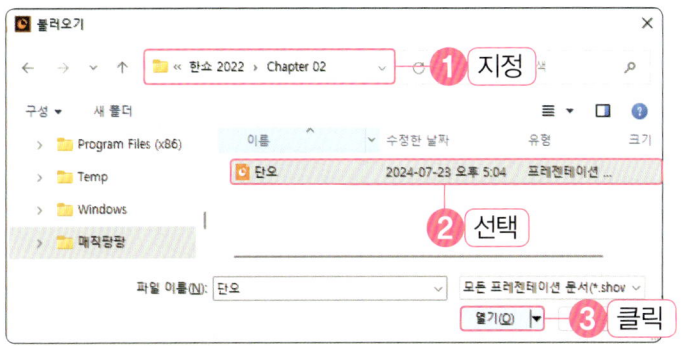

3 프레젠테이션이 열리면 한자를 입력하기 위해 '단오'를 드래그하여 선택한 후 [입력] 탭에서 [한자 입력]을 클릭한 다음 [한자로 바꾸기]를 클릭합니다.

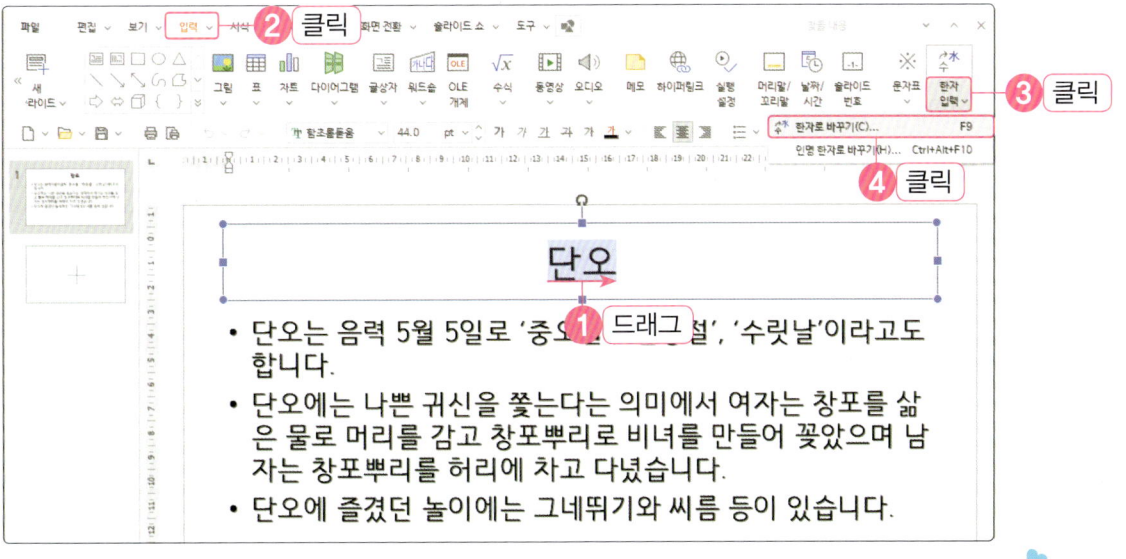

Tip
'단오'를 드래그하여 선택한 후 F9 또는 한자를 눌러 한자를 입력할 수도 있습니다.

④ [한자로 바꾸기] 대화상자가 나타나면 한자(端午)와 입력 형식(한글(漢字))을 선택한 후 [바꾸기] 단추를 클릭합니다.

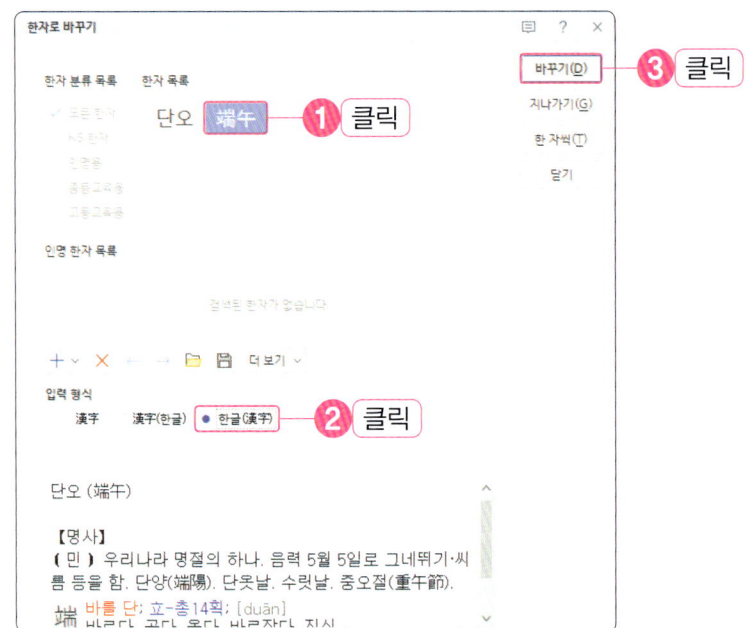

Tip
[더 보기]-[자전 보이기]는 한자의 뜻과 음, 부수, 획수, 중국어 발음 기호 등 한자 자전을 뜻풀이 상자에 보여 주므로, 원하는 한자를 쉽고 정확하게 선택할 수 있도록 도와줍니다.

알아두면 실력튼튼

입력 형식
- 漢字 : 단오 → 端午
- 漢字(한글) : 단오 → 端午(단오)
- 한글(漢字) : 단오 → 단오(端午)

⑤ 같은 방법으로 다음과 같이 한자를 입력합니다.

단오(端午)

- 단오는 음력 5월 5일로 '중오절(重五節)', '천중절', '수릿날'이라고도 합니다.
- 단오에는 나쁜 귀신을 쫓는다는 의미에서 여자는 창포(菖蒲)를 삶은 물로 머리를 감고 창포뿌리로 비녀를 만들어 꽂았으며 남자는 창포뿌리를 허리에 차고 다녔습니다.
- 단오에 즐겼던 놀이에는 그네뛰기와 씨름 등이 있습니다.

THEME 02 특수 문자 입력하고 다른 이름으로 저장하기

1 특수 문자를 입력하기 위해 '단오' 앞에 커서를 둔 후 [입력] 탭에서 [문자표]의 ∨ [목록] 단추를 클릭한 다음 [문자표]를 클릭합니다.

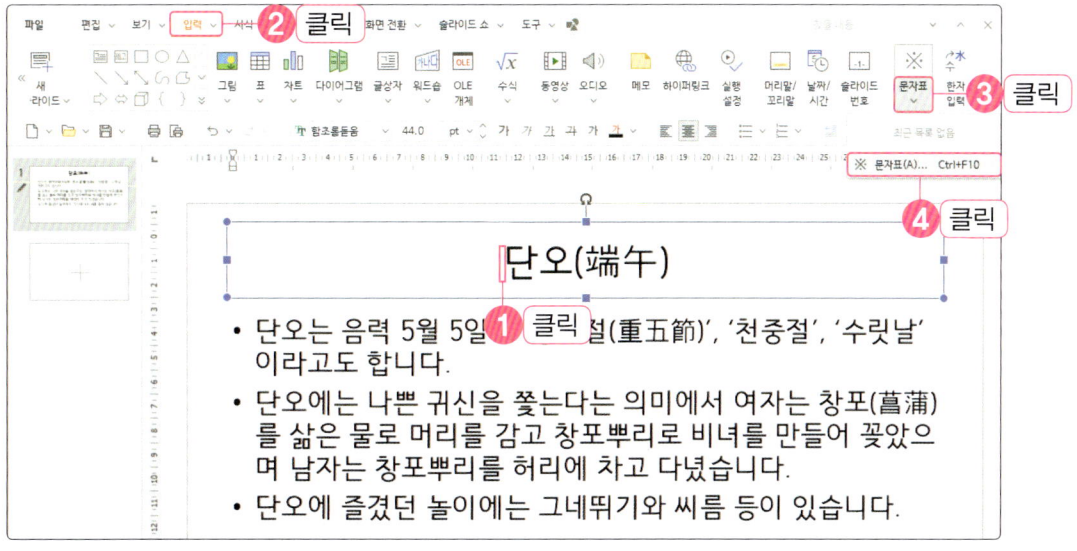

2 [문자표] 대화상자가 나타나면 [흔글(HNC) 문자표] 탭에서 문자 영역(전각 기호(일반))을 클릭한 후 문자(◐)를 선택한 다음 [넣기] 단추를 클릭합니다.

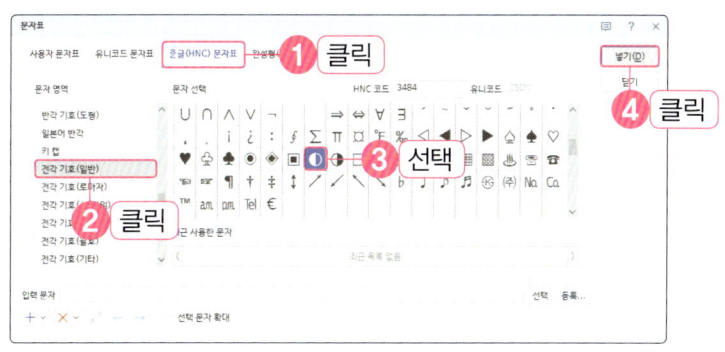

3 같은 방법으로 다음과 같이 ◐ 문자를 입력합니다.

◐단오(端午)◐

- 단오는 음력 5월 5일로 '중오절(重五節)', '천중절', '수릿날' 이라고도 합니다.
- 단오에는 나쁜 귀신을 쫓는다는 의미에서 여자는 창포(菖蒲)를 삶은 물로 머리를 감고 창포뿌리로 비녀를 만들어 꽂았으며 남자는 창포뿌리를 허리에 차고 다녔습니다.
- 단오에 즐겼던 놀이에는 그네뛰기와 씨름 등이 있습니다.

❹ 다른 이름으로 프레젠테이션 문서를 저장하기 위해 [파일] 탭에서 [다른 이름으로 저장하기]를 클릭합니다.

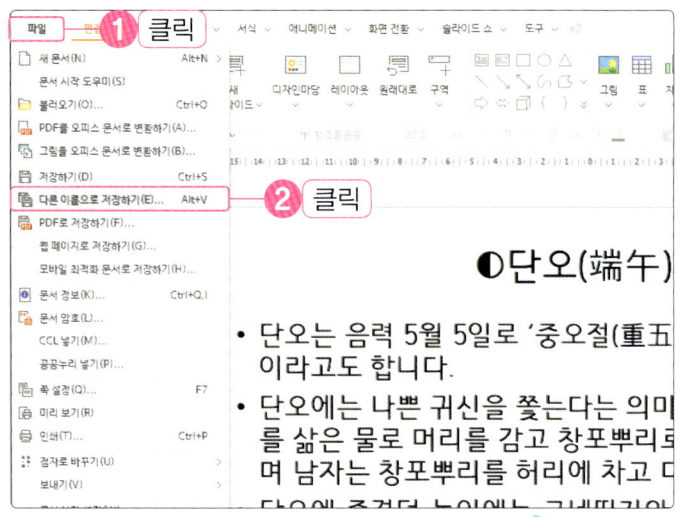

- Alt+V를 눌러 다른 이름으로 프레젠테이션을 저장할 수도 있습니다.
- 프레젠테이션을 연 후 슬라이드를 수정한 다음 [파일] 탭에서 [저장하기]를 클릭하면 [다른 이름으로 저장하기] 대화상자가 나타나지 않고 기존 파일 이름으로 저장되는데요. [파일] 탭에서 [다른 이름으로 저장하기]를 클릭하면 기존 프레젠테이션을 그대로 둔 상태에서 다른 파일 이름으로 프레젠테이션을 하나 더 만들 수 있습니다.

❺ [다른 이름으로 저장하기] 대화상자가 나타나면 위치(내 PC\문서)를 선택한 후 파일 이름(단오(완성))을 입력한 다음 [저장] 단추를 클릭합니다.

❻ 다음과 같이 다른 이름으로 프레젠테이션 문서가 저장됩니다.

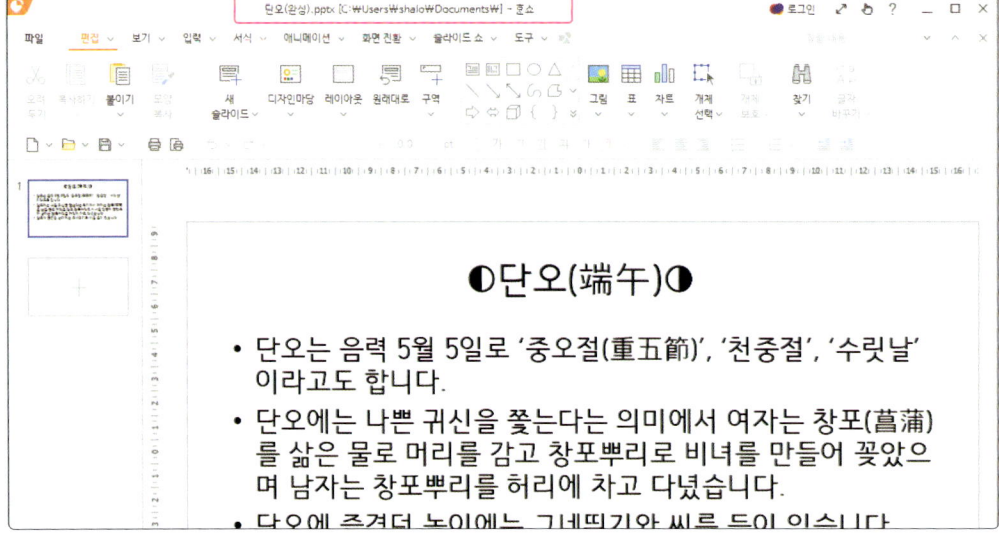

01 다음과 같이 '한식' 파일을 연 후 한자를 입력해 보세요.

- 한자 입력 : 한식 → 寒食(한식), 동지 → 冬至(동지)

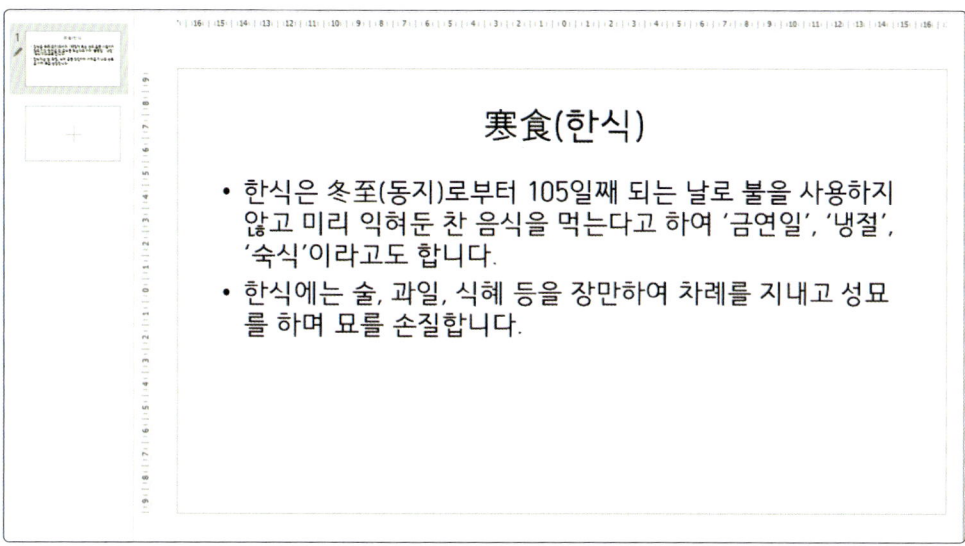

02 다음과 같이 특수 문자를 입력한 후 다른 이름으로 프레젠테이션을 저장해 보세요.

- 특수 문자 입력 : ◆
- 다른 이름으로 프레젠테이션 저장 : 위치(내 PC\문서), 파일 이름(한식(완성))

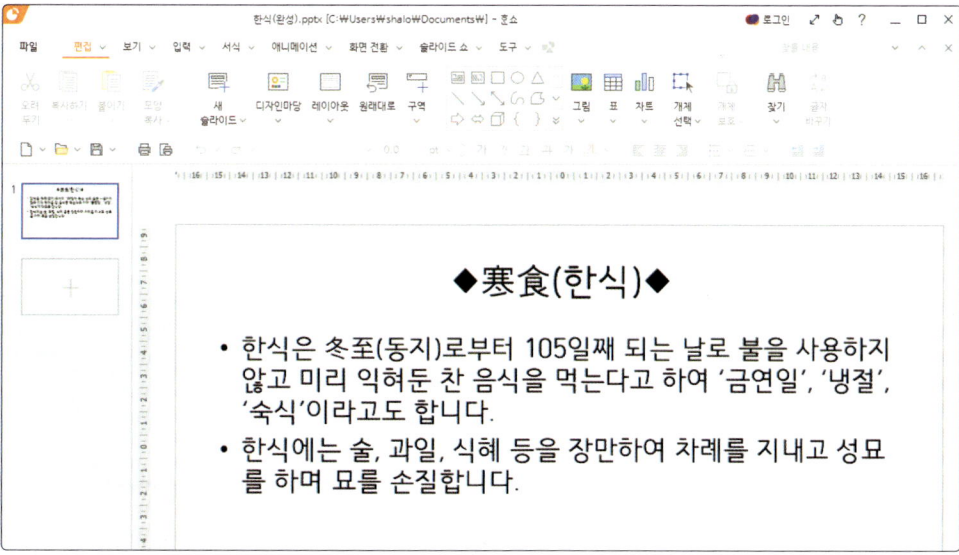

Hint

[문자표 입력] 대화상자에서 ◆ 문자를 선택한 후 [넣기] 단추를 클릭하면 ◆ 문자를 입력할 수 있습니다.

Chapter 03 슬라이드 다루기

학습 목표
- ◆ 슬라이드를 삽입하고 삭제하는 방법에 대해 알아보겠습니다.
- ◆ 슬라이드를 복제하고 이동하는 방법에 대해 알아보겠습니다.

프레젠테이션을 만들다 보면 슬라이드가 더 필요하여 슬라이드를 삽입해야 하거나 필요 없는 슬라이드를 삭제해야 하는 경우가 있는데요. 한쇼에서는 슬라이드를 삽입하거나 삭제할 수 있으며 복제하거나 이동할 수도 있습니다.

Preview

THEME 01 슬라이드 삽입하고 삭제하기

① '봄철과 여름철 별자리' 파일을 연 후 슬라이드를 삽입하기 위해 슬라이드 탭에서 1번 슬라이드를 선택한 다음 [편집] 탭에서 [새 슬라이드]의 ∨ [목록] 단추를 클릭하고 [제목 및 내용]을 클릭합니다.

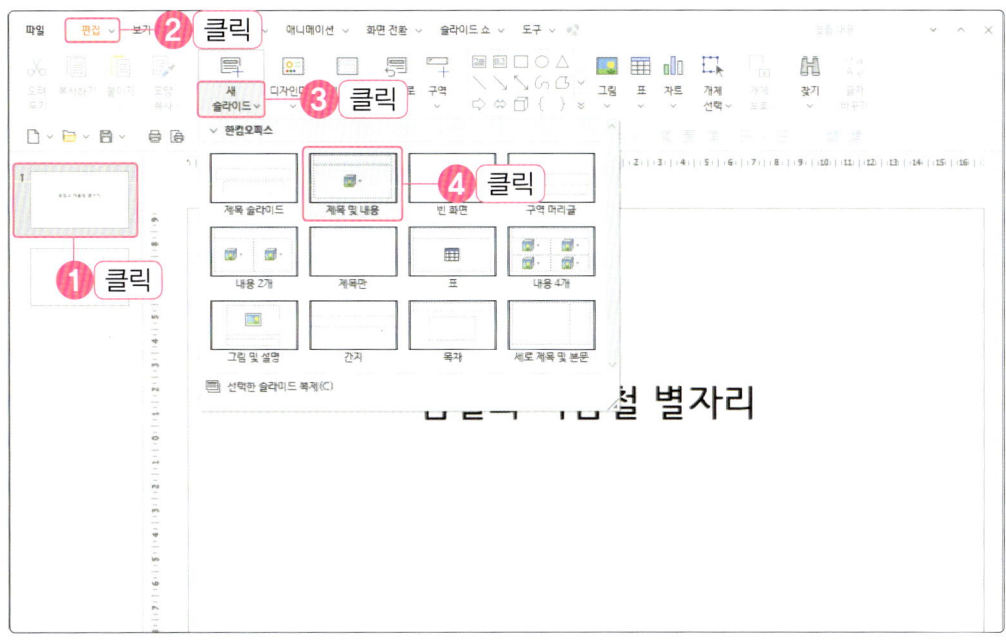

Tip
- 슬라이드의 바로 가기 메뉴에서 [새 슬라이드]를 클릭하여 슬라이드를 삽입할 수도 있습니다.
- 새 슬라이드는 선택한 슬라이드 아래에 삽입됩니다.

② 슬라이드가 삽입되면 다음과 같이 2번 슬라이드를 작성합니다.

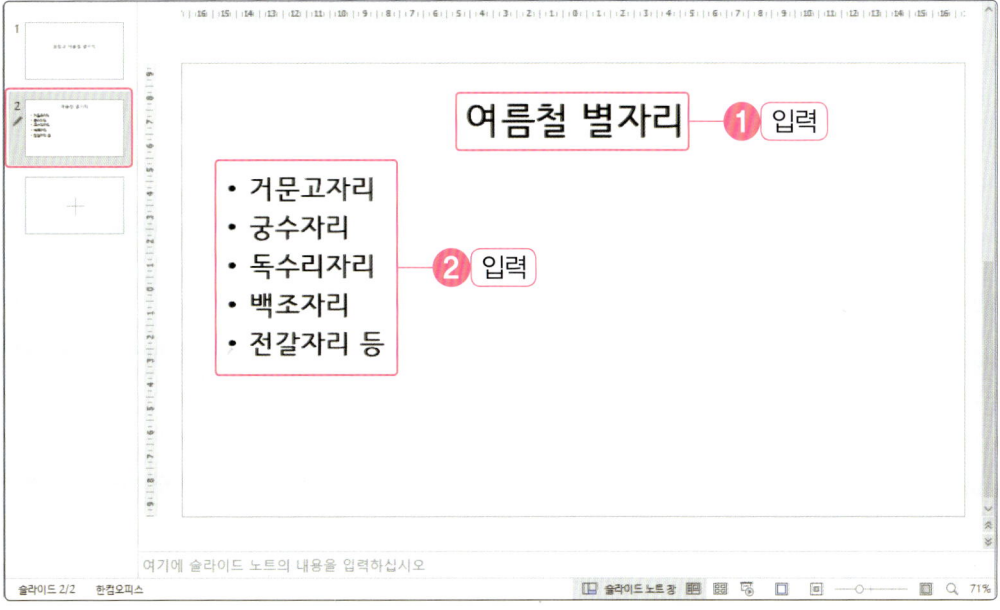

Chapter 03 – 슬라이드 다루기 **17**

③ 슬라이드를 삭제하기 위해 슬라이드 탭에서 1번 슬라이드를 선택한 후 Delete 를 누릅니다.

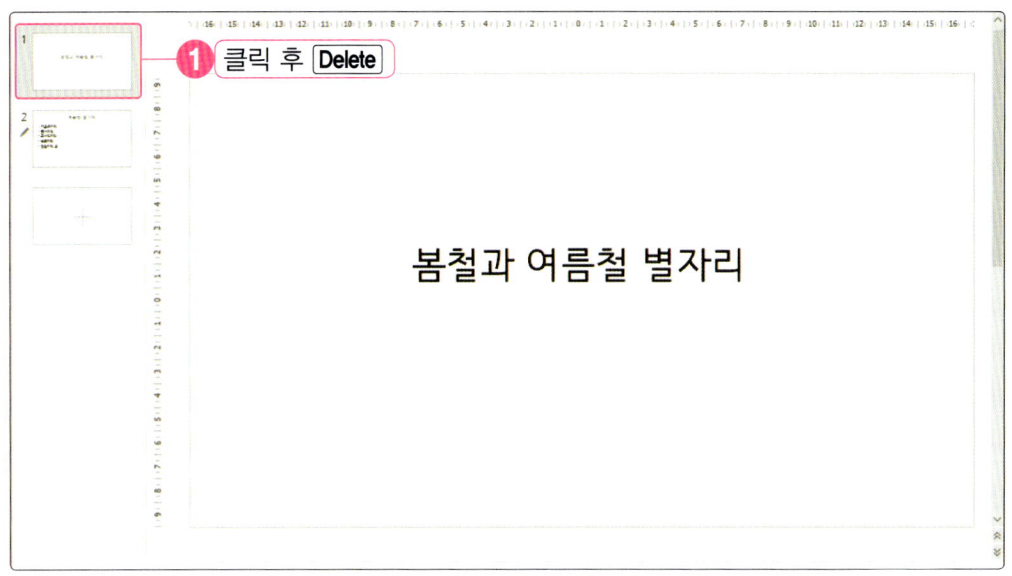

슬라이드의 바로 가기 메뉴에서 [슬라이드 지우기]를 클릭하여 슬라이드를 삭제할 수도 있습니다.

④ 다음과 같이 슬라이드가 삭제됩니다.

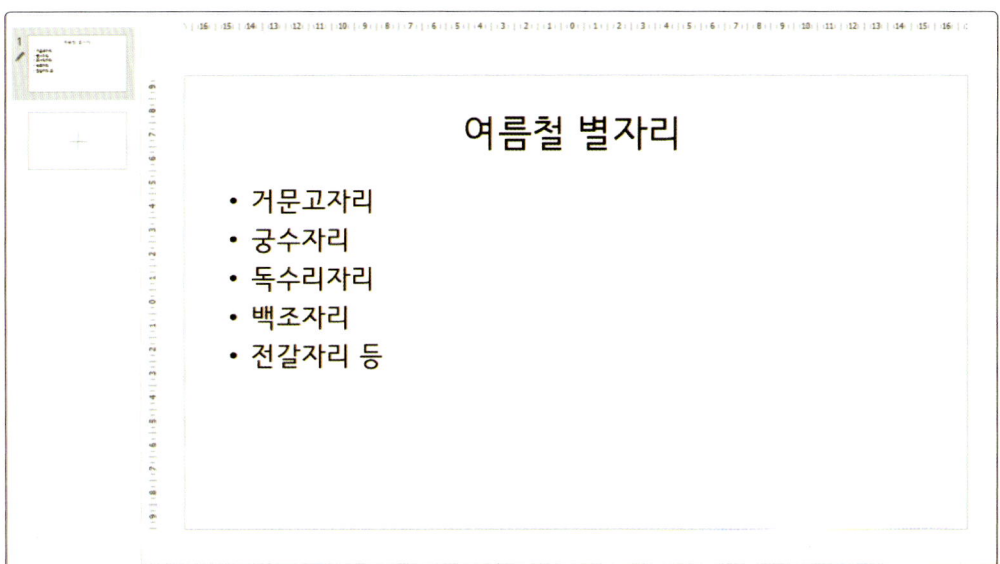

알아두면 실력튼튼

슬라이드 선택하기

- **하나의 슬라이드 선택** : 슬라이드 탭에서 슬라이드를 클릭합니다.
- **연속적인 슬라이드 선택** : 슬라이드 탭에서 첫 번째 슬라이드를 선택한 후 Shift 를 누른 상태에서 마지막 슬라이드를 선택합니다.
- **비연속적인 슬라이드 선택** : 슬라이드 탭에서 슬라이드를 선택한 후 Ctrl 을 누른 상태에서 다른 슬라이드를 선택합니다.
- **모든 슬라이드 선택** : 슬라이드 탭에서 슬라이드를 선택한 후 [편집] 탭의 ∨ [목록] 단추를 클릭한 다음 [모두 선택]을 클릭하거나 Ctrl + A 를 누릅니다.

THEME 02 슬라이드 복제하고 이동하기

❶ 슬라이드를 복제하기 위해 슬라이드 탭에서 1번 슬라이드를 선택한 후 Ctrl+D를 누릅니다.

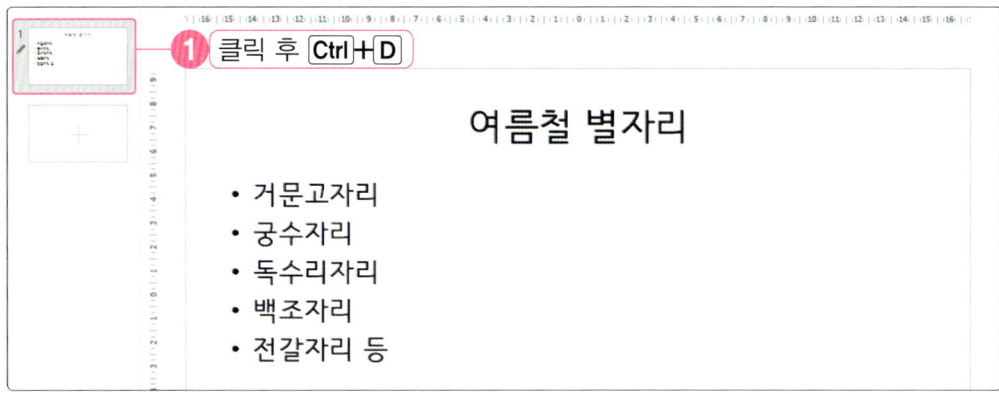

슬라이드의 바로 가기 메뉴에서 [선택한 슬라이드 복제]를 클릭하여 슬라이드를 복제할 수도 있습니다.

❷ 슬라이드가 복제되면 다음과 같이 슬라이드를 수정합니다.

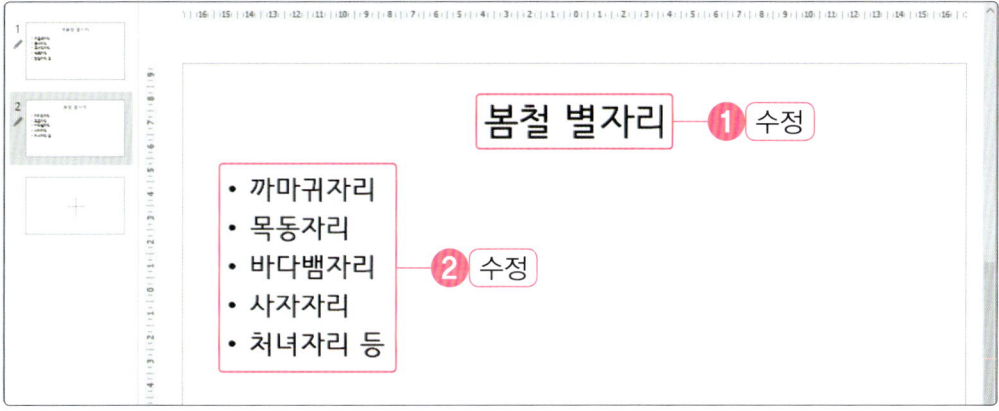

❸ 슬라이드를 이동하기 위해 슬라이드 탭에서 1번 슬라이드를 2번 슬라이드 아래로 드래그 합니다.

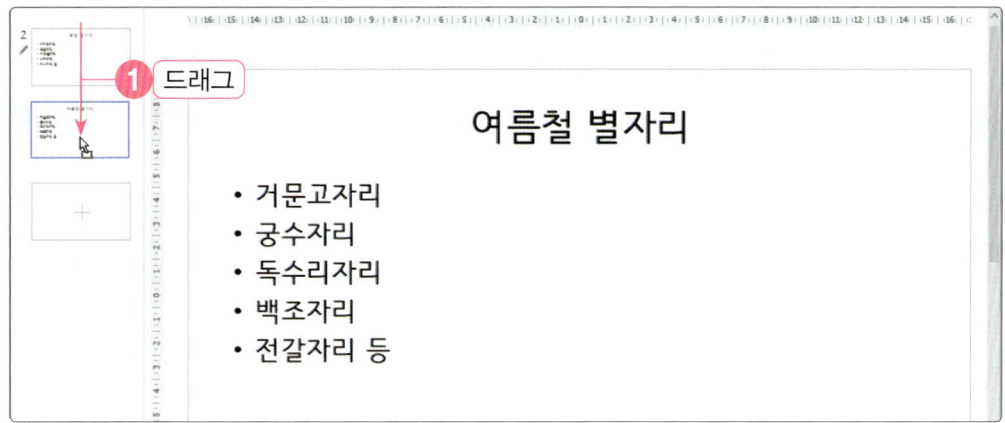

다음과 같이 슬라이드가 이동됩니다.

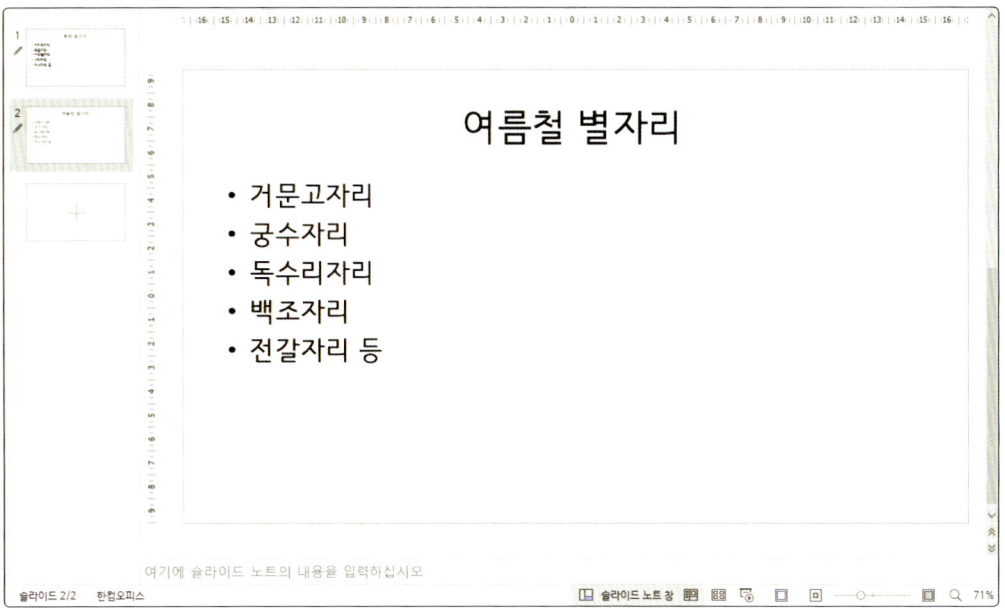

알아두면 실력튼튼

여러 슬라이드 보기에서 슬라이드 복제하고 이동하기

[보기] 탭에서 [여러 슬라이드]를 클릭하면 프레젠테이션 보기를 여러 슬라이드 보기로 전환하여 슬라이드를 복제하거나 이동할 수 있는데요. 다음과 같이 여러 슬라이드 보기에서는 복제할 슬라이드의 바로 가기 메뉴의 [선택한 슬라이드 복제]를 클릭하면 슬라이드가 복제되고, 슬라이드를 드래그하면 슬라이드가 이동됩니다.

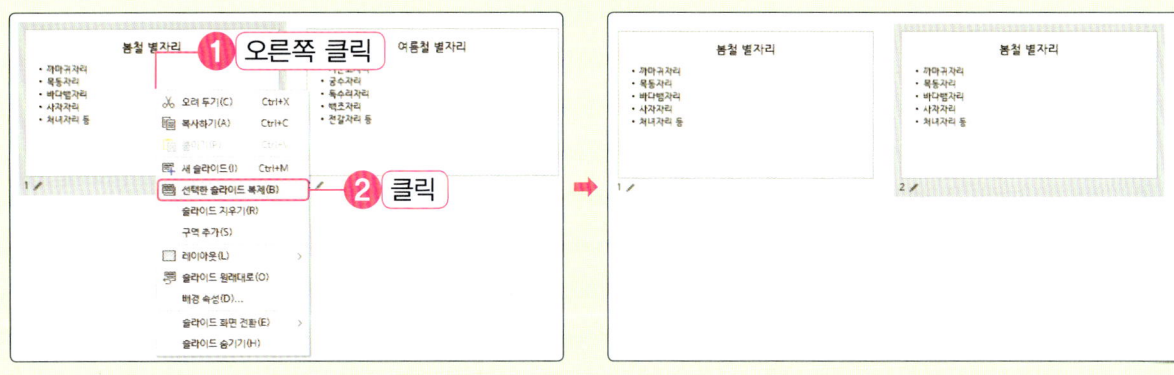

▲ 슬라이드를 복제하는 경우

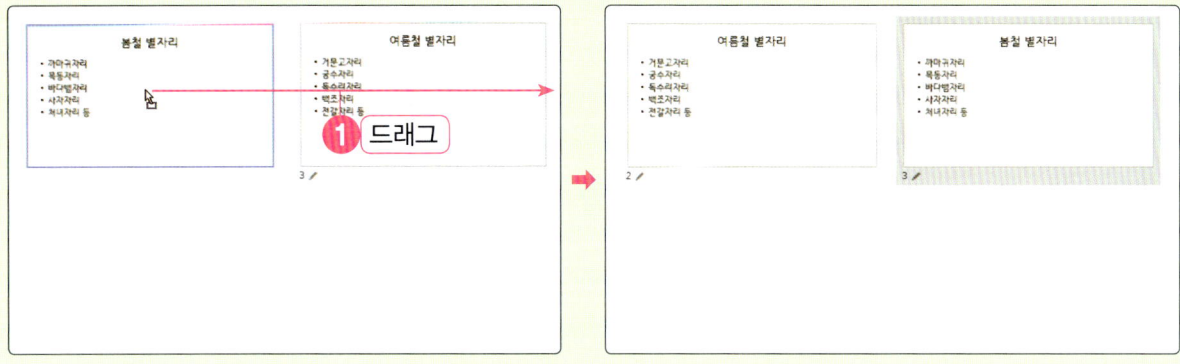

▲ 슬라이드를 이동하는 경우

01 다음과 같이 '가을철과 겨울철 별자리' 파일을 연 후 슬라이드를 삽입한 다음 슬라이드를 작성해 보세요.

- 슬라이드 삽입 : 1번 슬라이드 아래에 슬라이드(제목 및 내용)를 삽입

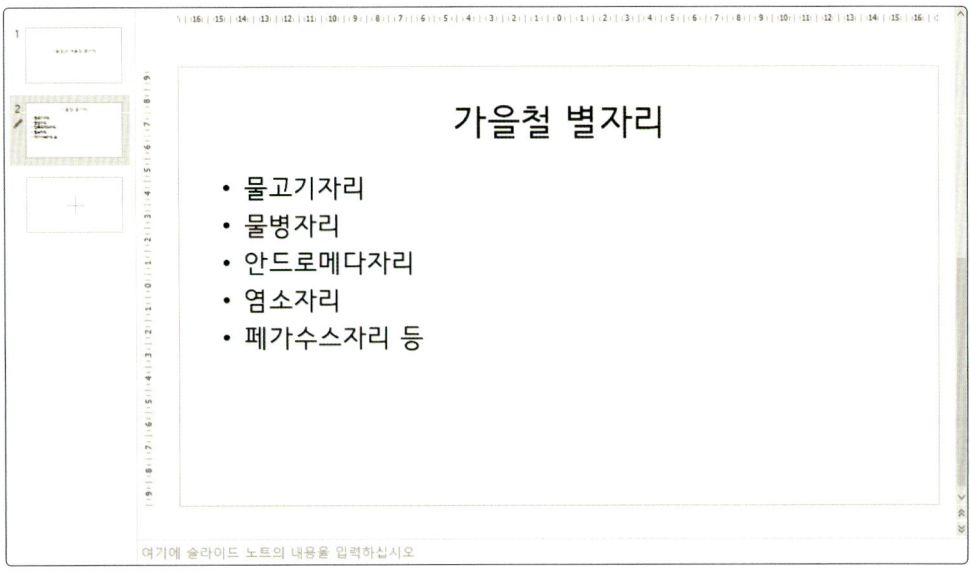

02 다음과 같이 슬라이드를 복제한 후 슬라이드를 수정해 보세요.

- 슬라이드 복제 : 2번 슬라이드를 2번 슬라이드 아래에 복제

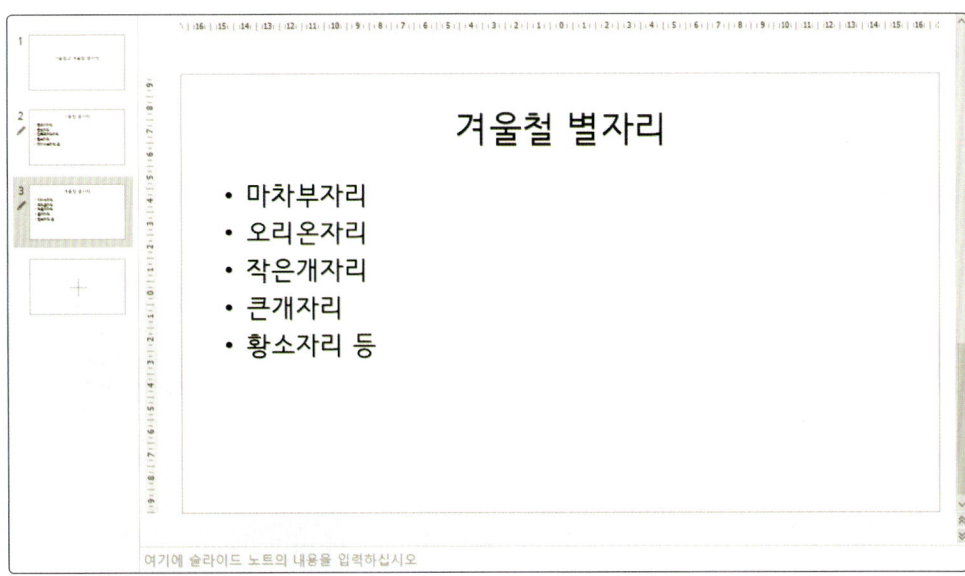

Hint
슬라이드 탭에서 2번 슬라이드를 선택한 후 Ctrl+D를 누르면 2번 슬라이드를 2번 슬라이드 아래에 복제할 수 있습니다.

Chapter 04 문단 다루기

학습목표
◆ 문단의 들여쓰기 수준을 높이거나 낮추는 방법에 대해 알아보겠습니다.
◆ 문단 사이의 간격을 지정하는 방법에 대해 알아보겠습니다.

문단은 Enter 를 누른 곳에서부터 다음 Enter 를 누른 곳까지의 내용을 말하는데요. 한쇼에서는 문단의 들여쓰기 수준을 높이거나 낮출 수 있으며 문단 사이의 간격을 지정할 수도 있습니다.

Preview

아시아와 유럽의 수도

- 아시아
    - 대한민국 : 서울
    - 일본 : 도쿄
    - 중국 : 베이징

- 유럽
    - 독일 : 베를린
    - 영국 : 런던
    - 프랑스 : 파리

THEME 01 문단의 들여쓰기 수준 높이고 낮추기

① '아시아와 유럽의 수도' 파일을 연 후 문단의 들여쓰기 수준을 높이기 위해 내용의 2~8번 문단을 선택한 다음 [서식] 탭에서 [문단 오른쪽 이동]을 클릭합니다.

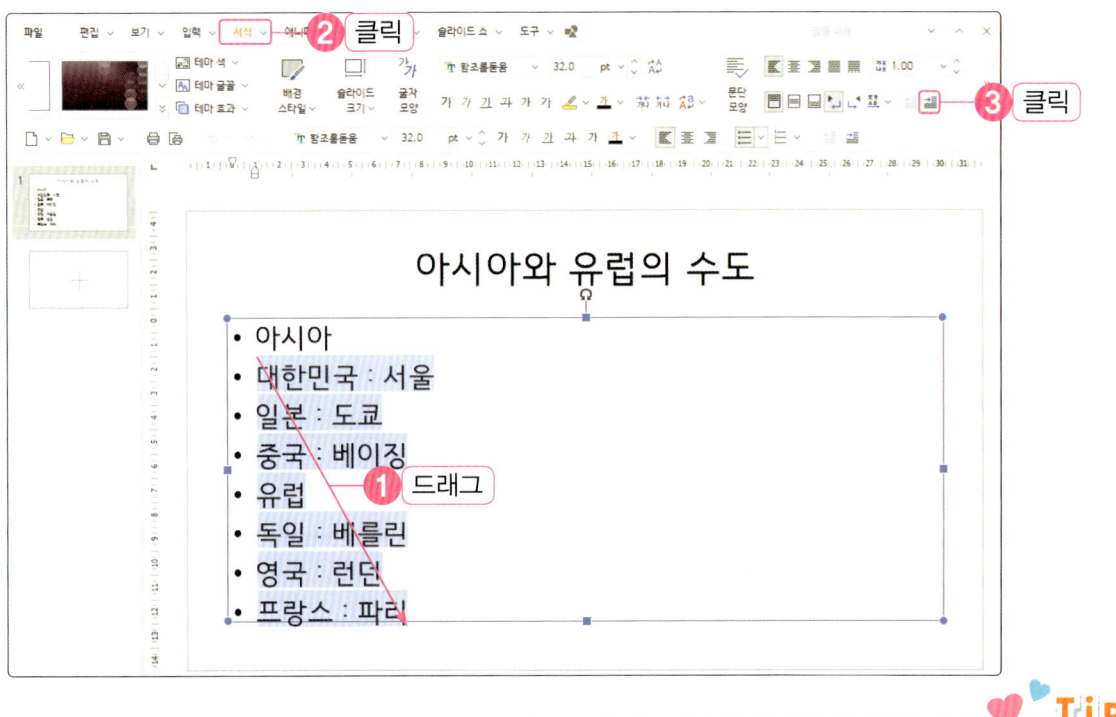

> **Tip**
> 문단을 선택한 후 서식 도구 상자에서 [문단 오른쪽 이동]을 클릭하거나 **Tab**을 눌러 문단의 들여쓰기 수준을 높일 수도 있습니다.

② 문단의 들여쓰기 수준을 낮추기 위해 내용의 5번 문단을 선택한 후 [서식] 탭에서 [문단 왼쪽 이동]을 클릭합니다.

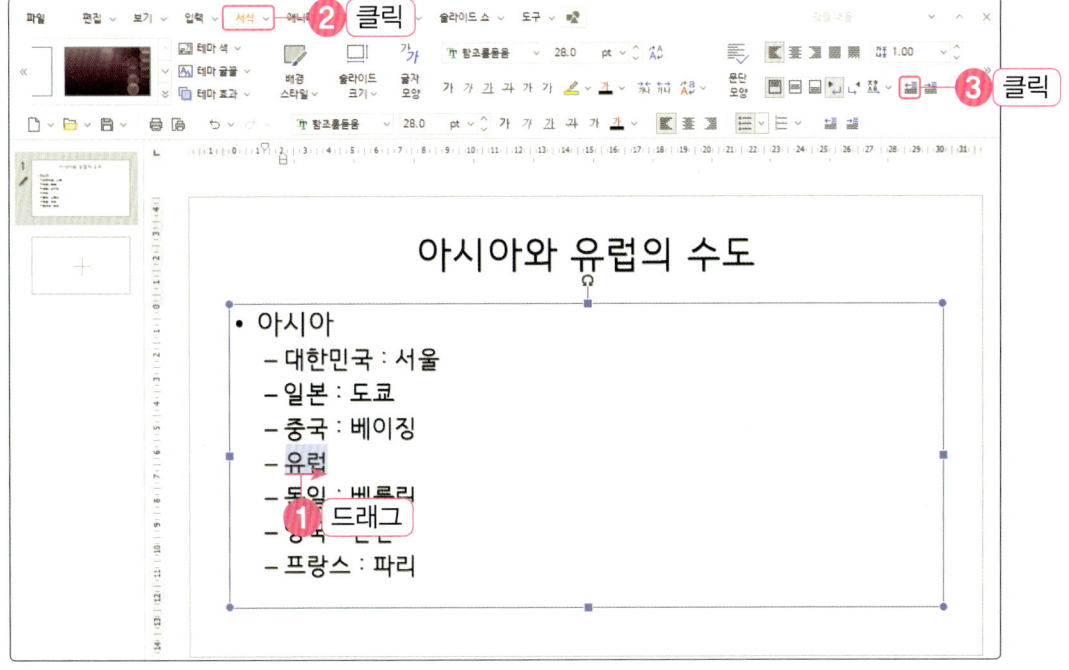

Chapter 04 - 문단 다루기 **23**

③ 다음과 같이 문단의 들여쓰기 수준이 내려집니다.

> **아시아와 유럽의 수도**
> - 아시아
>   - 대한민국 : 서울
>   - 일본 : 도쿄
>   - 중국 : 베이징
> - 유럽
>   - 독일 : 베를린
>   - 영국 : 런던
>   - 프랑스 : 파리

알아두면 실력튼튼

문단 선택하기

- **하나의 문단 선택** : 문단을 드래그하거나 문단 앞으로 마우스 포인터를 가져가서 마우스 포인터가 ✥ 모양으로 변경되었을 때 클릭합니다.
- **연속적인 문단 선택** : 첫 번째 문단부터 마지막 문단까지 드래그하거나 첫 번째 문단을 선택한 후 Shift 를 누른 상태에서 마지막 문단을 선택합니다.
- **모든 문단 선택** : 문단을 선택한 후 Ctrl + A 를 누릅니다.

문단 모양

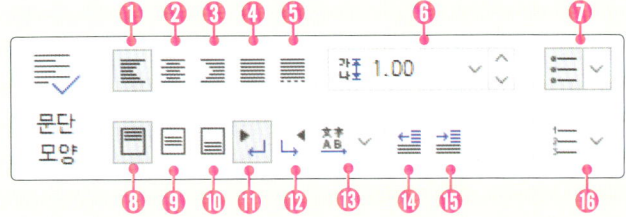

① **왼쪽 정렬** : 왼쪽을 가지런하게 맞춥니다.
② **가운데 정렬** : 글자를 가운데로 모읍니다.
③ **오른쪽 정렬** : 오른쪽을 가지런하게 맞춥니다.
④ **양쪽 정렬** : 양쪽을 가지런하게 맞춥니다.
⑤ **배분 정렬** : 글자 수에 상관없이 양쪽 맞춤을 하되, 글자 사이를 일정하게 띄우는 정렬 방식입니다.
⑥ **줄 간격** : 줄과 줄 사이의 간격을 정합니다. 줄 간격은 [글자에 따라], [고정 값], [여백만 지정], [최소]에서 골라 사용할 수 있습니다.
⑦ **글머리표 매기기** : 여러 개의 항목을 나열할 때 문단의 머리에 글머리표를 적용하거나 적용 해제합니다.
⑧ **위쪽 맞춤** : 개체(글상자나 표 등)에서 각 글자의 위치를 세로로 정렬할 때 위쪽을 기준으로 정렬합니다.
⑨ **가운데 맞춤** : 개체(글상자나 표 등)에서 각 글자의 위치를 세로로 정렬할 때 가운데를 기준으로 정렬합니다.
⑩ **아래쪽 맞춤** : 개체(글상자나 표 등)에서 각 글자의 위치를 세로로 정렬할 때 아래쪽을 기준으로 정렬합니다.
⑪ **왼쪽에서 오른쪽** : 글자 방향을 왼쪽에서 오른쪽으로 표시하도록 설정합니다.
⑫ **오른쪽에서 왼쪽** : 글자 방향을 오른쪽에서 왼쪽으로 표시하도록 설정합니다.
⑬ **글자 방향** : 글자의 방향을 지정합니다. 아이콘을 누를 때마다, 가로, 세로, 모든 글자 90도 회전, 모든 글자 270도 회전이 순차적으로 전환됩니다.
⑭ **문단 왼쪽 이동** : 문단의 들여쓰기 수준을 낮춥니다.
⑮ **문단 오른쪽 이동** : 문단의 들여쓰기 수준을 높입니다.
⑯ **번호 매기기** : 여러 개의 항목을 나열할 때 문단의 머리에 번호를 적용하거나 적용 해제합니다.

THEME 02 문단 사이의 간격 지정하기

1 내용의 1번 문단을 선택한 후 [서식] 탭에서 [문단 모양]을 클릭합니다.

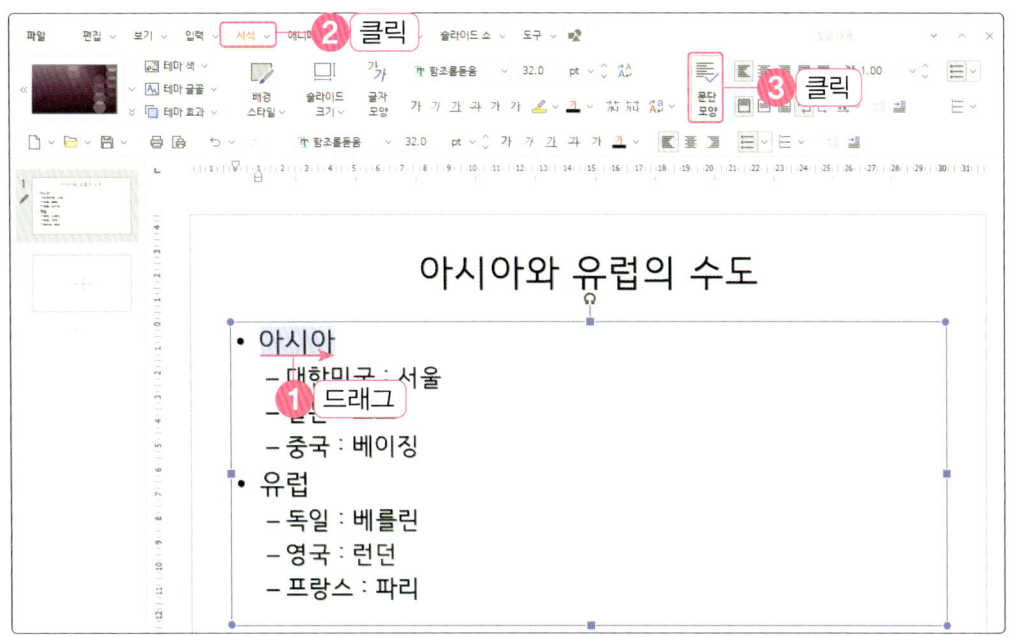

2 [글자/문단 모양] 대화상자의 [문단 모양] 탭이 나타나면 문단 위(21)와 문단 아래(5)를 입력한 후 [설정] 단추를 클릭합니다.

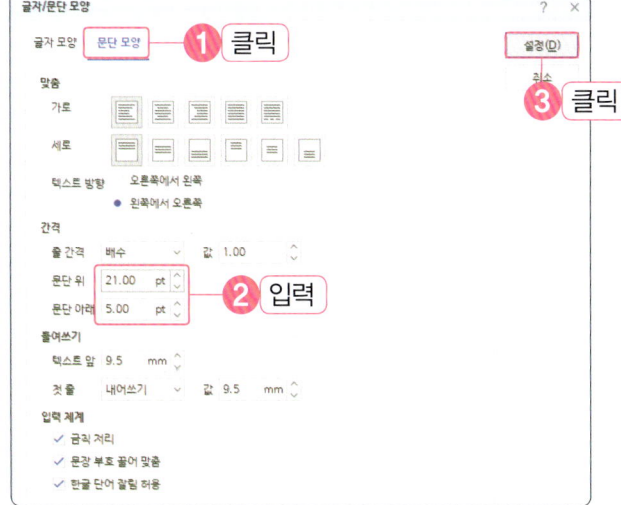

문단 위는 Enter를 누른 곳의 위쪽, 문단 아래는 Enter를 누른 곳의 아래쪽을 말합니다.

3 같은 방법으로 5번 문단을 선택한 후 문단 위(21)와 문단 아래(5)를 지정합니다.

Chapter 04 - 문단 다루기 **25**

글자 번역하기

번역은 문서의 내용을 원하는 언어로 번역할 수 있는 기능인데요.

다음과 같이 번역할 내용을 선택한 후 [도구] 탭에서 [번역]을 클릭한 다음 [선택한 글자 번역]을 클릭합니다. 영어 번역이 선택 되었음을 알리는 대화상자가 표시되면 [번역] 단추를 클릭 후 [번역] 작업 창에서 [모두 덮어쓰기] 단추를 클릭합니다. 선택된 문서 내용이 번역되어 표시되는 것을 확인할 수 있습니다.

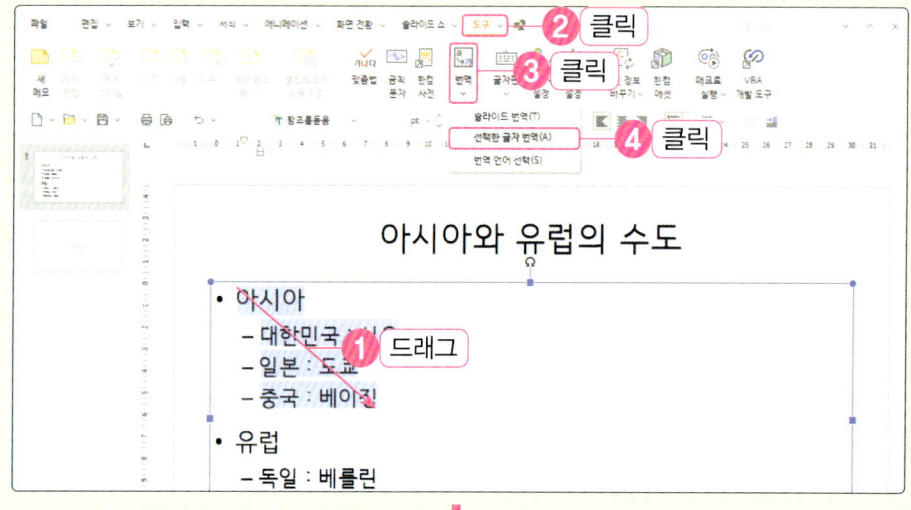

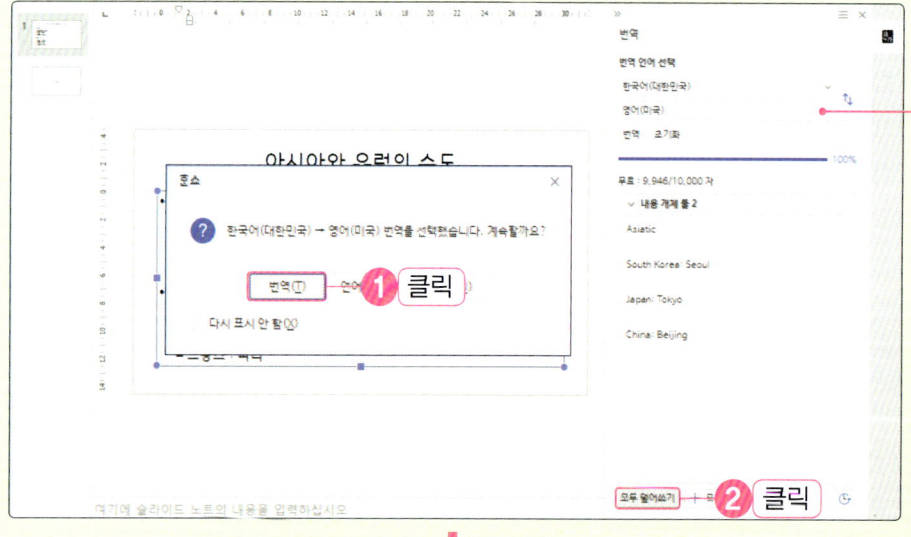

번역 후 언어를 선택하면 다른 언어로 번역할 수도 있습니다.

01 다음과 같이 '아메리카의 수도' 파일을 연 후 문단의 들여쓰기 수준을 높여 보세요.

- 문단의 들여쓰기 수준 높이기 : 내용의 2~3번 문단/5~7번 문단

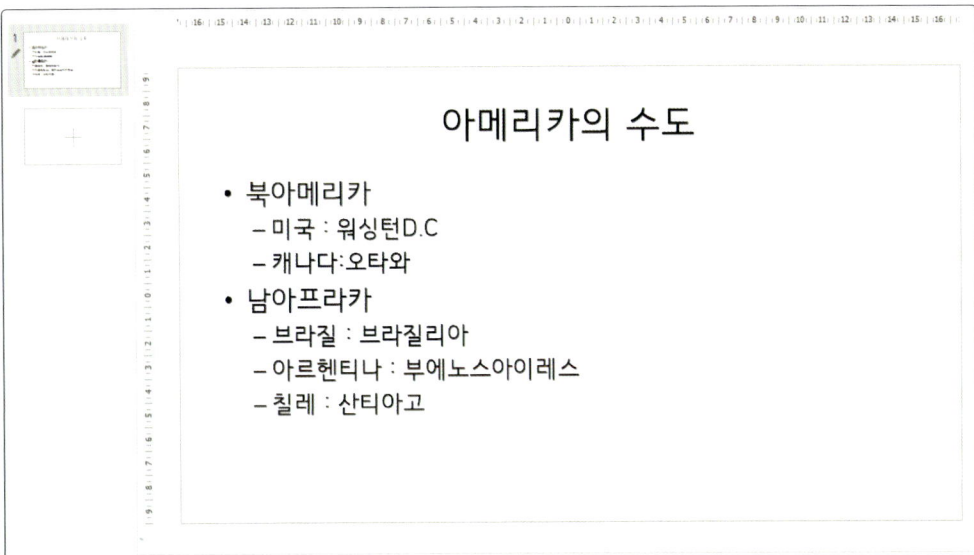

Hint

내용의 2~3번 문단, 5~7번 문단을 선택한 후 [서식] 탭에서 [문단 오른쪽 이동]을 클릭하면 문단의 들여쓰기 수준을 높일 수 있습니다.

02 다음과 같이 문단 사이의 간격을 지정해 보세요.

- 문단 사이의 간격 지정 : 내용의 1번 문단/4번 문단(문단 위(15), 문단 아래(0))

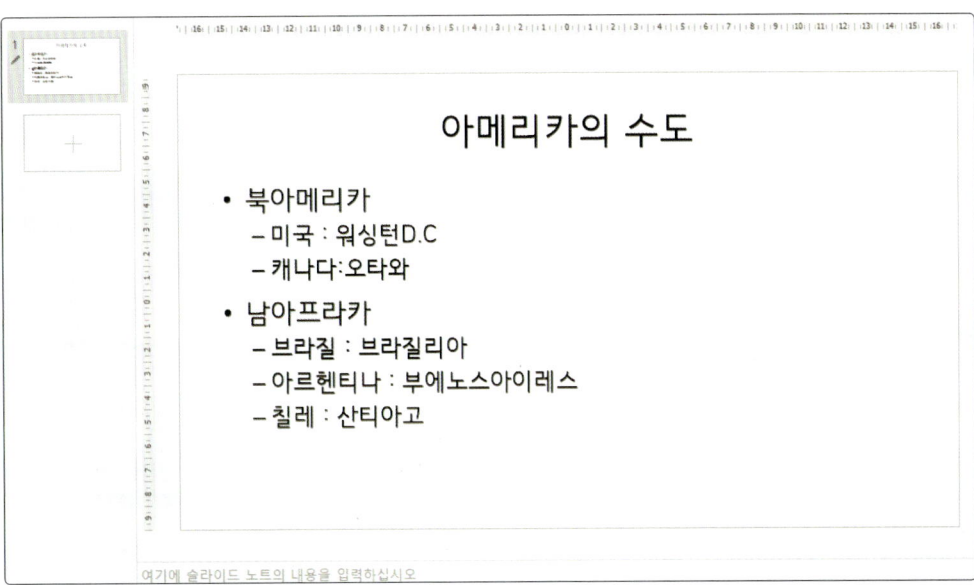

Chapter 05 글머리표 및 번호 매기기

학습 목표
- ◆ 글머리표를 매기는 방법에 대해 알아보겠습니다.
- ◆ 번호를 매기는 방법에 대해 알아보겠습니다.

글머리표는 문단 앞에 붙이는 기호를 말하는데요. 서로 관련 있는 내용별로 글머리표를 매기거나 번호를 매기면 내용을 일목요연하게 보여줄 수 있습니다.

Preview

곤충과 거미의 차이점

❖ 곤충
  A. 머리와 가슴이 구분된다.
  B. 1쌍(2개)의 더듬이가 있다.
  C. 3쌍(6개)의 다리가 있다.
❖ 거미
  A. 머리와 가슴이 구분되지 않는다.
  B. 더듬이가 없다.
  C. 4쌍(8개)의 다리가 있다.

THEME 01 글머리표 매기기

1 '곤충과 거미의 차이점' 파일을 연 후 내용의 1번 문단을 선택한 다음 [서식] 탭에서 [글머리표 매기기(☰)]의 ▼[목록] 단추를 클릭하고 글머리표(☷)를 클릭합니다.

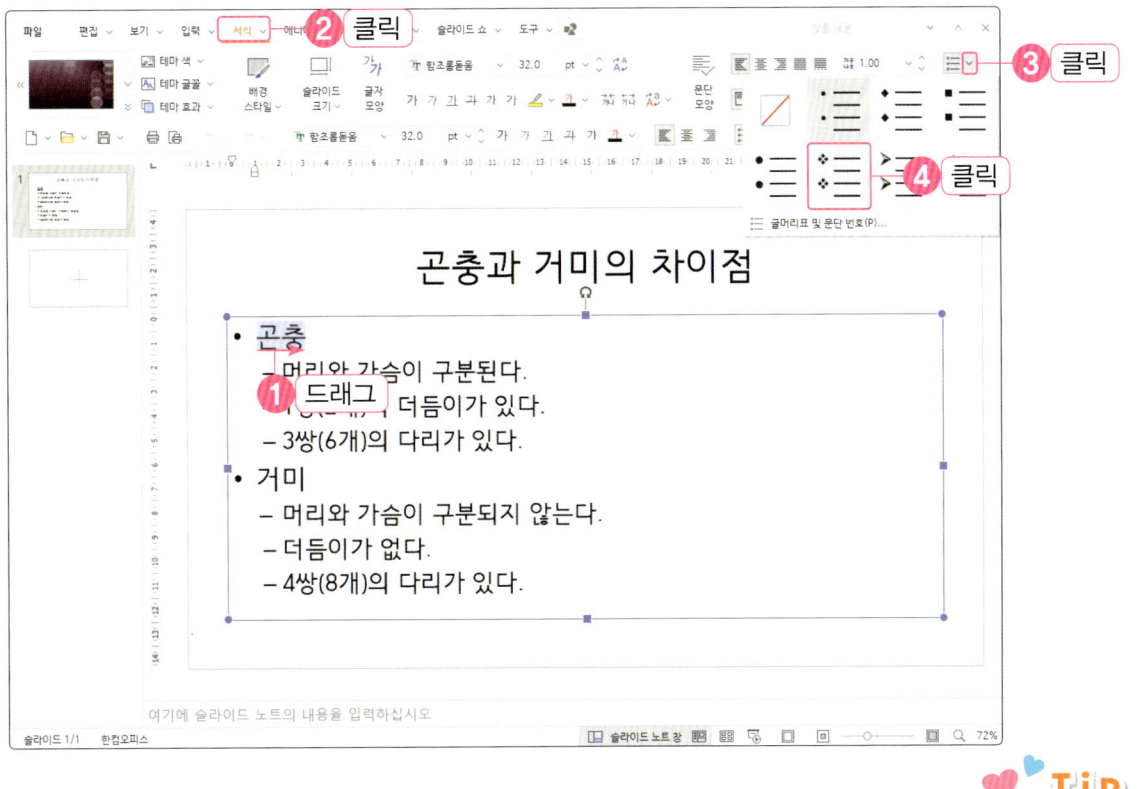

> **Tip**
> 문단을 선택한 후 [서식] 탭에서 [글머리표 매기기]를 선택하면 기본 글머리표(여기서는 •)가 매겨지고, [글머리표 매기기]를 선택 해제하면 글머리표가 제거됩니다.

2 같은 방법으로 5번 문단을 선택한 후 글머리표를 지정합니다.

Chapter 05 – 글머리표 및 번호 매기기

그림 글머리표 매기기

다음과 같이 문단을 선택한 후 [서식] 탭에서 [글머리표 매기기]의 [목록] 단추를 클릭한 다음 [글머리표 및 문단 번호]를 클릭하면 [글머리표 및 문단 번호] 대화상자가 나타나는데요. [글머리표 및 문단 번호] 대화상자의 [그림 글머리표] 탭에서 그림 글머리표를 선택한 후 [설정] 단추를 클릭하면 그림 글머리표를 매길 수 있습니다.

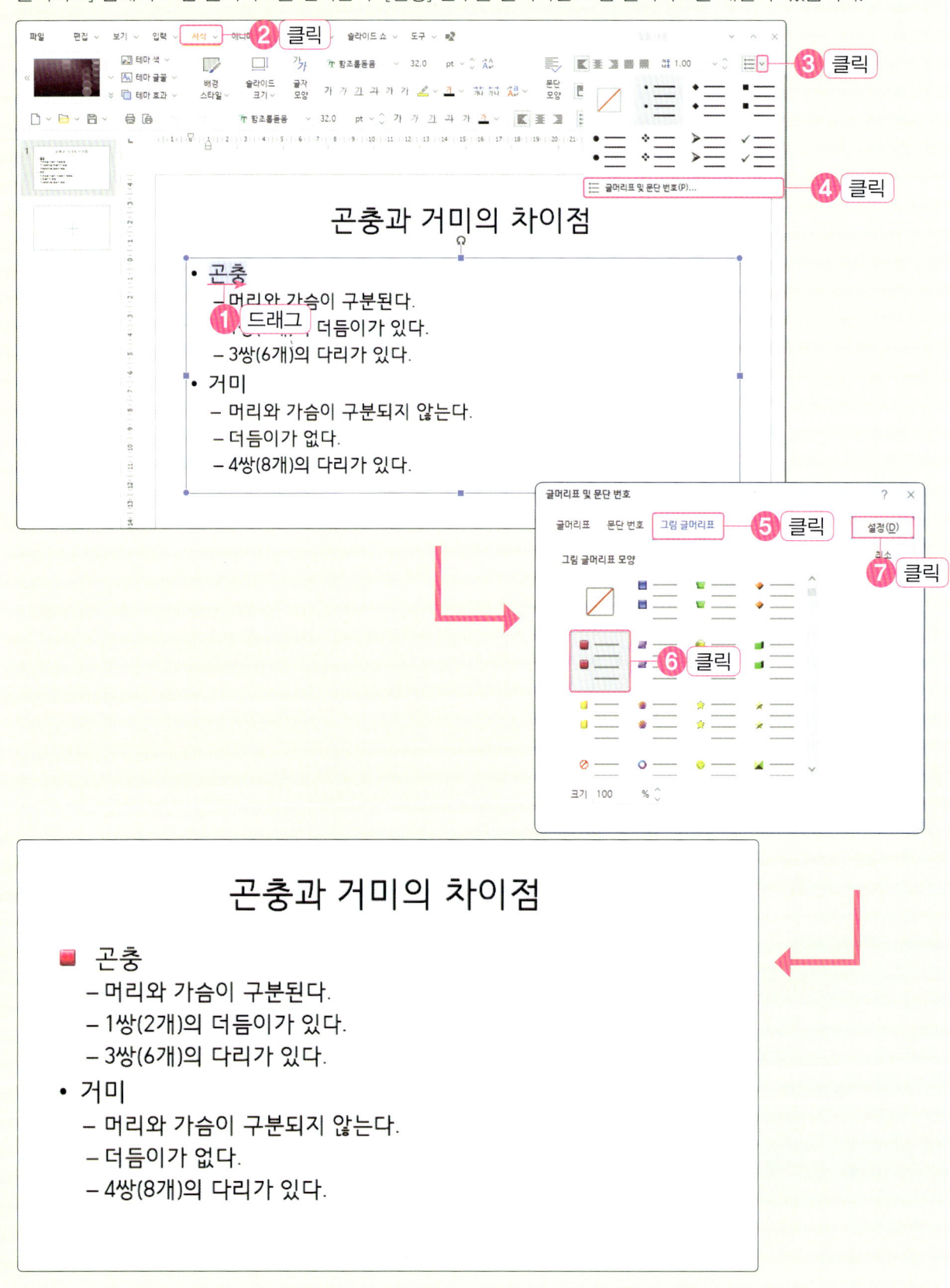

THEME 02 번호 매기기

1 내용의 2~4번 문단을 선택한 후 [서식] 탭에서 [문단 번호 매기기]의 [목록] 단추를 클릭한 다음 번호(A. B.)를 클릭합니다.

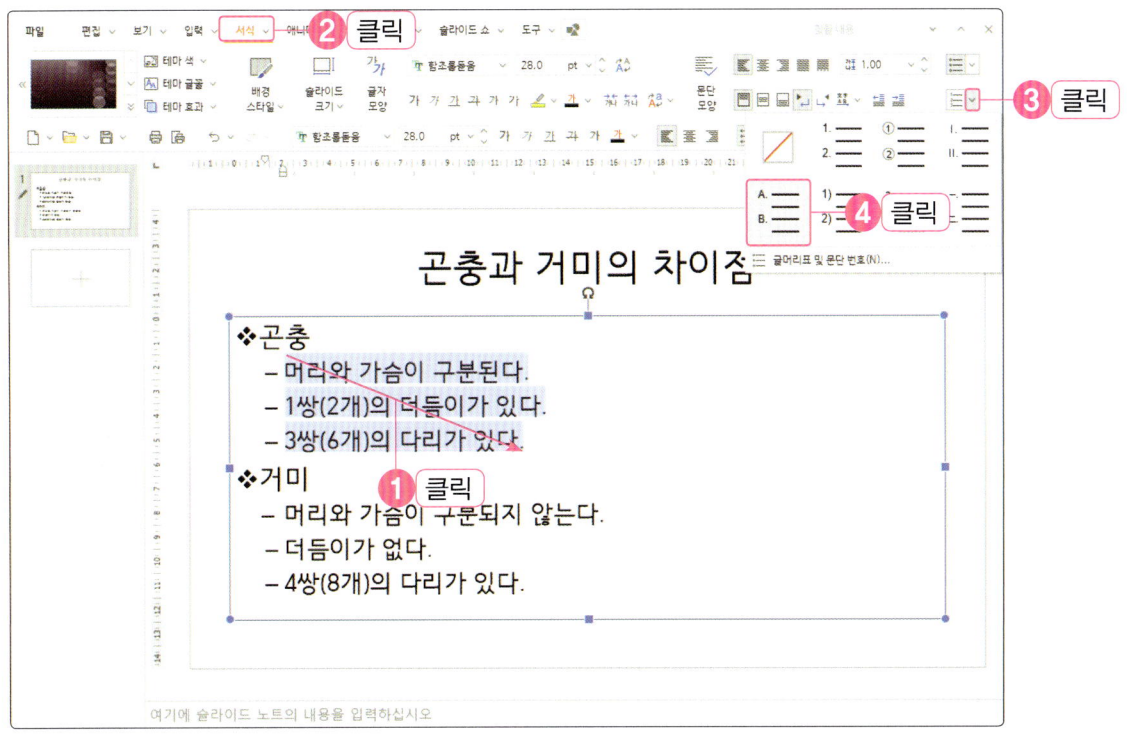

> **Tip**
> 문단을 선택한 후 [서식] 탭에서 [문단 번호 매기기]를 선택하면 기본 번호(여기서는 1. 2.)가 매겨지고, [문단 번호 매기기]를 선택 해제하면 번호가 제거됩니다.

2 같은 방법으로 6~8번 문단을 선택한 후 번호(A. B.)를 지정합니다.

곤충과 거미의 차이점

❖곤충
 A. 머리와 가슴이 구분된다.
 B. 1쌍(2개)의 더듬이가 있다.
 C. 3쌍(6개)의 다리가 있다.
❖거미
 A. 머리와 가슴이 구분되지 않는다.
 B. 더듬이가 없다.
 C. 4쌍(8개)의 다리가 있다.

시작 번호 변경하기

다음과 같이 문단을 선택한 후 [서식] 탭에서 [문단 번호 매기기]의 [목록] 단추를 클릭한 다음 [글머리표 및 문단 번호]를 클릭하면 [글머리표 및 문단 번호] 대화상자가 나타나는데요. [글머리표 및 문단 번호] 대화상자의 [문단 번호] 탭에서 시작 번호를 입력한 후 [설정] 단추를 클릭하면 시작 번호를 변경할 수 있습니다.

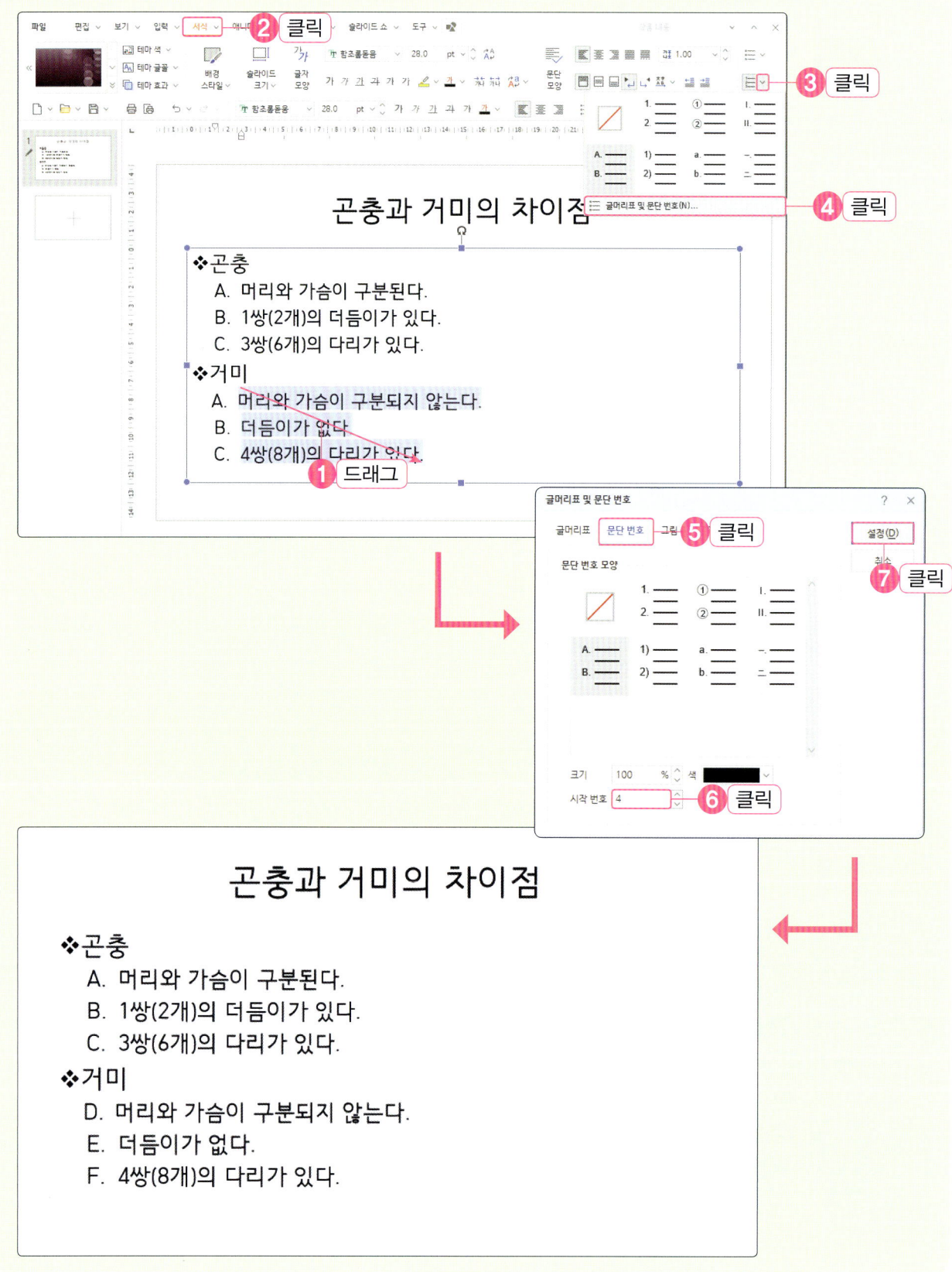

01 다음과 같이 '나비와 나방의 차이점' 파일을 연 후 글머리표를 지정해 보세요.

• 글머리표 매기기 : 내용의 1번 문단/5번 문단(그림 글머리표(❋))

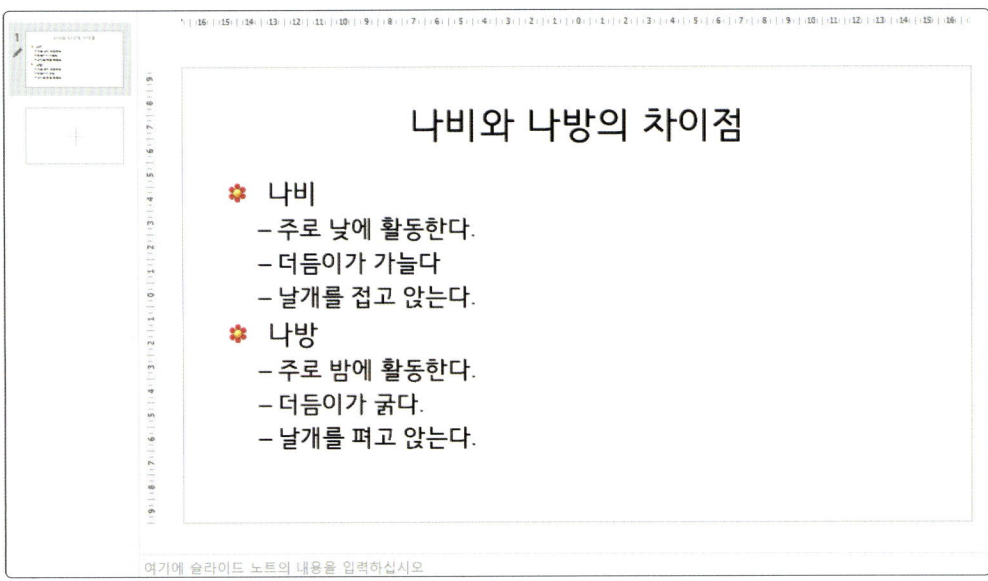

Hint

[글머리표/번호 모양] 대화상자의 [그림 글머리표] 탭에서 그림 글머리표(❋)를 선택한 후 [설정] 단추를 클릭하면 그림 글머리표(❋)를 매길 수 있습니다.

02 다음과 같이 번호를 지정해 보세요.

• 번호 매기기 : 내용의 2~4번 문단/6~8번 문단(a. b.)

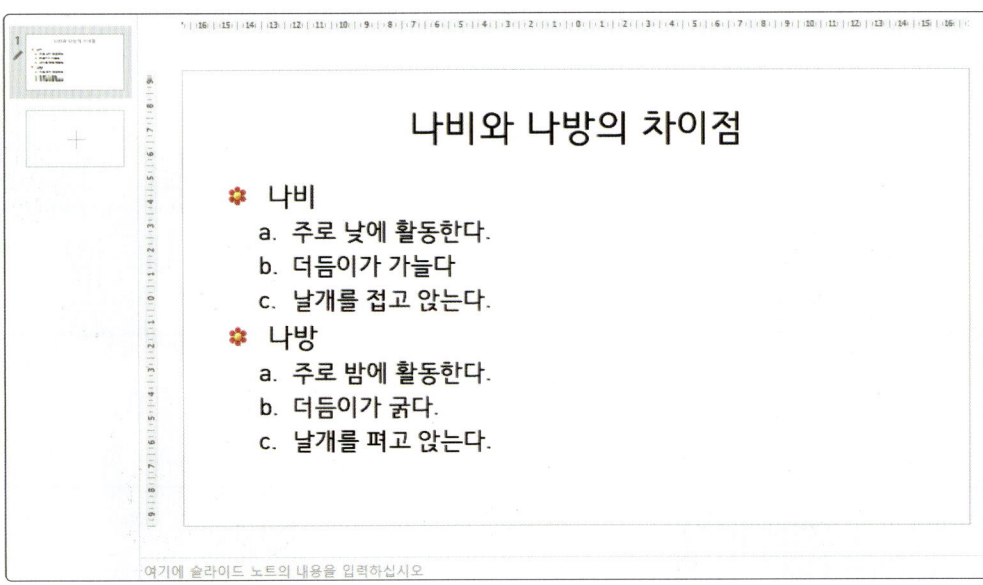

Chapter 05 – 글머리표 및 번호 매기기 **33**

Chapter 06 글자 모양 지정하고 모양 복사하기

학습 목표
- ◆ 글자 모양을 지정하는 방법에 대해 알아보겠습니다.
- ◆ 모양을 복사하는 방법에 대해 알아보겠습니다.

글꼴, 글자 크기, 글자 색 등의 글자 모양은 텍스트를 꾸밀 수 있는 기능이고, 모양 복사는 텍스트에 지정된 모양을 복사하여 다른 텍스트에 지정할 수 있는 기능입니다.

Preview

THEME 01 글자 모양 지정하기

❶ '시장의 종류' 파일을 연 후 내용의 1번 문단을 선택한 다음 [서식] 탭에서 글꼴(HY헤드라인M), 글자 크기(36), 글자 색(주황)을 선택하고 진하게(가)를 클릭합니다.

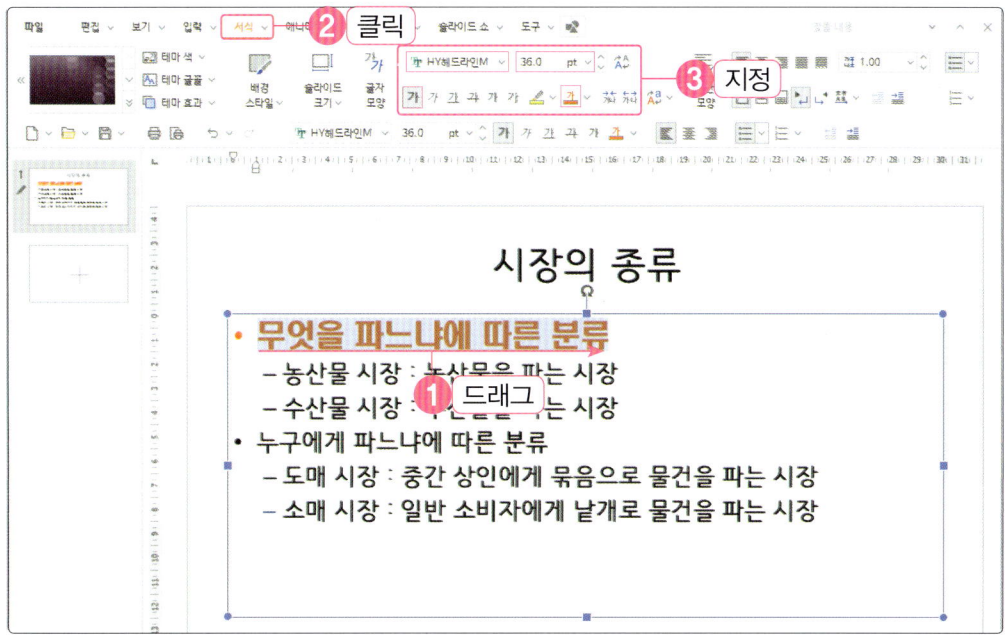

알아두면 실력튼튼

글자 모양

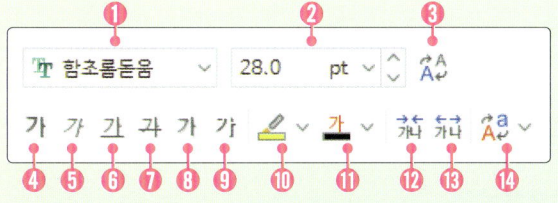

❶ **글꼴** : 선택한 글자에 적용할 글꼴을 지정합니다.
❷ **글자 크기** : 선택한 글자의 크기를 키우거나 줄입니다.
❸ **글꼴 바꾸기** : 문서에 사용된 특정 글꼴을 다른 글꼴로 일괄 변경합니다.
❹ **진하게** : 글자를 진하게 나타냅니다.
❺ **기울임** : 글자를 오른쪽으로 기울게 나타냅니다.
❻ **밑줄** : 글자에 밑줄을 긋습니다.
❼ **취소선** : 글자의 중앙을 가로지르는 취소선을 적용합니다. 한자나 특수 문자에도 사용할 수 있습니다.
❽ **그림자** : 글자에 그림자를 적용합니다. [그림자]와 [볼록]은 함께 사용할 수 없습니다.
❾ **볼록** : 글자를 볼록하게 나타냅니다. [그림자]와 [볼록]은 함께 사용할 수 없습니다.
❿ **글자 강조색** : 선택한 색으로 강조 표시할 때 사용합니다.
⓫ **글자 색** : 선택한 글자의 색을 원하는 색으로 변경합니다.
⓬ **글자 자간 좁게** : 한 번 누를 때마다 현재 자간 비율에서 일정한 비율로 좁아집니다.
⓭ **글자 자간 넓게** : 한 번 누를 때마다 현재 자간 비율에서 일정한 비율로 넓어집니다.
⓮ **대문자/소문자 바꾸기** : 대문자 또는 소문자로 바꾸거나 단어 또는 문장의 첫 글자만 대문자로 바꿉니다.

② 내용의 2~3번 문단을 선택한 후 [서식] 탭에서 [글자 모양]을 클릭합니다.

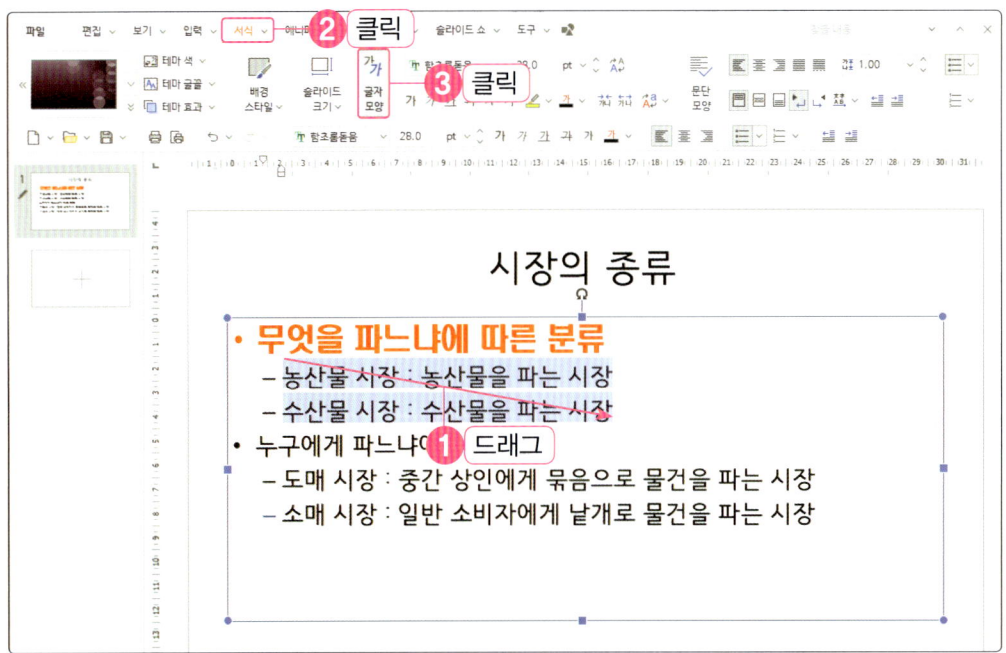

③ [글자/문단 모양] 대화상자가 나타나면 [글자 모양] 탭에서 크기(30), 한글 글꼴(HY수평선M), 속성(가[기울임]), 글자 색(초록)을 지정한 후 [설정] 단추를 클릭합니다.

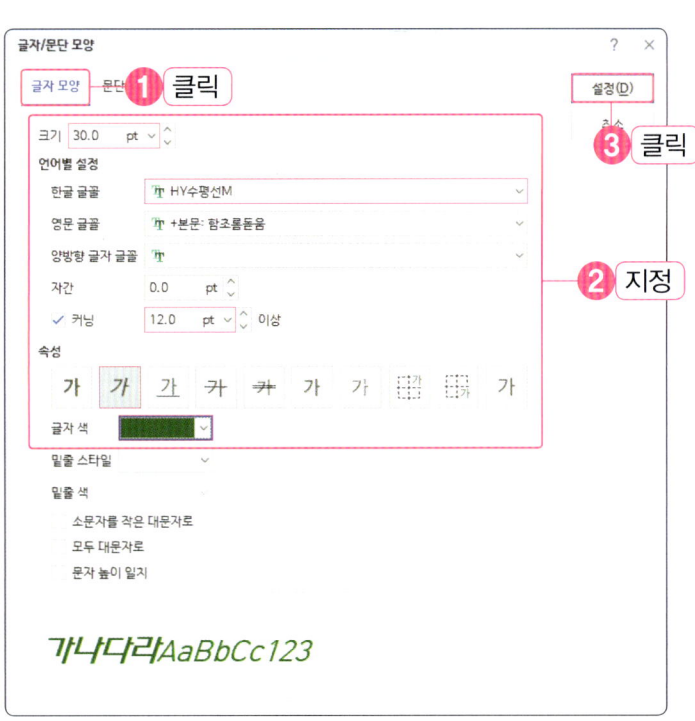

④ 다음과 같이 글자 모양이 지정됩니다.

THEME 02 모양 복사하기

1 내용의 1번 문단을 선택한 후 [편집] 탭에서 [모양 복사]를 클릭합니다.

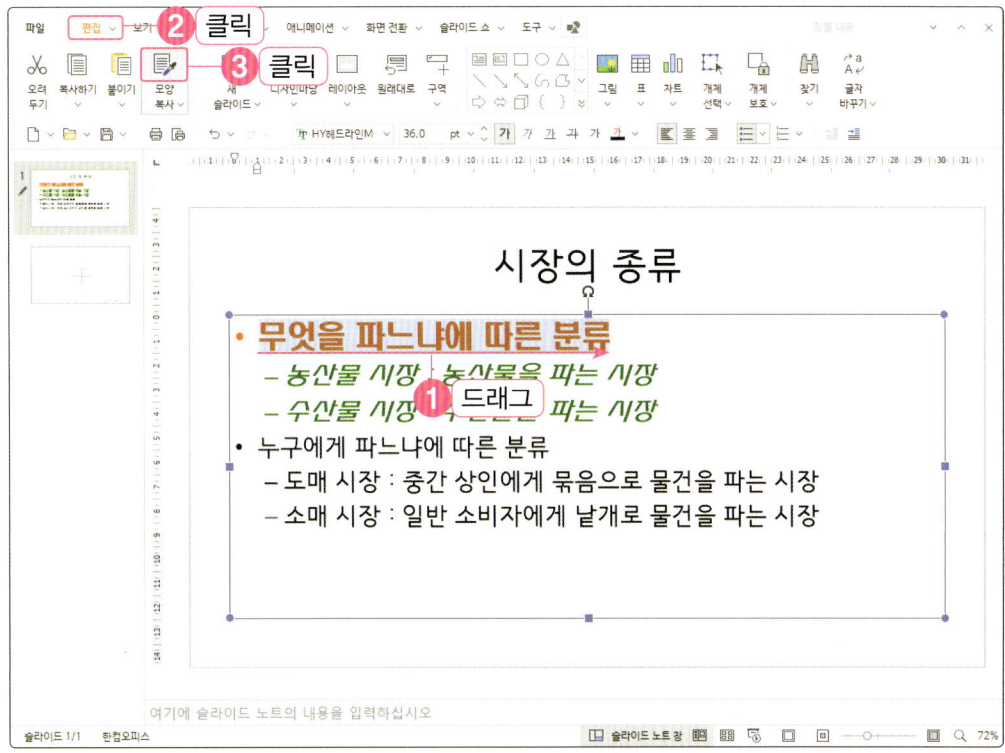

문단을 선택한 후 [편집] 탭에서 [모양 복사]를 클릭하면 모양 복사를 한 번만 할 수 있고, [모양 복사]를 더블클릭하면 모양 복사를 Esc를 눌러 모양 복사를 해제할 때까지 할 수 있습니다.

2 마우스 포인터가 모양으로 변경되면 내용의 4번 문단을 선택합니다.

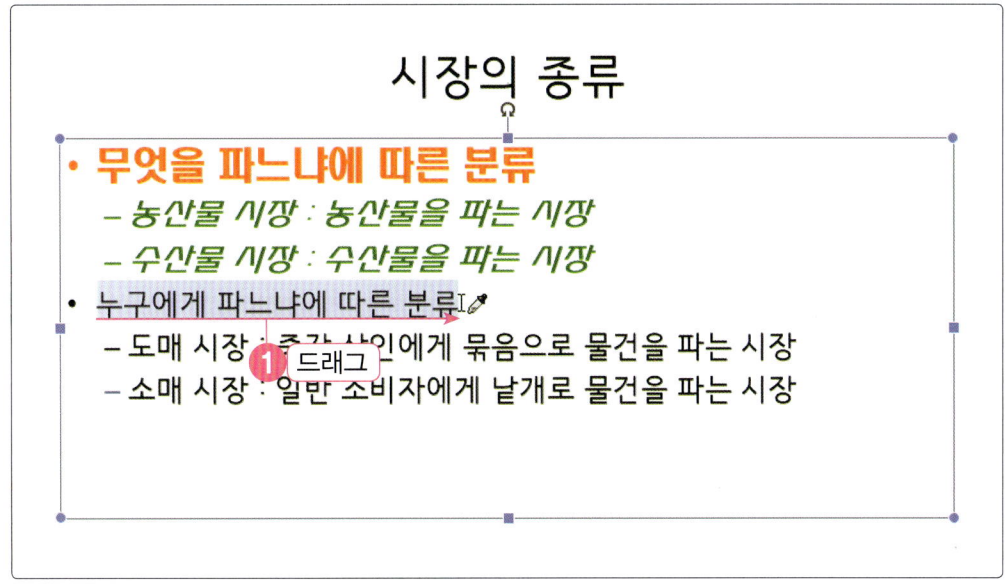

Chapter 06 – 글자 모양 지정하고 모양 복사하기

③ 내용의 2번 문단을 선택한 후 [편집] 탭에서 [모양 복사]를 클릭합니다.

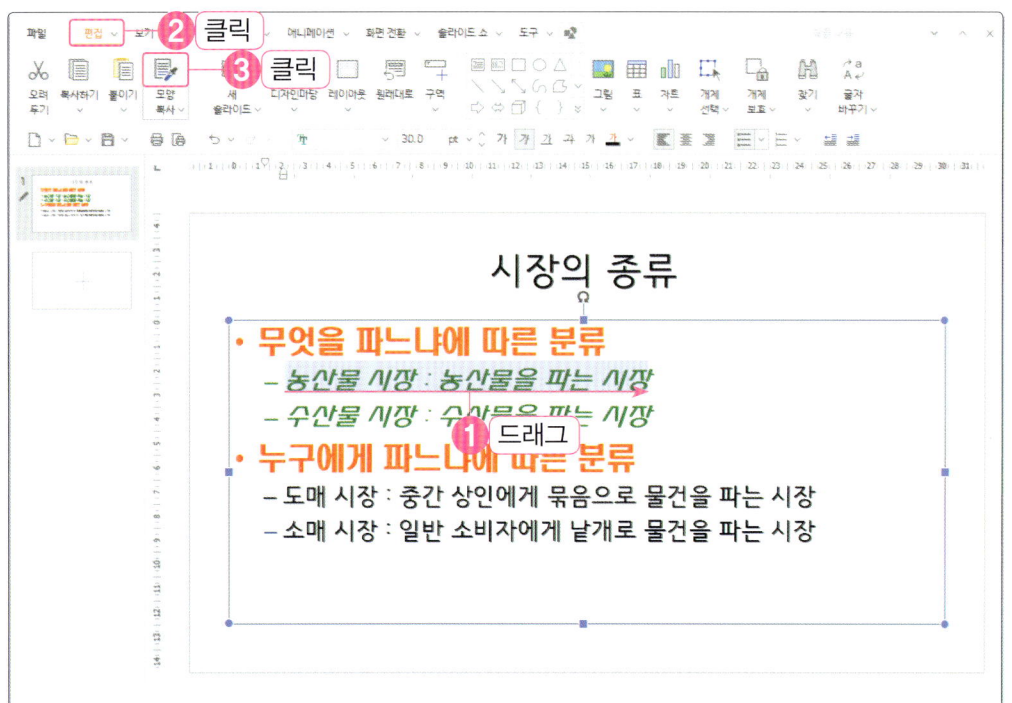

④ 마우스 포인터가 모양으로 변경되면 내용의 5~6번 문단을 선택합니다.

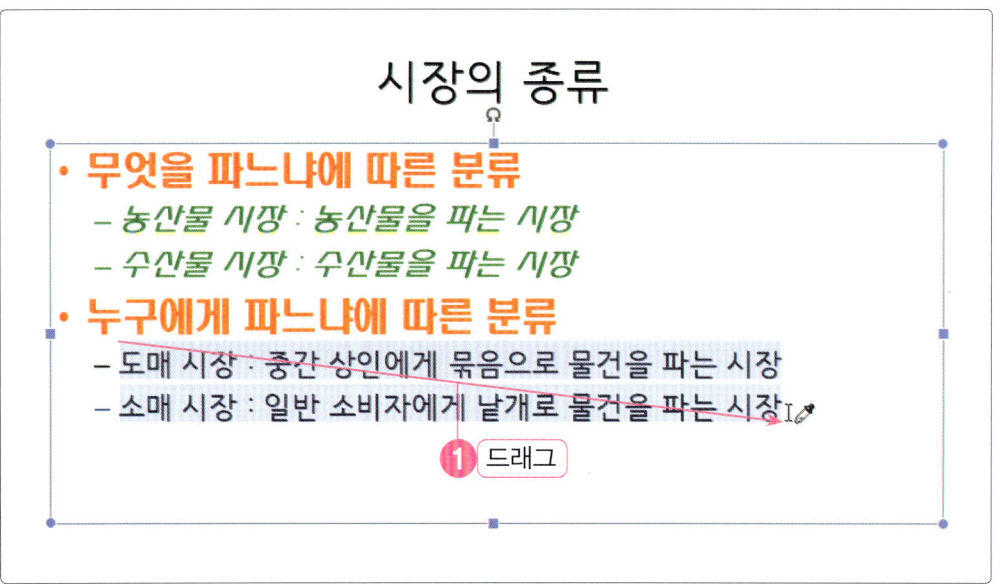

⑤ 다음과 같이 서식이 지정됩니다.

01 다음과 같이 '상설시장과 정기시장' 파일을 연 후 글자 모양을 지정해 보세요.
- 내용의 1번 문단 : 글꼴(HY수평선M), 글자 크기(40), 글자 색(강조2 루비색), 가[그림자]
- 내용의 2번 문단 : 글꼴(한컴윤체L), 글자 크기(36), 글자 색(강조4 멜론색), 가[기울임]

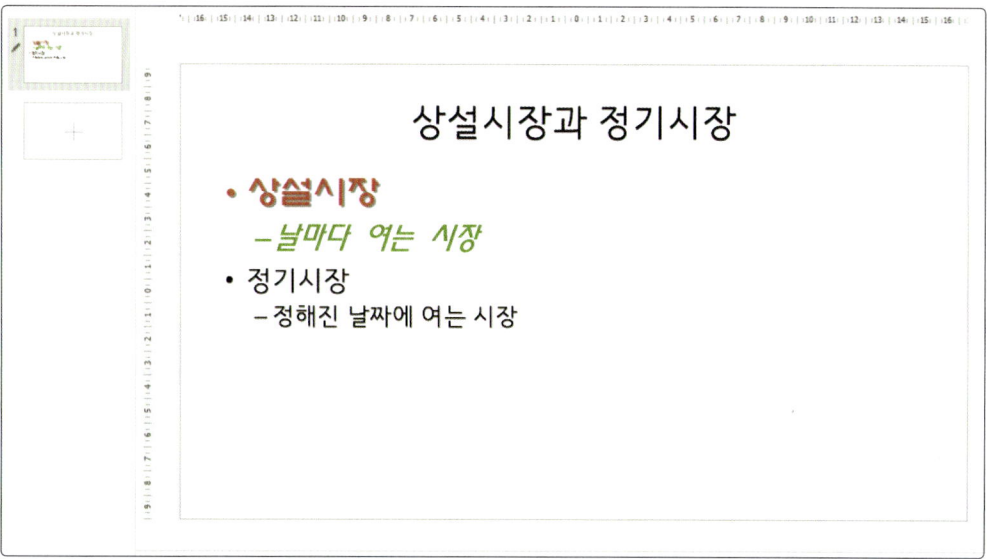

02 다음과 같이 모양 복사를 해 보세요.
- 모양 복사 : 내용의 1번 문단에 지정된 모양을 복사하여 내용의 3번 문단에 지정, 내용의 2번 문단에 지정된 모양을 복사하여 내용의 4번 문단에 지정

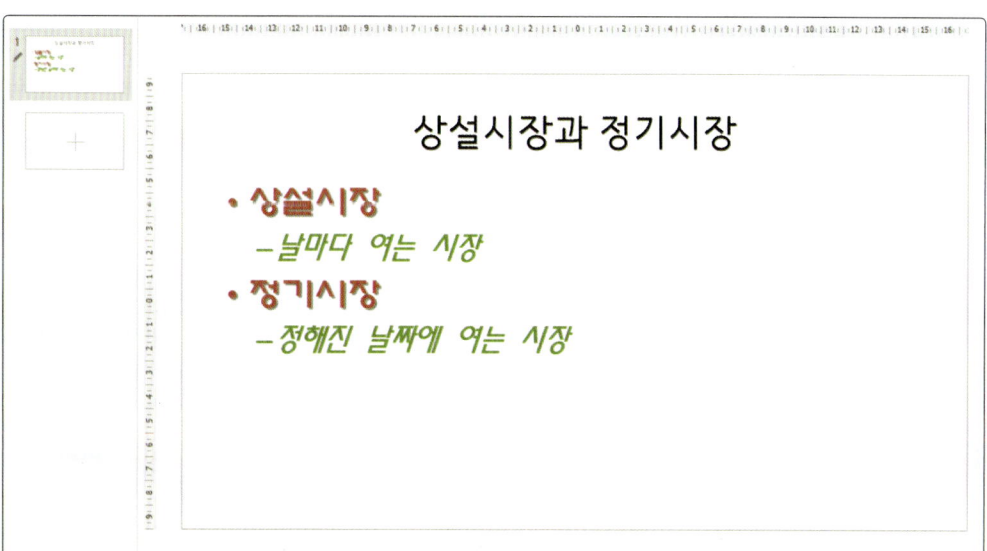

Hint
내용의 1번 문단을 선택한 후 [편집] 탭에서 [모양 복사]를 클릭한 다음 내용의 3번 문단을 선택하면 내용의 1번 문단에 지정된 모양을 복사하여 내용의 3번 문단에 지정할 수 있습니다.

Chapter 07 테마 지정하기

학습 목표
- ◆ 테마를 지정하는 방법에 대해 알아보겠습니다.
- ◆ 테마 색과 테마 글꼴을 변경하는 방법에 대해 알아보겠습니다.

한쇼에서는 프레젠테이션의 전반적인 디자인을 변경할 수 있는 테마를 제공하는데요. 테마는 테마 색, 테마 글꼴, 테마 효과로 구성된 서식 모음입니다.

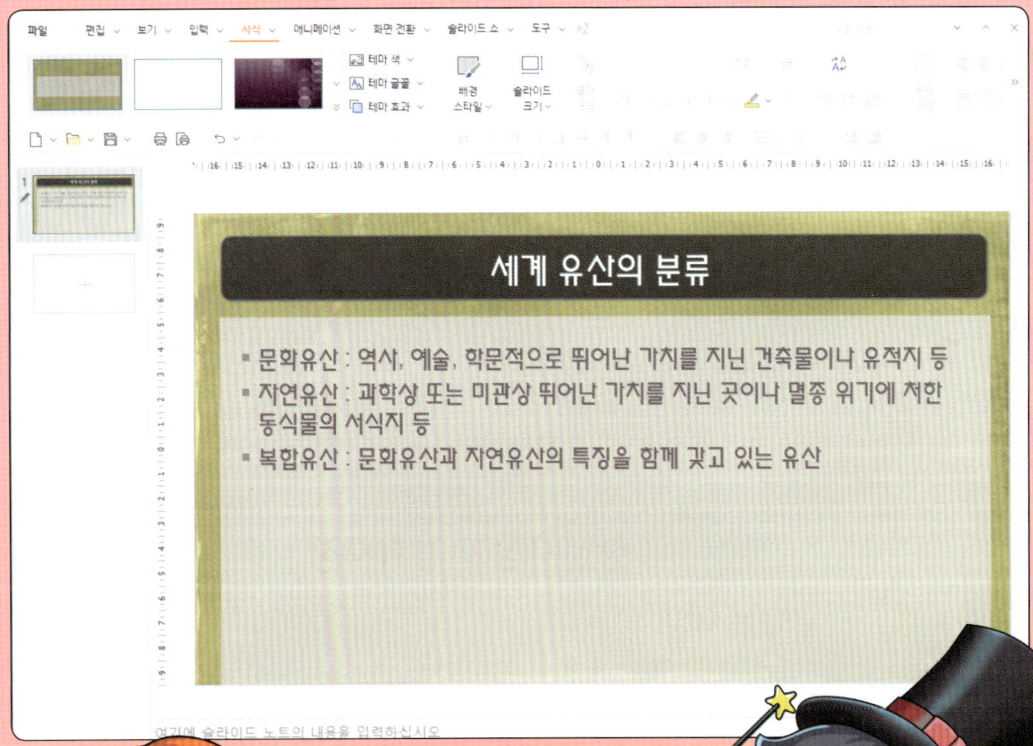

THEME 01 테마 지정하기

1 '세계유산의 분류' 파일을 연 후 [서식] 탭에서 [자세히] 단추를 클릭합니다.

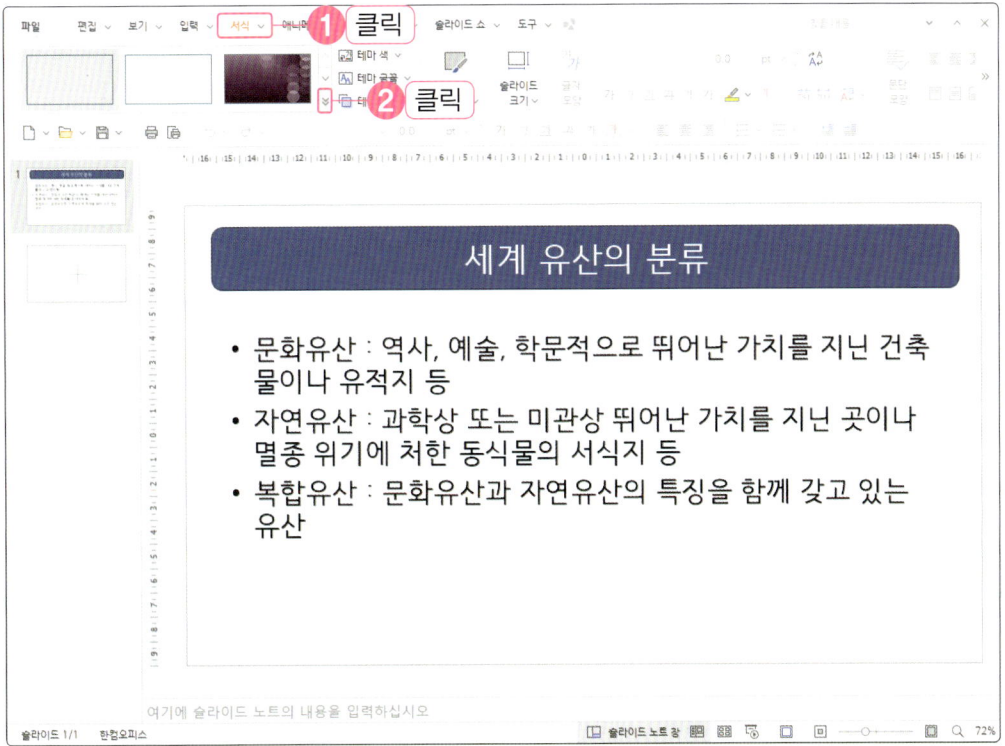

2 테마 목록이 나타나면 [추억]을 클릭합니다.

Chapter 07 - 테마 지정하기 **41**

다음과 같이 테마가 지정됩니다.

세계 유산의 분류

- 문화유산 : 역사, 예술, 학문적으로 뛰어난 가치를 지닌 건축물이나 유적지 등
- 자연유산 : 과학상 또는 미관상 뛰어난 가치를 지닌 곳이나 멸종 위기에 처한 동식물의 서식지 등
- 복합유산 : 문화유산과 자연유산의 특징을 함께 갖고 있는 유산

알아두면 실력튼튼

배경 스타일과 배경 그래픽 숨기기

다음과 같이 [서식] 탭에서 [배경 스타일]을 클릭하면 테마의 배경 스타일을 변경할 수 있고, [배경 그래픽 숨기기]를 선택하면 테마의 배경 그래픽을 숨길 수 있습니다.

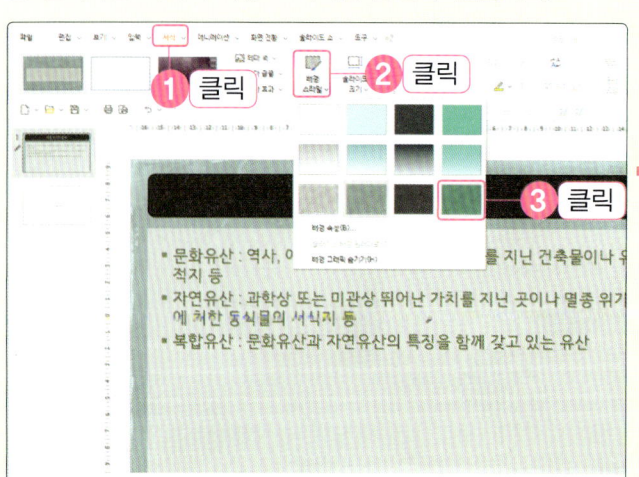

▲ 테마의 배경 스타일을 변경하는 경우

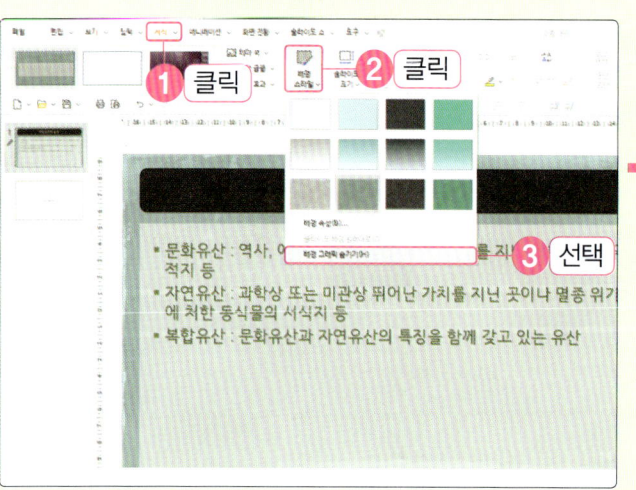

▲ 테마의 배경 그래픽을 숨기는 경우

THEME 02 테마 색과 테마 글꼴 변경하기

1 테마 색을 변경하기 위해 [서식] 탭에서 [테마 색]을 클릭한 후 [보석]을 클릭합니다.

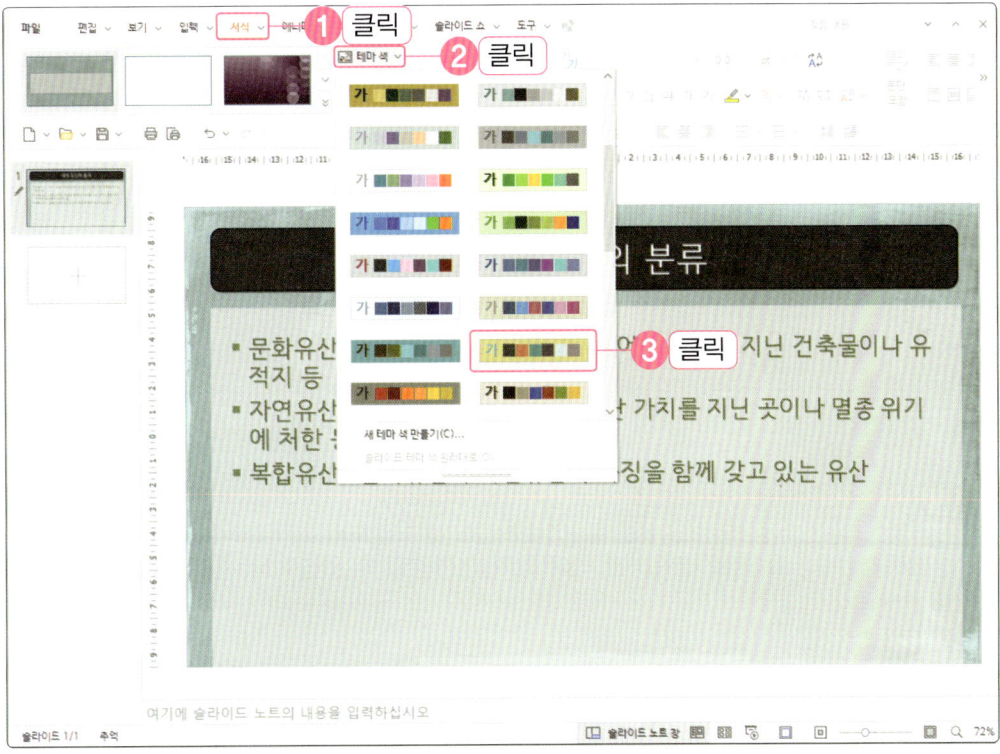

2 테마 글꼴을 변경하기 위해 [서식] 탭에서 [테마 글꼴]을 클릭한 후 [잔상]을 클릭합니다.

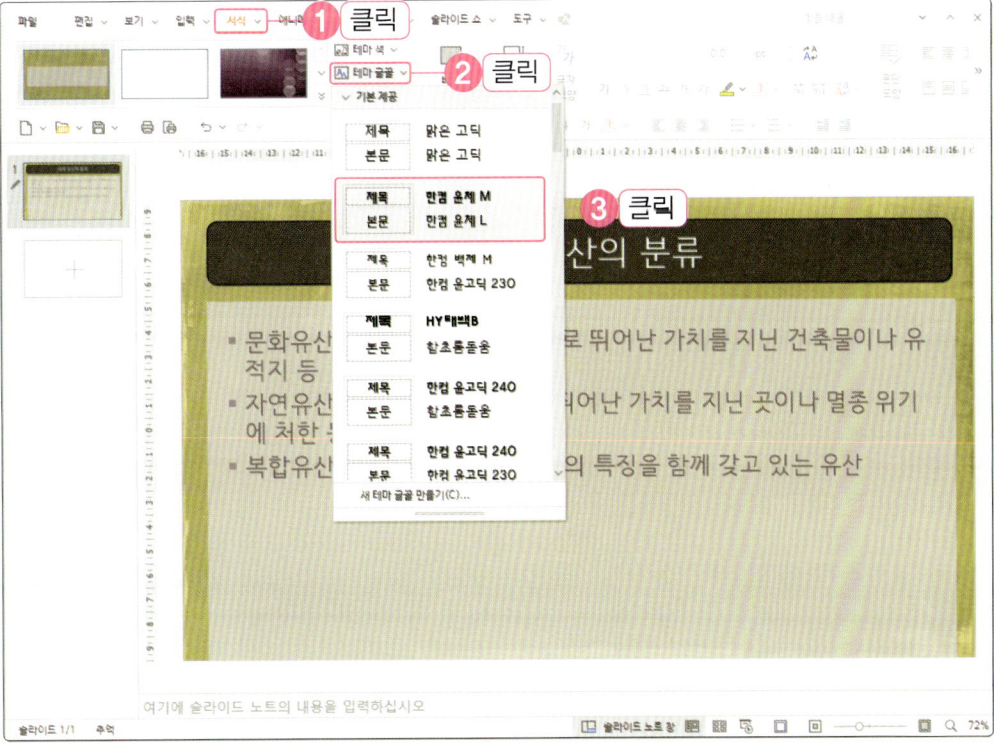

❸ 다음과 같이 테마 글꼴이 변경됩니다.

알아두면 실력튼튼

테마 효과 변경하기

다음과 같이 [서식] 탭에서 [테마 효과]를 클릭하면 테마 효과를 변경할 수 있습니다.

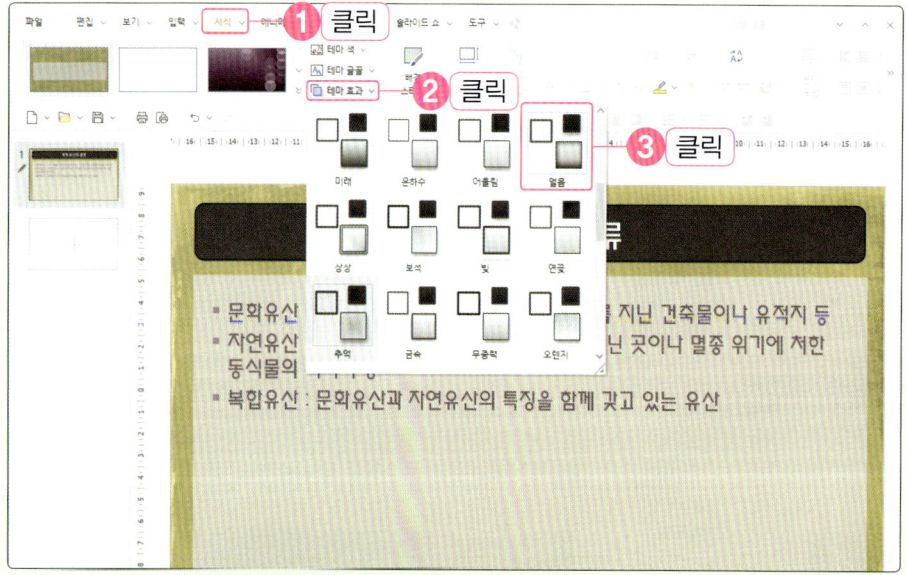

01 다음과 같이 '우리나라의 세계유산' 파일을 연 후 테마를 지정해 보세요.
- 테마 지정 : [어제]

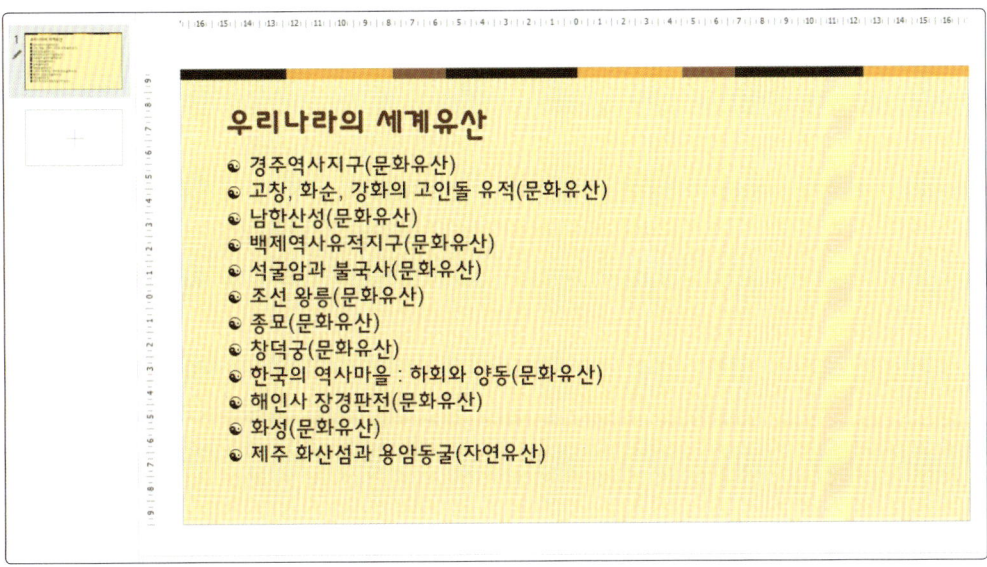

02 다음과 같이 테마 색과 테마 글꼴을 변경해 보세요.
- 테마 색 변경 : 나무
- 테마 글꼴 변경 : 잔상

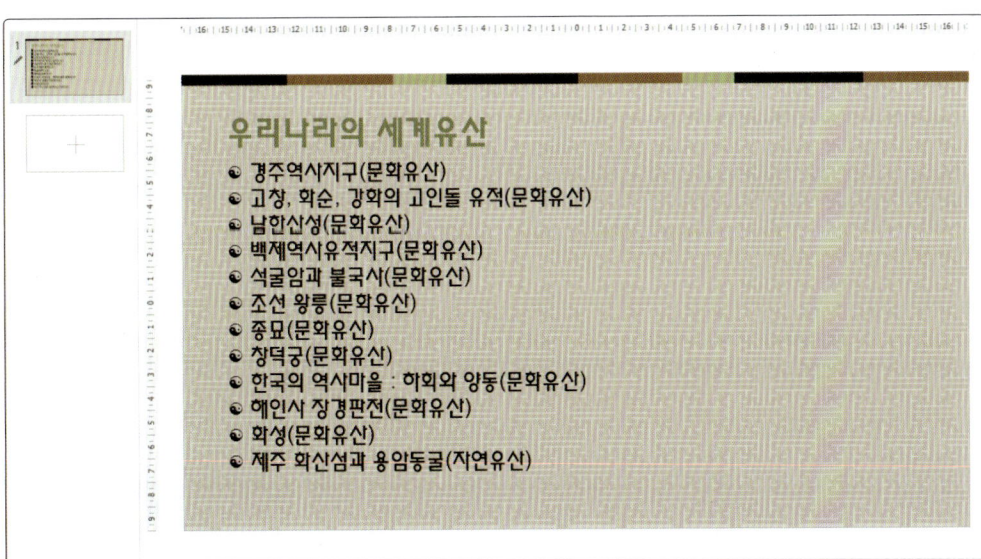

Hint
[서식] 탭에서 [테마 색]을 클릭한 후 [나무]를 클릭하면 테마 색을 변경할 수 있고, [서식] 탭에서 [테마 글꼴]을 클릭한 후 [잔상]을 클릭하면 테마 글꼴을 변경할 수 있습니다.

Chapter 08 단원 종합 평가 문제

01 다음 중 프레젠테이션을 만들 수 있는 프로그램은 어느 것인지 골라 보세요.
① 한글　　② 워드
③ 한쇼　　④ 한셀

02 다음 중 한쇼의 화면 구성 요소에 대한 설명으로 옳은 것은 어느 것인지 골라 보세요.
① 메뉴 표시줄 : 문서 편집 시 자주 사용하는 기능을 모아 아이콘으로 묶어서 놓은 곳입니다.
② 슬라이드 창 : 슬라이드를 작성하는 곳입니다.
③ 슬라이드 탭 : 슬라이드에 있는 텍스트가 표시되는 곳입니다.
④ 기본 도구 상자 : 프레젠테이션의 파일 이름과 프로그램의 이름이 표시되는 곳입니다.

03 다음 □ 안에 들어갈 말은 무엇인지 적어 보세요.

문단 앞에 숫자나 기호, 불릿 형태의 모양을 넣거나 지우는 기능을 _____(이)라고 합니다.

04 다음과 같이 슬라이드를 작성하려고 합니다. 어떤 레이아웃을 선택해야 하는지 골라 보세요.

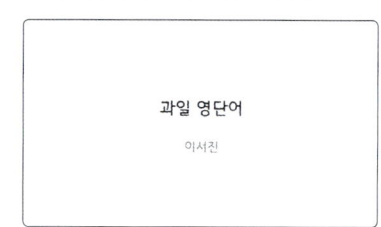

①  제목 슬라이드
② 제목 및 내용
③ 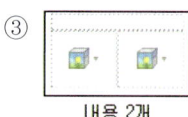 내용 2개
④ 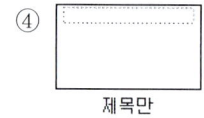 제목만

05 다음 중 슬라이드를 복제할 수 있는 키는 어느 것인지 골라 보세요.
① Ctrl+D　　② Shift+D
③ Alt+D　　④ Tab+D

06 다음 중 문단에 대한 설명으로 옳은 것은 어느 것인지 골라 보세요.
① Enter를 누른 곳에서부터 다음 Enter를 누른 곳까지의 내용을 말합니다.
② 문단을 선택한 후 Tab을 누르면 문단의 들여쓰기 수준을 낮출 수 있습니다.
③ 문단을 선택한 후 [서식] 탭에서 [문단 왼쪽 이동]을 클릭하면 문단의 들여쓰기 수준을 높일 수 있습니다.
④ 문단에 커서를 둔 후 Ctrl+D를 누르면 모든 문단을 선택할 수 있습니다.

07 다음 중 텍스트 뒤에 그림자를 표시할 수 있는 기능은 어느 것인지 골라 보세요.
① 가　　② 가
③ 가　　④ 가

08 텍스트에 지정된 모양을 복사하여 다른 텍스트에 지정할 수 있는 기능은 무엇인지 적어 보세요.
(　　　　　　)

■ 정답은 158 페이지에 있습니다.

09 다음과 같이 '화폐의 역사' 파일을 연 후 문단의 들여쓰기 수준을 높인 다음 테마를 지정해 보세요.
- 문단의 들여쓰기 수준 높이기 : 내용의 2번 문단/4번 문단
- 테마 지정 : [보석]

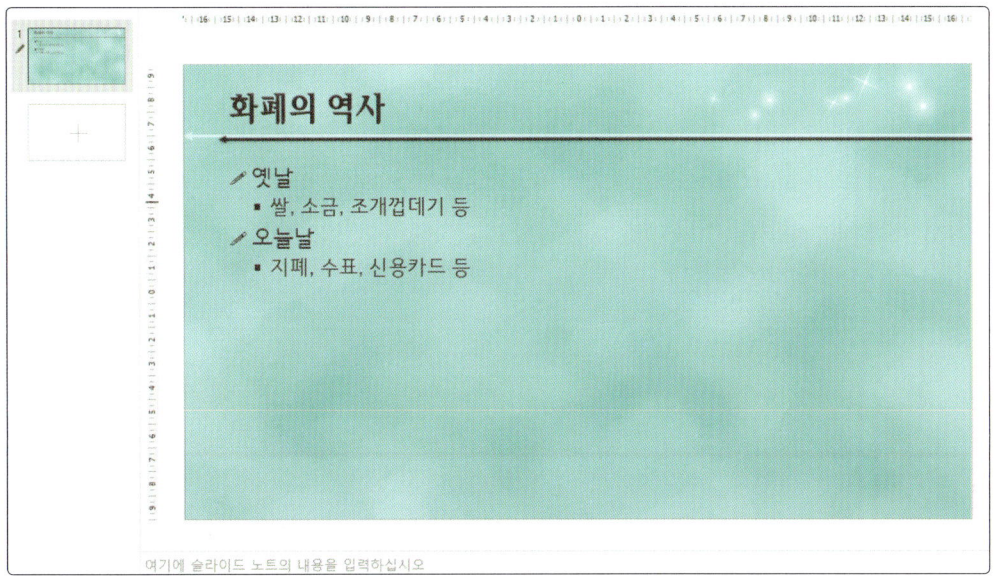

10 다음과 같이 '은행이 하는 일' 파일을 연 후 글머리표를 매긴 다음 글자 모양을 지정해 보세요.
- 글머리표 매기기 : 내용(■)
- 제목 : 글꼴(HY수평선M), 글자 크기(54), 글자 색(강조1 바다색), 가[그림자]
- 내용 : 글꼴(HY나무M), 글자 크기(40), 글자 색(강조4 멜론색), 가[진하게], 가[기울임]

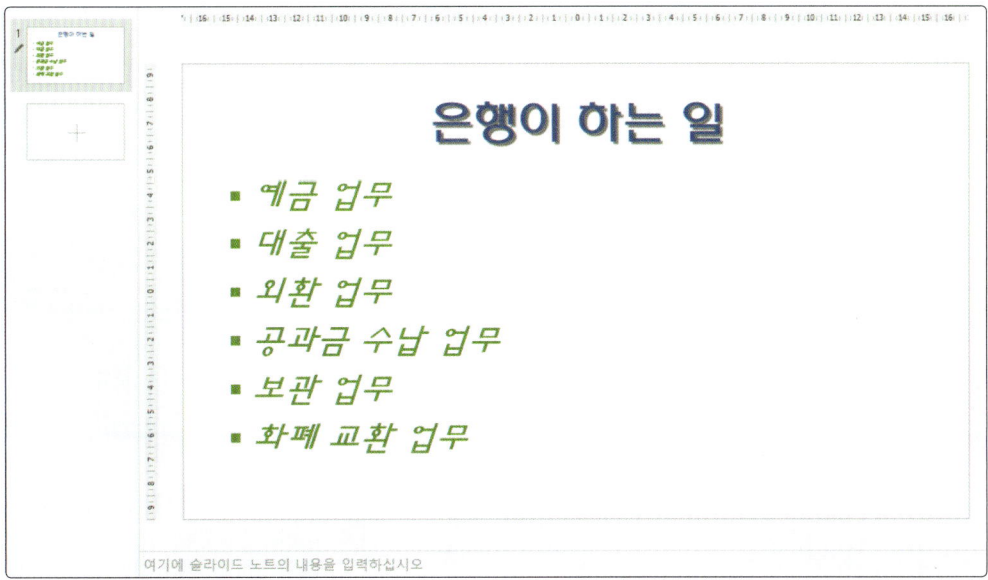

Chapter 09 워드숍과 스크린 샷 활용하기

- ◆ 워드숍을 활용하는 방법에 대해 알아보겠습니다.
- ◆ 스크린 샷을 활용하는 방법에 대해 알아보겠습니다.

워드숍은 텍스트 채우기나 텍스트 윤곽선 등이 미리 정의되어 있는 텍스트 스타일이고, 스크린 샷은 한쇼에서 제공하는 캡처 도구인데요. 워드숍을 활용하면 화려한 제목을 작성할 수 있고, 스크린 샷을 활용하면 내용을 부각시킬 수 있습니다.

Preview

THEME 01 워드숍 활용하기

1 '영국' 파일을 연 후 워드숍를 삽입하기 위해 [입력] 탭에서 [워드숍]을 클릭한 다음 가[채우기 - 강조 5(어두운 계열, 그러데이션), 윤곽 - 강조 5, 그림자]를 클릭합니다.

2 워드숍이 삽입되면 워드숍 텍스트(영국)를 입력한 후 워드숍 텍스트에 글꼴 서식을 지정하기 위해 워드숍 텍스트를 드래그하여 선택한 다음 서식 도구 상자에서 글꼴(HY수평선M)을 선택합니다.

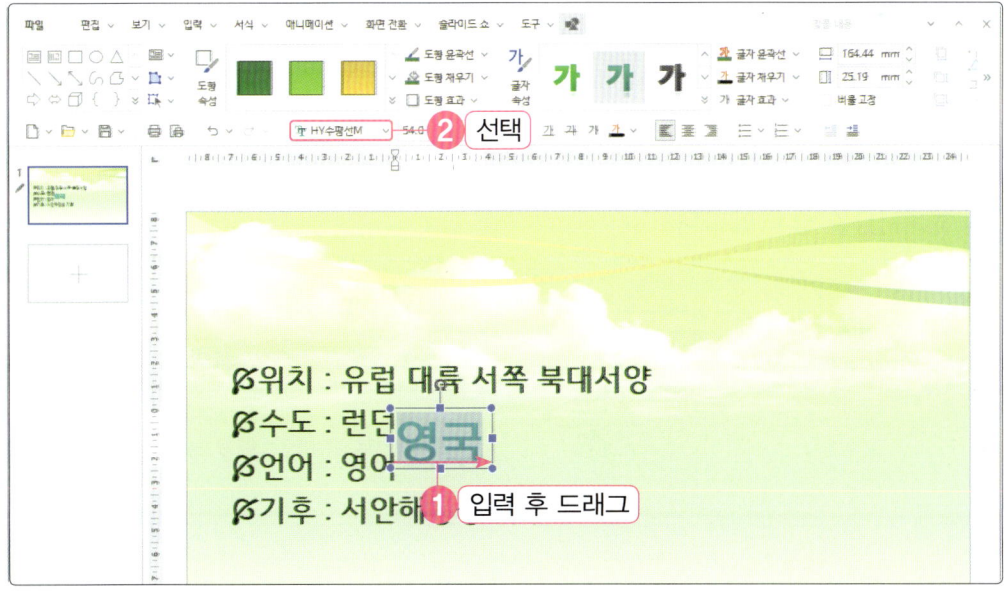

Tip
- 워드숍이 삽입된 후 바로 워드숍 텍스트를 입력하면 기존 워드숍 텍스트가 지워진 다음 새 워드숍 텍스트가 입력됩니다.
- 워드숍 텍스트로 마우스 포인터를 가져가서 마우스 포인터가 I 모양으로 변경되었을 때 클릭하면 워드숍 텍스트를 수정할 수 있습니다.

③ 워드숍에 네온 효과를 지정하기 위해 워드숍을 선택한 후 [도형] 탭에서 [글자 효과]를 클릭한 다음 [네온]-[강조 색 5, 5 pt]를 클릭합니다.

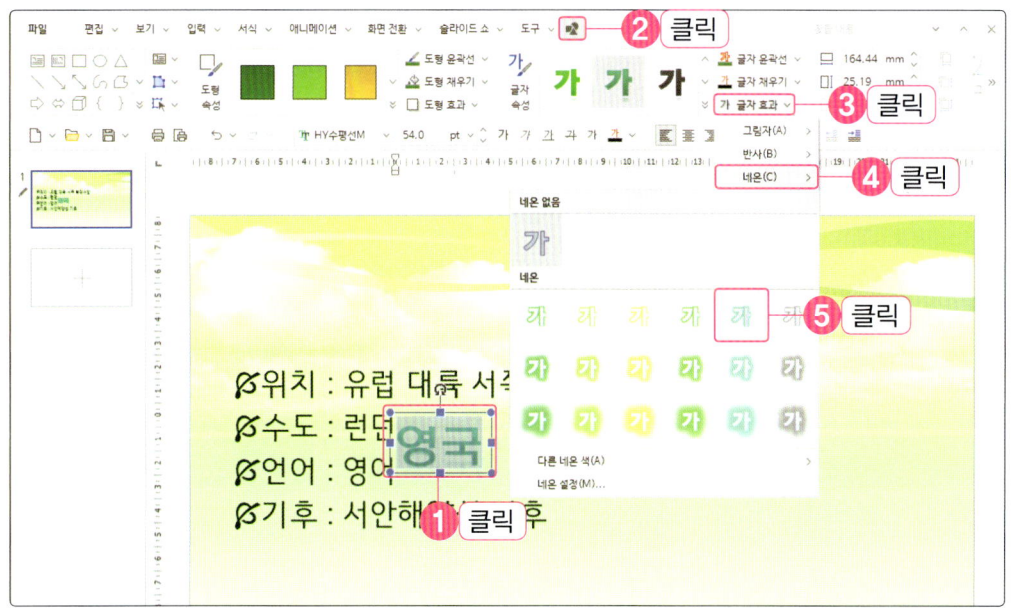

알아두면 실력튼튼

개체 선택하기
- 하나의 개체 선택 : 개체로 마우스 포인터를 가져가서 마우스 포인터가 모양으로 변경되었을 때 클릭합니다.
- 여러 개체 선택 : 개체를 선택한 후 Shift를 누른 상태에서 다른 개체를 선택합니다.

개체 선택 해제하기
- 방법1 : 슬라이드의 빈 부분을 클릭합니다.
- 방법2 : Esc를 누릅니다.

④ 워드숍에 변환 효과를 지정하기 위해 [도형] 탭에서 [글자 효과]를 클릭한 다음 [변환]-[갈매기형 수장]을 클릭합니다.

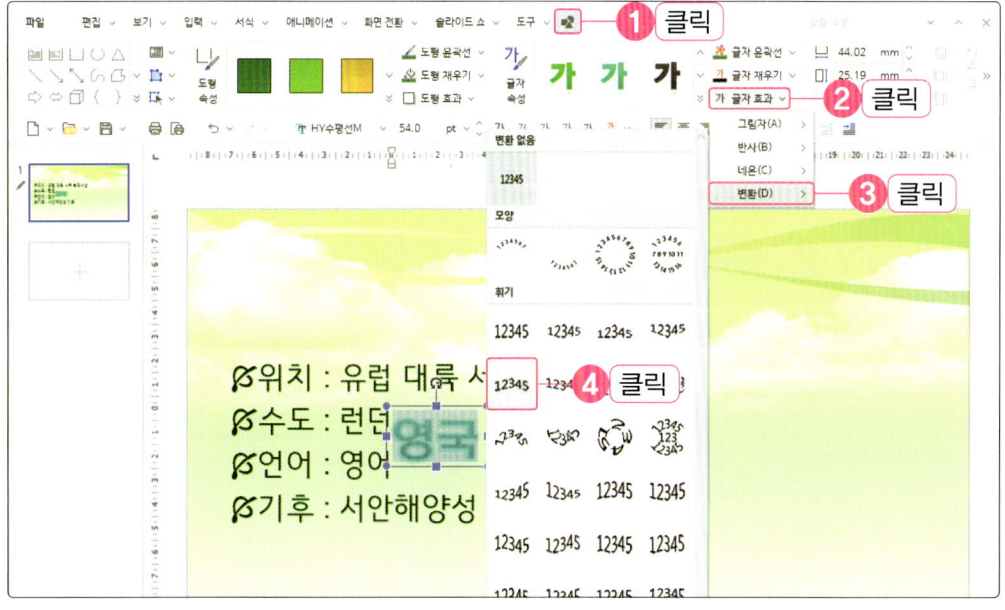

⑤ 워드숍에 변환 효과가 지정되면 다음과 같이 워드숍을 이동시킨 후 워드숍의 크기를 조정합니다.

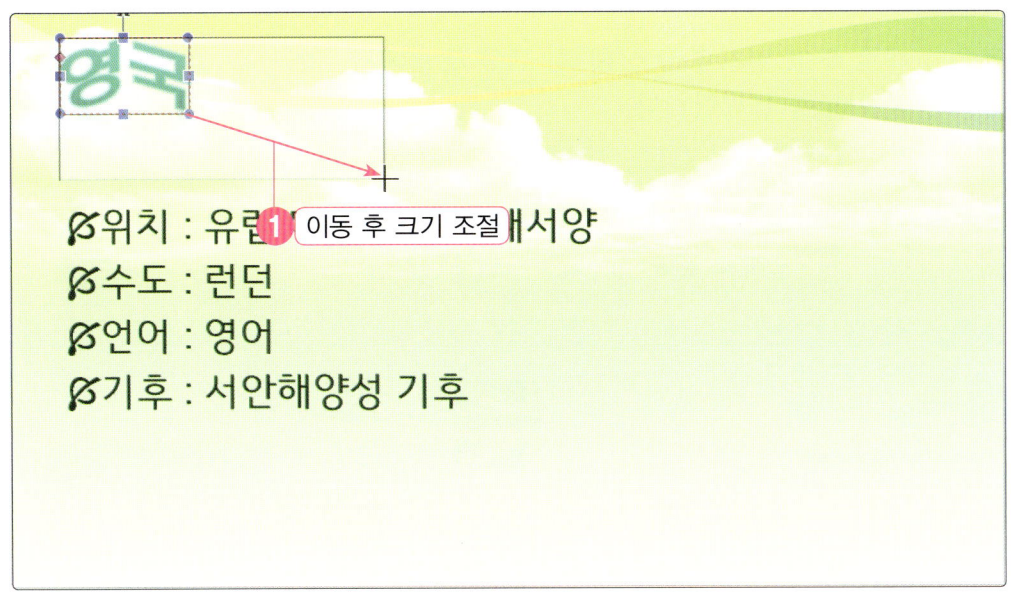

Tip
- 개체로 마우스 포인터를 가져가서 마우스 포인터가 모양으로 변경되었을 때 드래그하면 개체를 이동할 수 있고, 개체의 크기 조절점을 드래그하면 개체의 크기를 조정할 수 있습니다.
- 개체를 선택한 후 Delete 를 누르면 개체를 지울 수 있습니다.

알아두면 실력튼튼

워드숍에 윤곽선 색과 글자 채우기 지정하기

워드숍을 선택한 후 [도형] 탭에서 [글자 윤곽선]의 [목록] 단추를 클릭하면 워드숍에 윤곽선 색을 지정할 수 있고, [글자 채우기]의 [목록] 단추를 클릭하면 워드숍에 글자 채우기를 지정할 수 있는데요. 워드숍에 글자 윤곽선을 지정하면 워드숍 텍스트의 테두리 색이 변경되고, 워드숍에 글자 채우기를 지정하면 워드숍 텍스트의 내부가 변경됩니다.

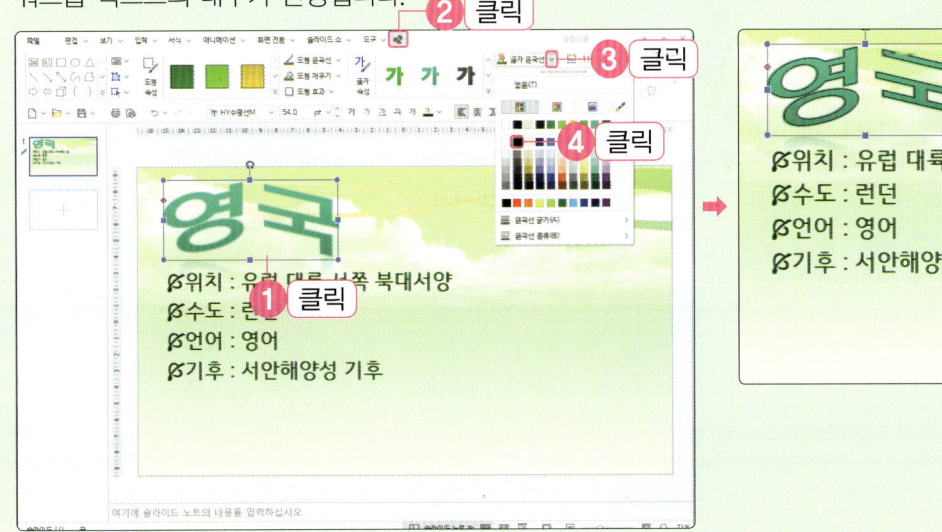

▲ 워드숍에 글자 윤곽선을 지정하는 경우

THEME 02 스크린샷 사용하기

1 한쇼 작업을 그대로 두고 인터넷을 실행 후 구글 검색에서 "영국"을 입력 후 Enter 를 눌러 검색한 다음 영국 지도를 클릭합니다.

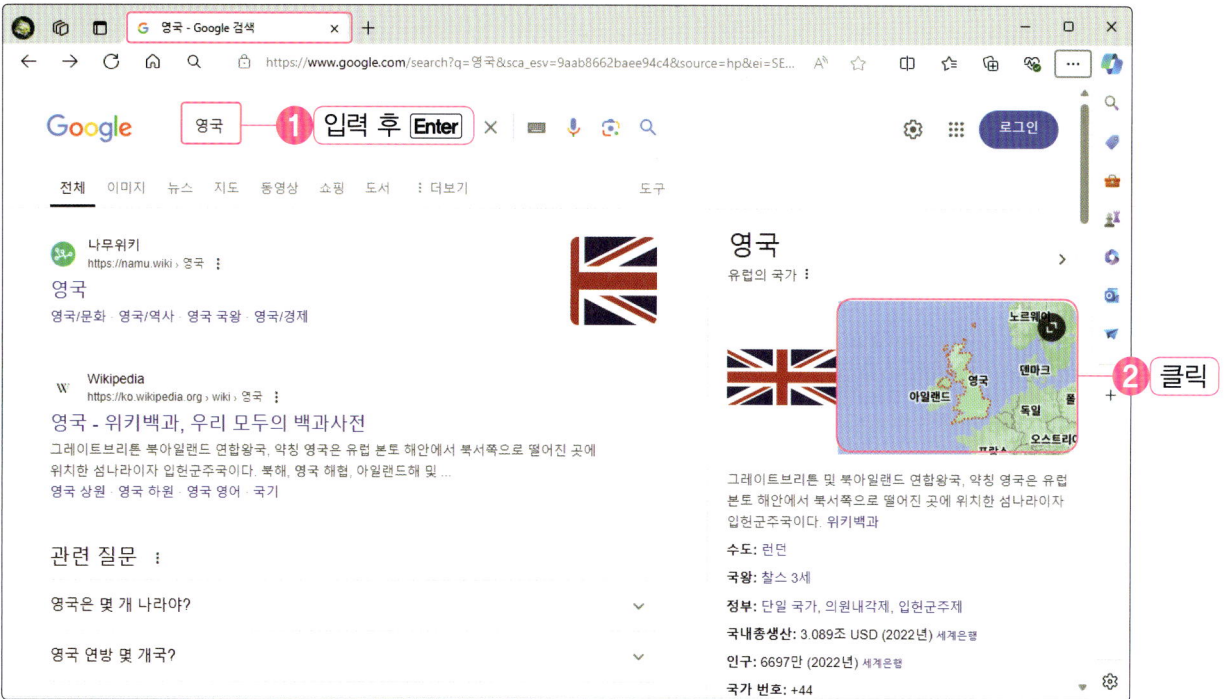

2 영국 지도가 화면에 표시되는것을 확인할 수 있습니다.

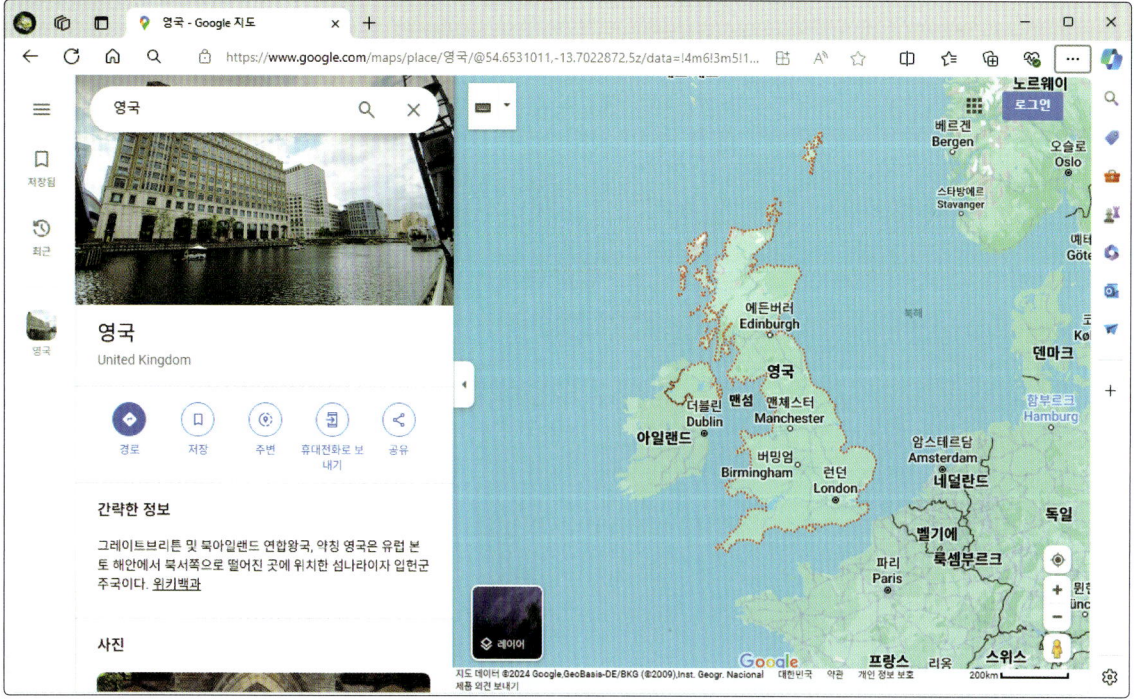

③ 한쇼 작업을 클릭하여 이동한 후 [입력] 탭에서 [그림]-[스크린 샷]-[화면 캡처]를 클릭합니다.

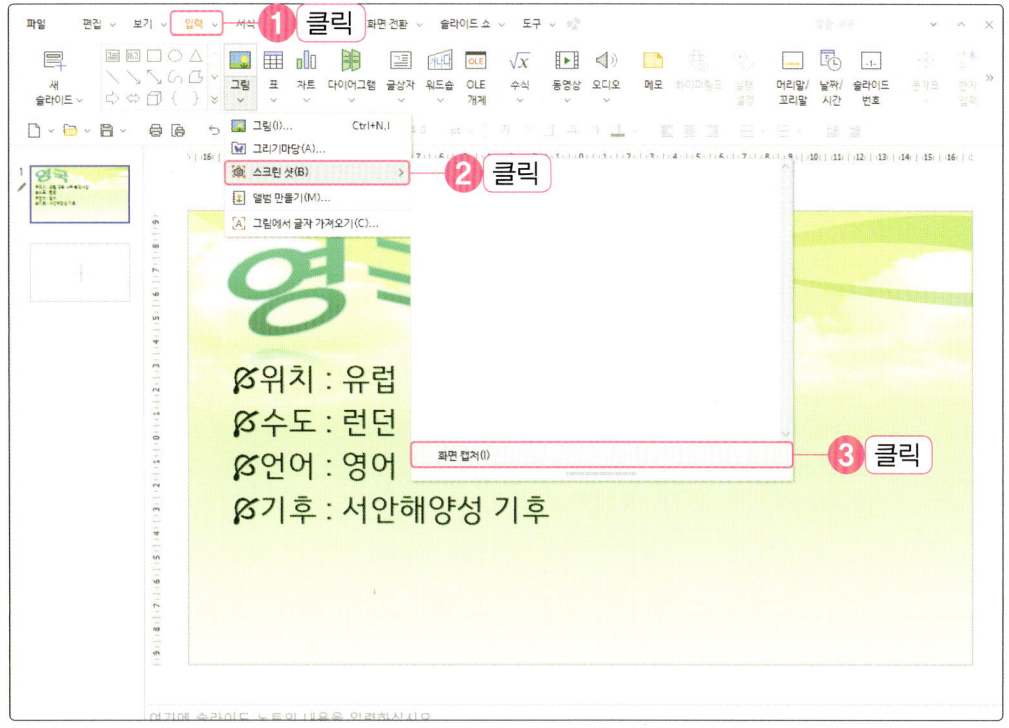

④ 화면 캡처 상태에서 인터넷의 영국 지도의 캡처할 부분을 드래그합니다.

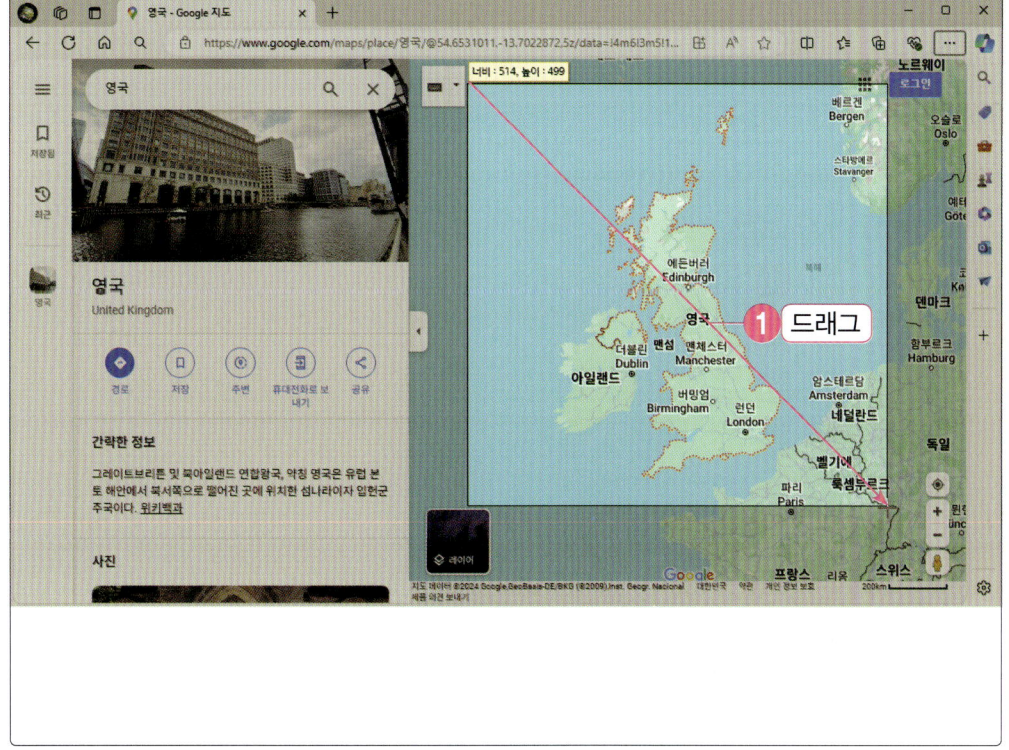

❺ 한쇼 작업 화면에 캡처한 이미지가 표시되는 것을 확인할 수 있습니다. 캡처 이미지에 그림 스타일을 적용하기 위해 [그림] 탭에서 [자세히] 단추를 클릭합니다.

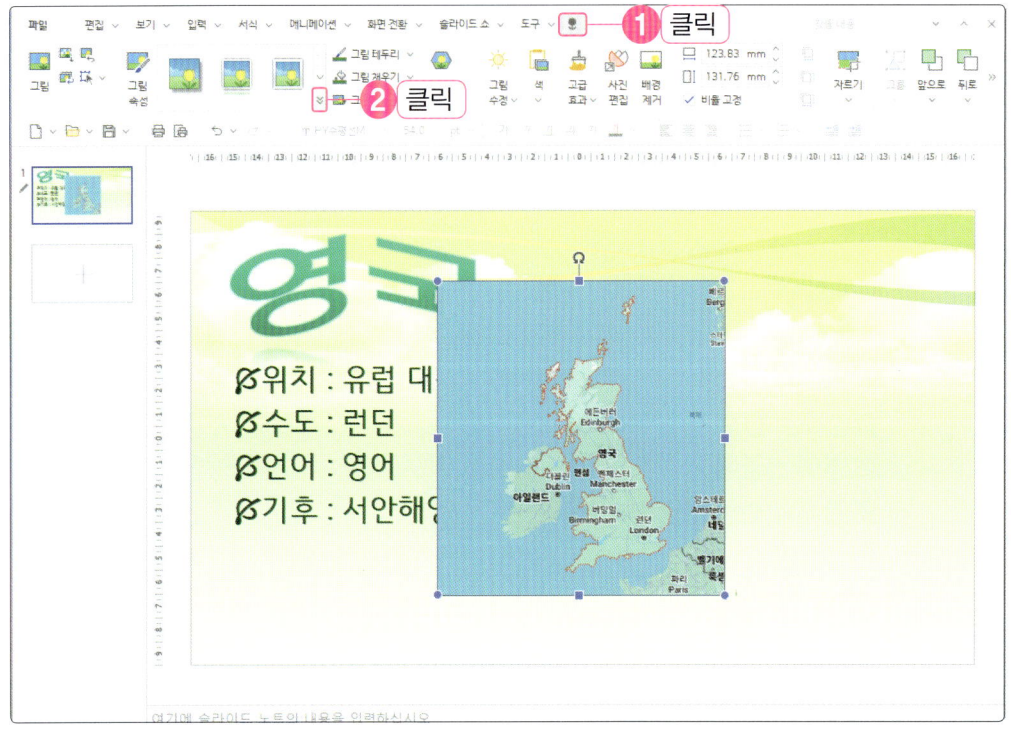

클립아트나 그림을 선택한 후 [그림] 탭에서 [원래 그림으로]를 클릭하면 클립아트나 그림에 지정한 서식을 제거할 수 있고, 클립아트나 그림의 크기도 원래의 크기로 되돌릴 수 있습니다.

❻ 그림 스타일 목록이 나타나면 [광택]을 클릭합니다.

⑦ 이미지의 회전 및 비율을 조정하기 위해 클립아트의 바로 가기 메뉴에서 [개체 속성]을 클릭합니다.

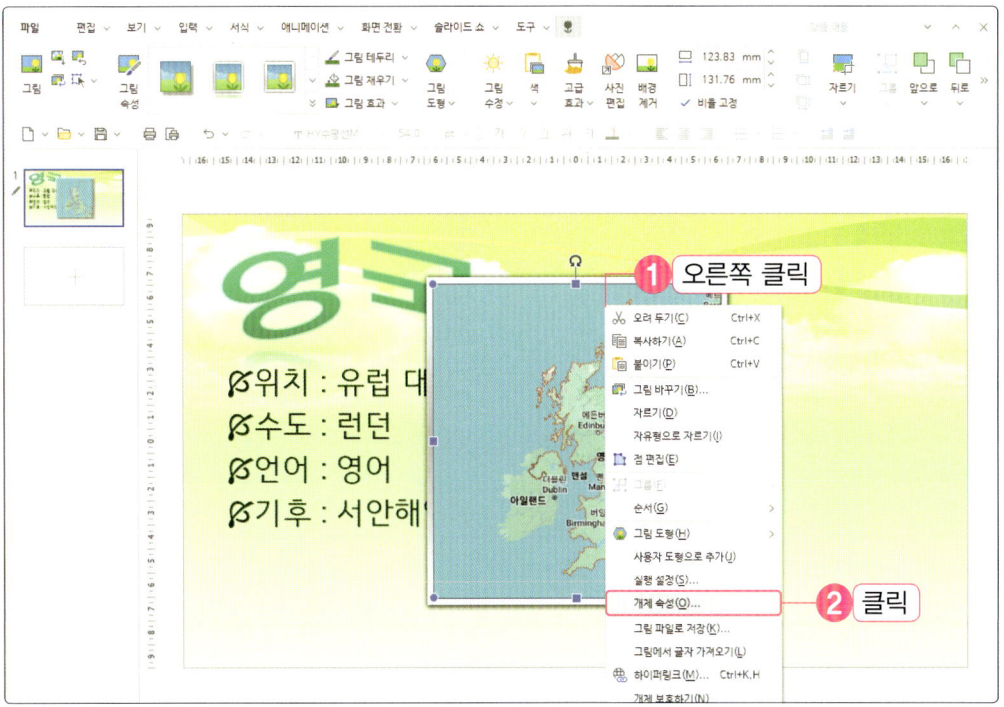

⑧ 화면 오른쪽 [개체 속성] 작업창이 표시되면 □[크기 및 속성] 항목의 크기 및 위치에서 회전(350)을 수정하고 확대/축소 비율에서 너비(70%)와 높이(70%)를 수정한 다음 ×[작업 창 닫기]를 클릭합니다.

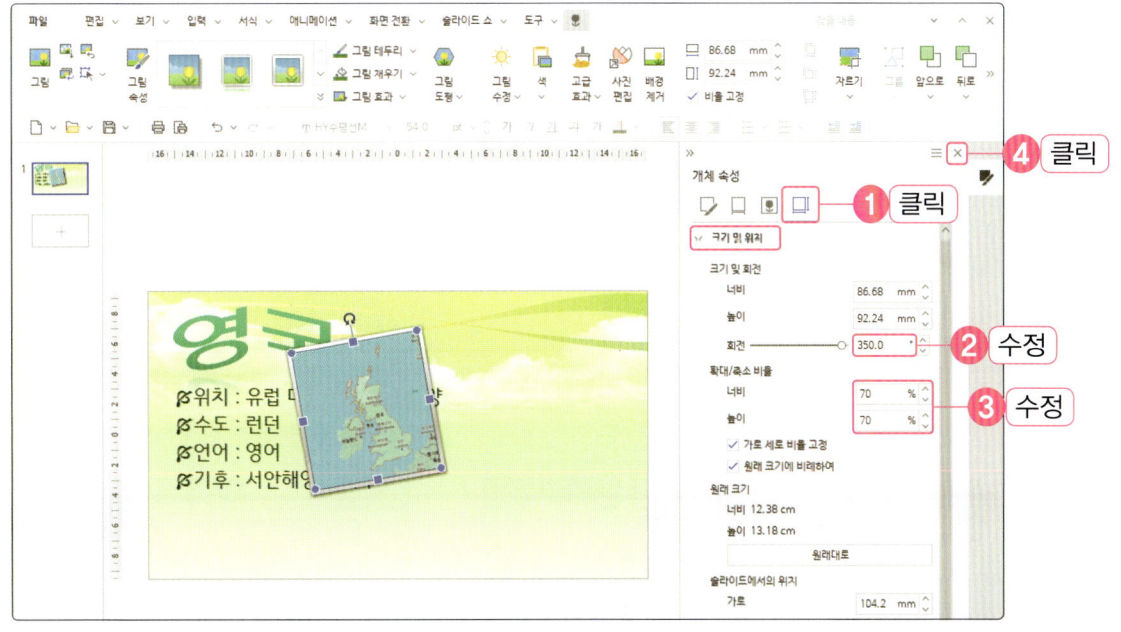

> Tip
> [가로 세로 비율 고정]이 선택되어 있으면 확대/축소 비율의 너비(가로 크기)만 입력해도 확대/축소 비율의 높이(세로 크기)가 같은 비율로 변경되고, [원래 크기에 비례하여]가 선택되어 있으면 원래 크기에 비례하여 확대/축소 비율의 너비와 높이만큼 확대되거나 축소됩니다.

이미지의 회전 및 확대/축소 비율이 조정되면 다음과 같이 이미지를 이동시킵니다.

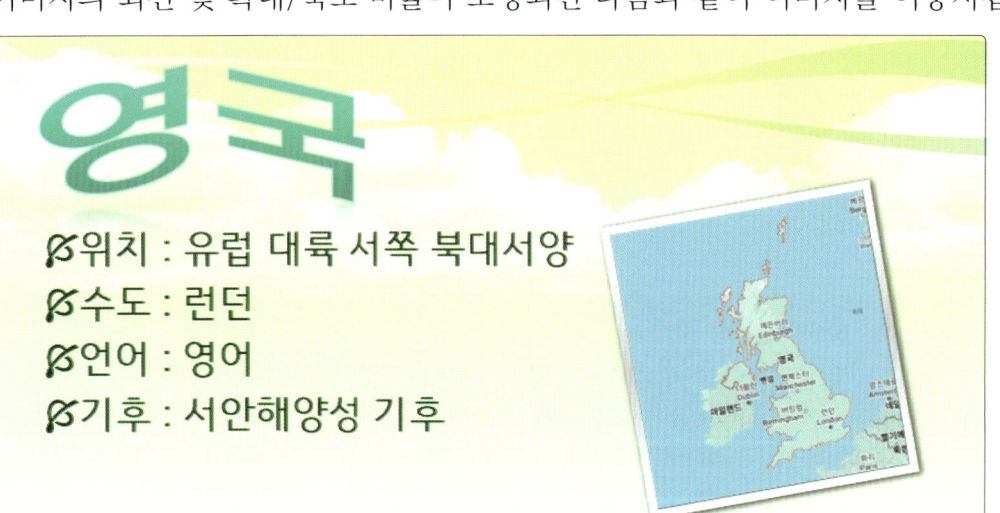

알아두면 실력튼튼

개체의 겹치는 순서 다시 매기기

개체를 서로 겹치면 나중에 삽입한 개체가 먼저 삽입한 개체 위에 겹쳐지는데요. 개체를 선택한 후 [도형]/ [그림] 탭에서 [앞으로]의 [목록] 단추를 클릭한 다음 [앞으로]/[맨 앞으로]를 클릭하거나 [뒤로]의 [목록] 단추를 클릭한 다음 [뒤로]/[맨 뒤로]를 클릭하면 개체의 겹치는 순서를 다시 매길 수 있습니다. 워드숍이나 도형을 선택하면 [도형] 탭이 나타나고, 그림이나 클립아트를 선택하면 [그림] 탭이 나타납니다.

맨 앞으로
선택한 개체( )가 맨 위로 이동

앞으로
선택한 개체( )가 한 단계 위로 이동

맨 뒤로
선택한 개체( )가 맨 아래로 이동

뒤로
선택한 개체( )가 한 단계 아래로 이동

01 다음과 같이 '프랑스' 파일을 연 후 워드숍을 활용하여 슬라이드를 작성해 보세요.

- **워드숍** : 워드숍 스타일(가[채우기 – 강조 2(그러데이션), 윤곽 – 밝은 색 1]), 네온 효과(가[강조 색 2, 10 pt]), 변환 효과(12345[중지]), 윤곽선 색(노랑)
- **워드숍 글꼴** : HY수평선M

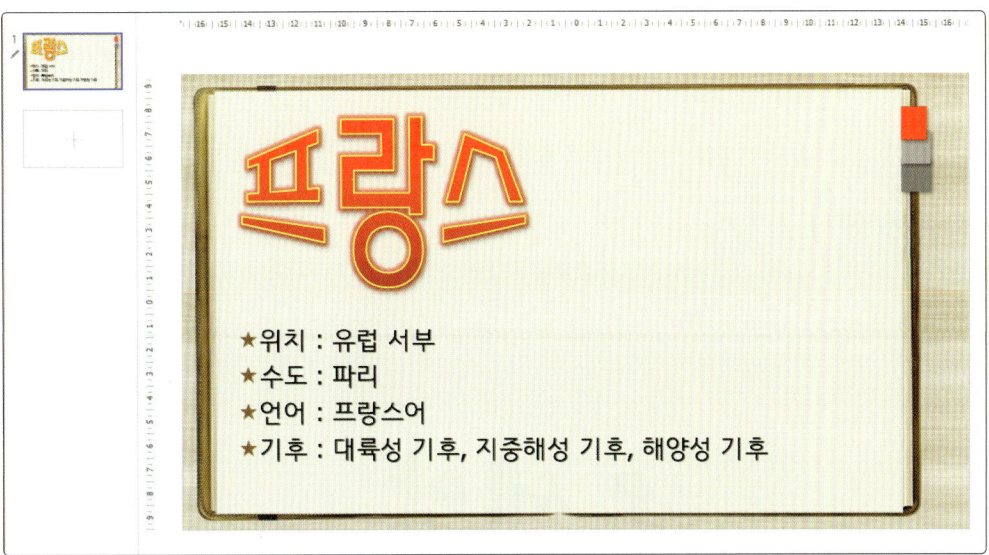

Hint
워드숍을 선택한 후 [도형] 탭에서 [글자 윤곽선]의 [목록] 단추를 클릭한 다음 [노랑]를 클릭하면 워드숍에 윤곽선 색을 지정할 수 있습니다.

02 다음과 같이 그리기마당을 활용하여 슬라이드를 작성해 보세요.

- **스크린 샷** : 구글 검색에서 "프랑스"를 검색 후 프랑스 지도를 이용하여 결과 화면과 같이 추가, 그림 스타일(살구빛 사각형), 회전(5), 확대/축소 비율(너비(80 %), 높이(80 %))

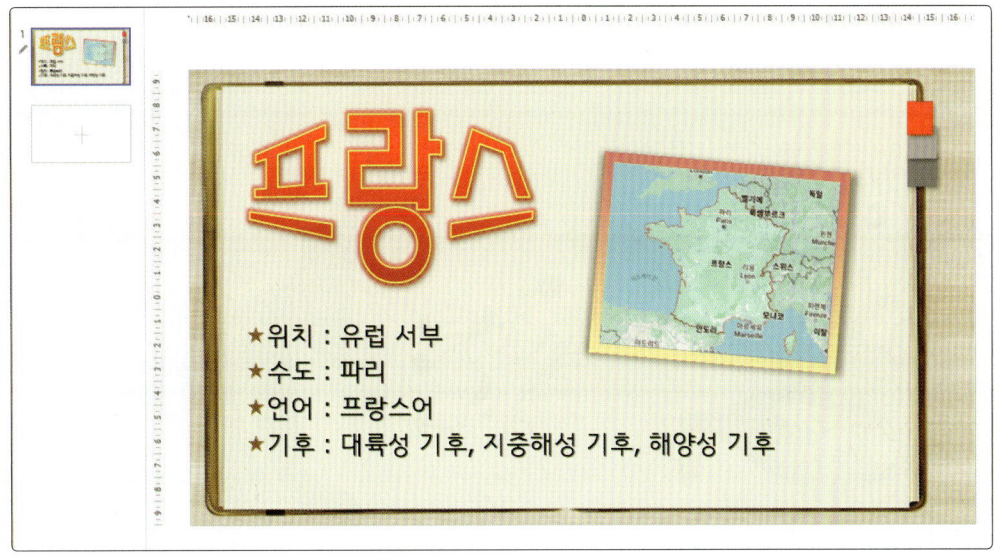

Chapter 10 도형과 그림 활용하기

- 도형을 활용하는 방법에 대해 알아보겠습니다.
- 그림을 활용하는 방법에 대해 알아보겠습니다.

한쇼에서는 선, 사각형, 블록 화살표, 수식 도형 등의 다양한 도형을 제공하는데요. 도형과 그림을 활용하면 슬라이드를 돋보이게 꾸밀 수 있습니다.

Preview

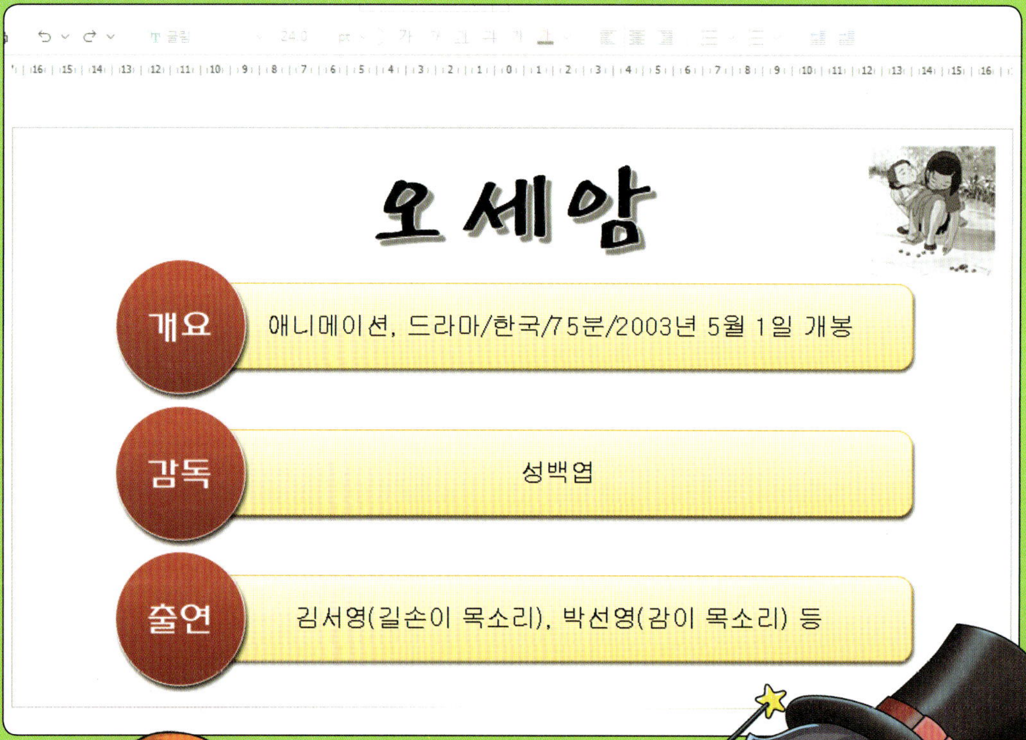

오세암

개요	애니메이션, 드라마/한국/75분/2003년 5월 1일 개봉
감독	성백엽
출연	김서영(길손이 목소리), 박선영(감이 목소리) 등

THEME 01 도형 활용하기

1 '오세암' 파일을 연 후 도형을 삽입하기 위해 [입력] 탭에서 ▼[자세히] 단추를 클릭한 다음 ☐[모서리가 둥근 직사각형]을 클릭합니다.

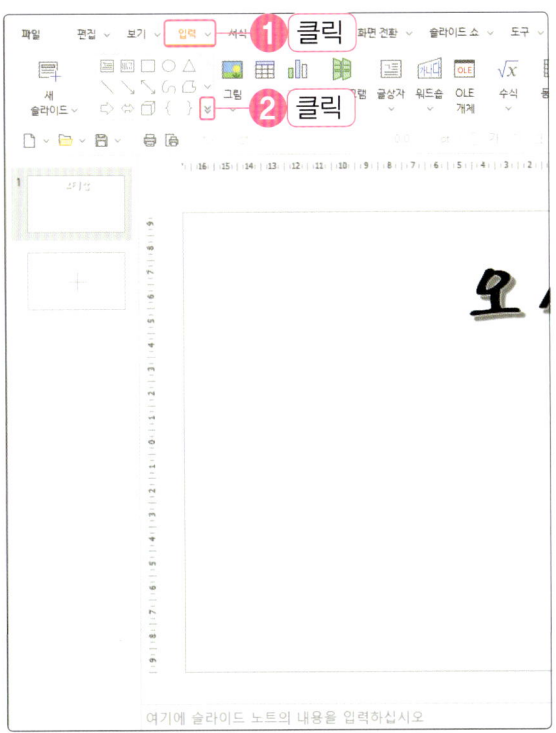 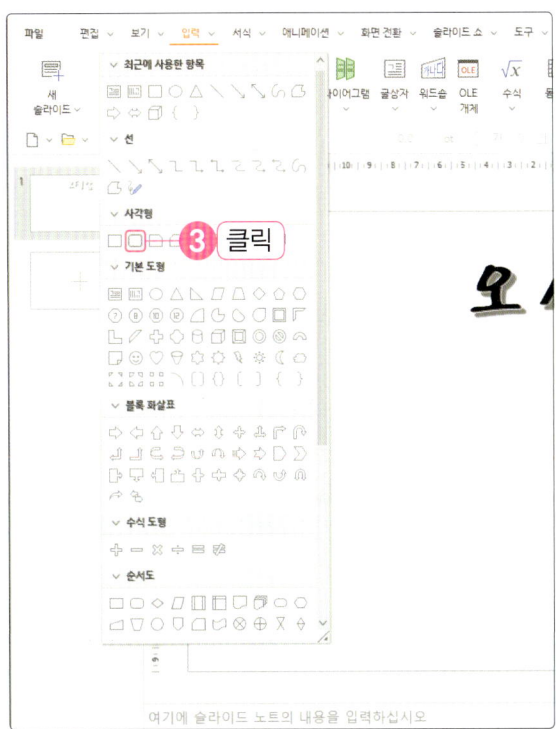

2 마우스 포인터가 + 모양으로 변경되면 다음과 같이 드래그하여 도형을 그립니다.

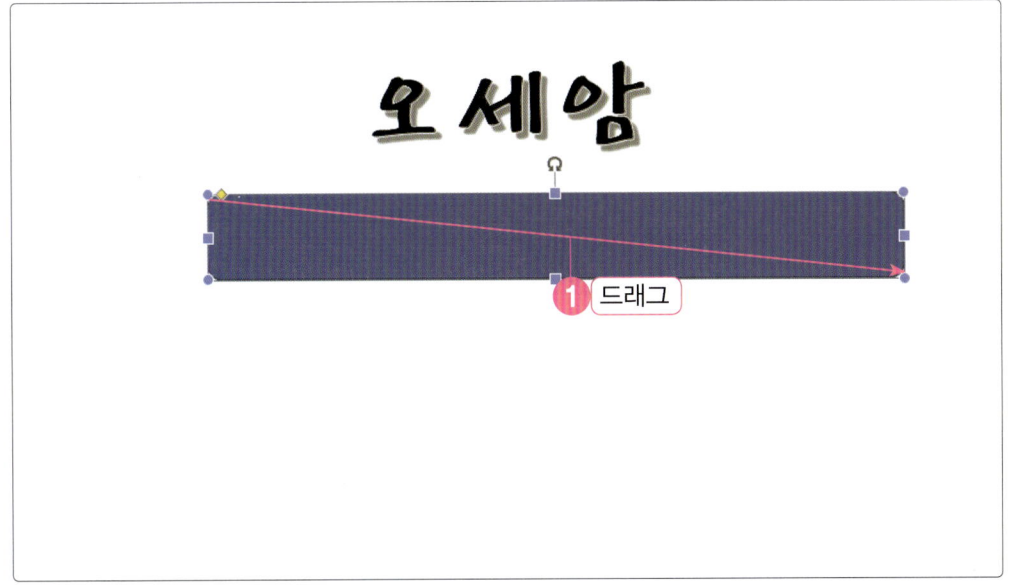

Shift 를 누른 상태에서 직사각형이나 타원을 그리면 정사각형이나 정원(완전히 동그란 원)이 그려지고, Ctrl 을 누른 상태에서 도형을 그리면 도형을 그리기 시작한 위치가 도형의 중심이 됩니다.

❸ 도형 스타일을 적용하기 위해 [도형] 탭에서 [자세히] 단추를 클릭합니다.

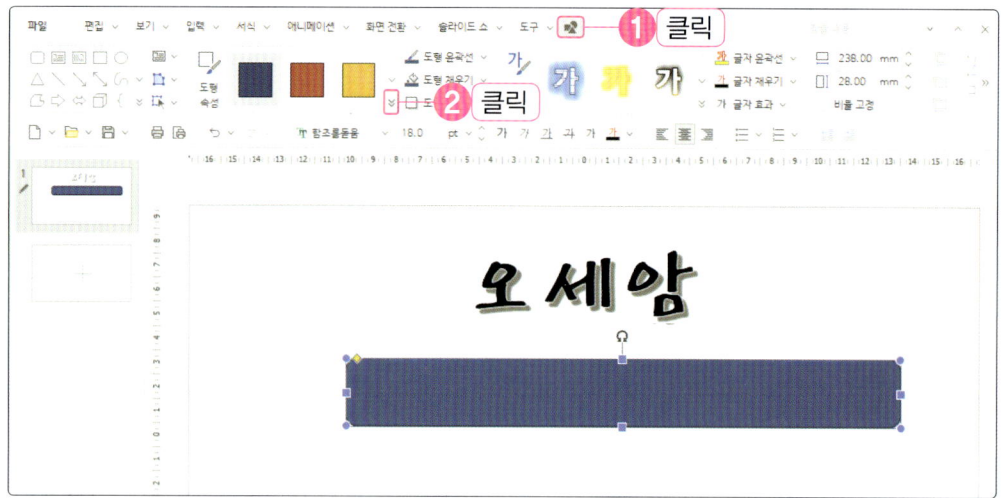

❹ 도형 스타일 목록이 나타나면 [밝은 계열 - 강조 3]을 클릭합니다.

❺ 같은 방법으로 다음과 같이 ○[타원] 도형을 삽입한 후 [도형] 탭에서 [자세히] 단추를 클릭한 다음 [보통 효과 - 강조 2]를 클릭합니다.

⑥ 타원 도형에 텍스트(개요)를 입력한 후 글자 모양을 지정하기 위해 도형 텍스트를 드래그하여 선택한 다음 서식 도구 상자에서 글꼴(HY수평선M)을 선택하고 글자 크기(32)를 입력합니다.

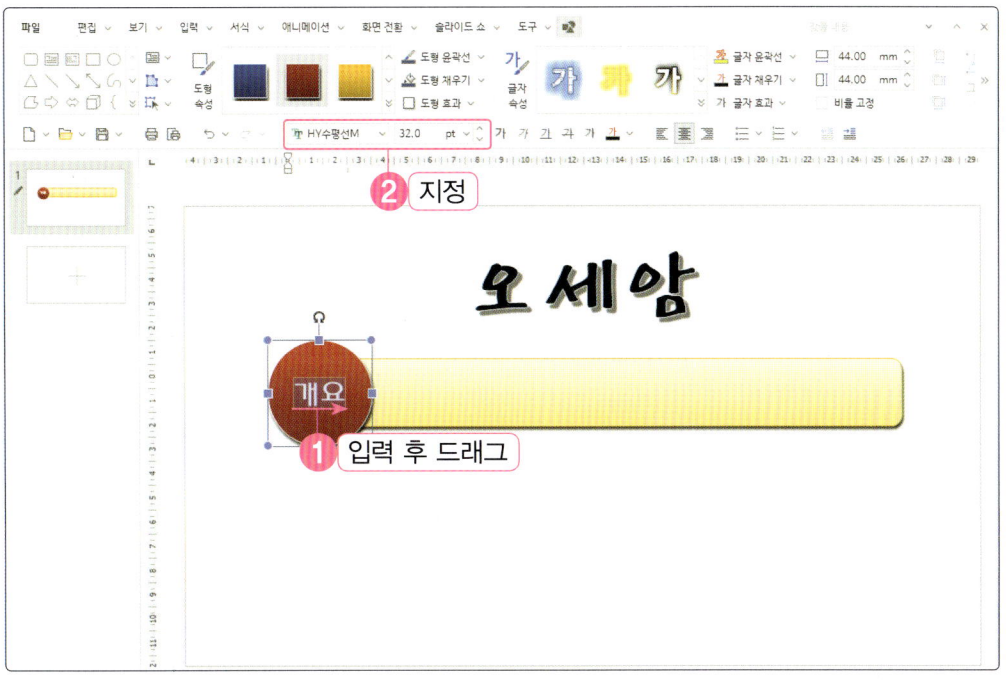

도형을 선택한 후 바로 도형 텍스트를 입력하거나 도형의 바로 가기 메뉴에서 [도형 안에 글자 넣기]를 클릭하면 도형 텍스트를 입력할 수 있고, 도형 텍스트로 마우스 포인터를 가져가서 마우스 포인터가 I 모양으로 변경되었을 때 클릭하면 도형 텍스트를 수정할 수 있습니다.

⑦ 같은 방법으로 다음과 같이 □[모서리가 둥근 직사각형] 도형에 도형 텍스트를 입력한 후 서식 도구 상자에서 글꼴(굴림)을 선택한 다음 글자 크기(24)를 입력합니다.

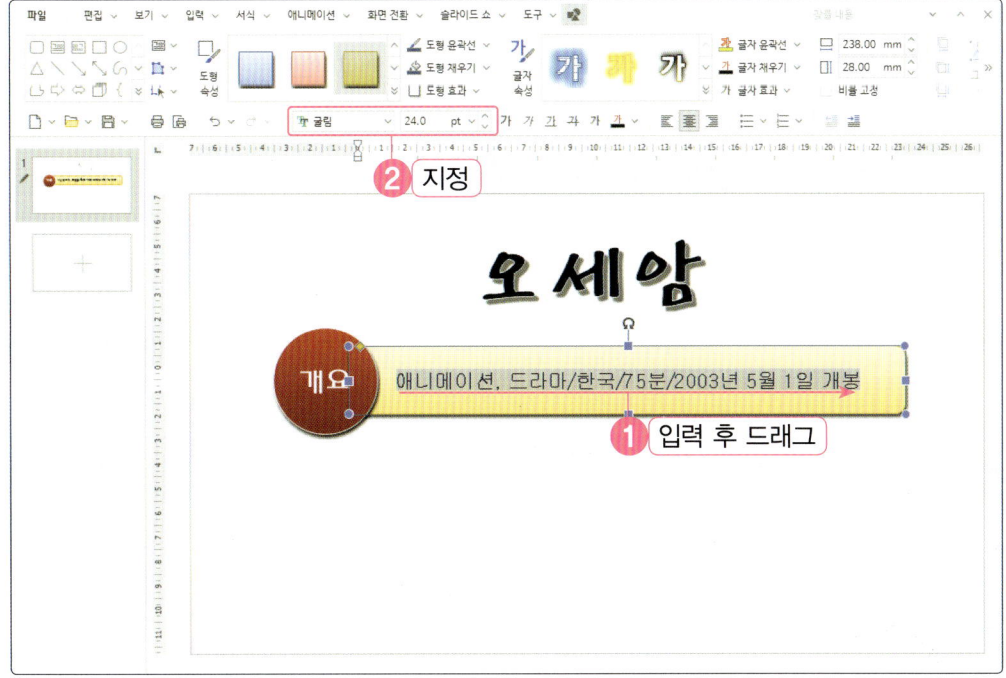

⑧ 도형을 그룹화하기 위해 ○[타원] 도형과 □[모서리가 둥근 직사각형] 도형을 선택한 후 [도형] 탭에서 [그룹]을 클릭한 다음 [개체 묶기]를 클릭합니다.

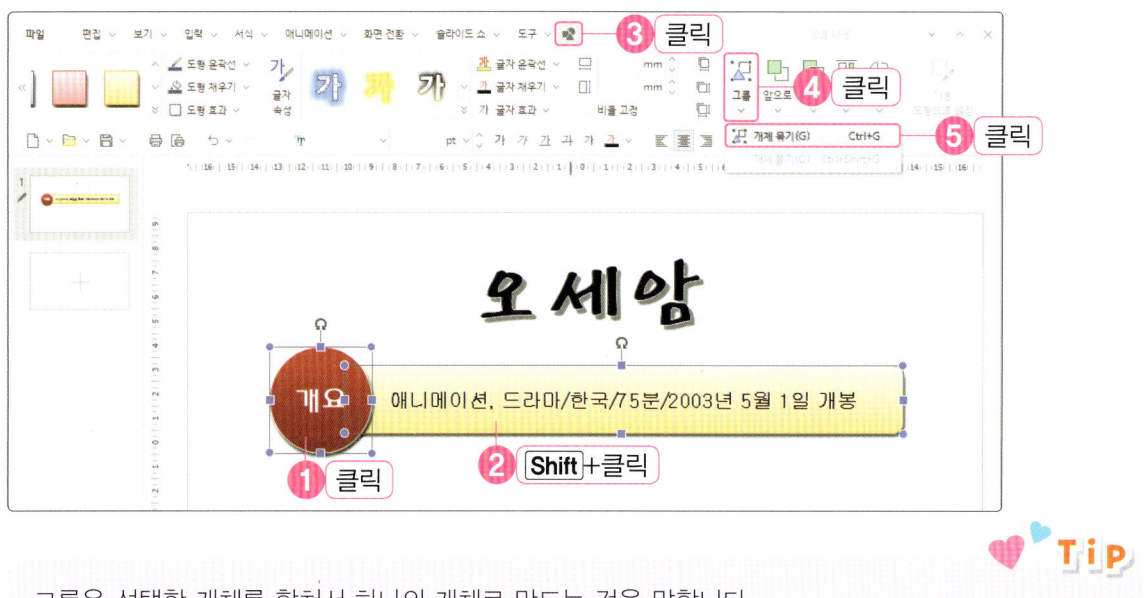

> **Tip**
> 그룹은 선택한 개체를 합쳐서 하나의 개체로 만드는 것을 말합니다.

⑨ 그룹화된 도형을 복사하기 위해 다음과 같이 Ctrl과 Shift를 누른 상태에서 그룹화된 도형을 아래쪽으로 드래그합니다.

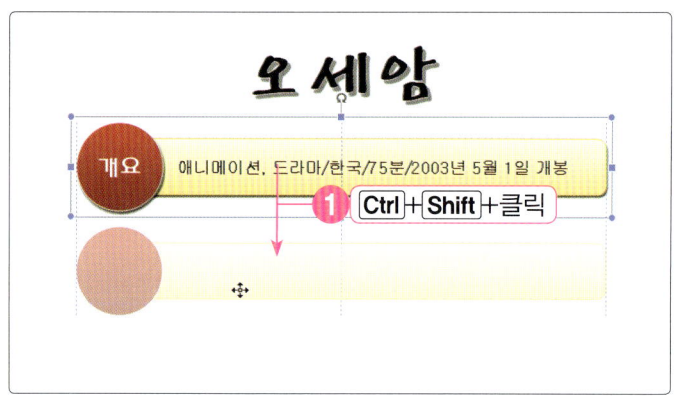

> **Tip**
> 도형을 선택한 후 Ctrl을 누른 상태에서 드래그하면 도형이 복사되고, Shift를 누른 상태에서 드래그하면 수평이나 수직 방향으로 이동됩니다.

⑩ 같은 방법으로 다음과 같이 그룹화된 도형을 1개 더 복사한 후 도형 텍스트를 수정합니다.

THEME 02 그림 활용하기

1. 그림을 삽입하기 위해 [입력] 탭에서 [그림]을 클릭합니다.

2. [그림 넣기] 대화상자가 나타나면 찾는 위치(한쇼 2022\Chapter 10)를 선택한 후 파일(오세암)을 선택한 다음 [넣기] 단추를 클릭합니다.

3. 그림의 색조를 조정하기 위해 [그림] 탭에서 [색조 조정]을 클릭한 후 [회색조]를 클릭합니다.

Chapter 10 - 도형과 그림 활용하기

그림의 색조가 조정되면 다음과 같이 그림을 이동시킵니다.

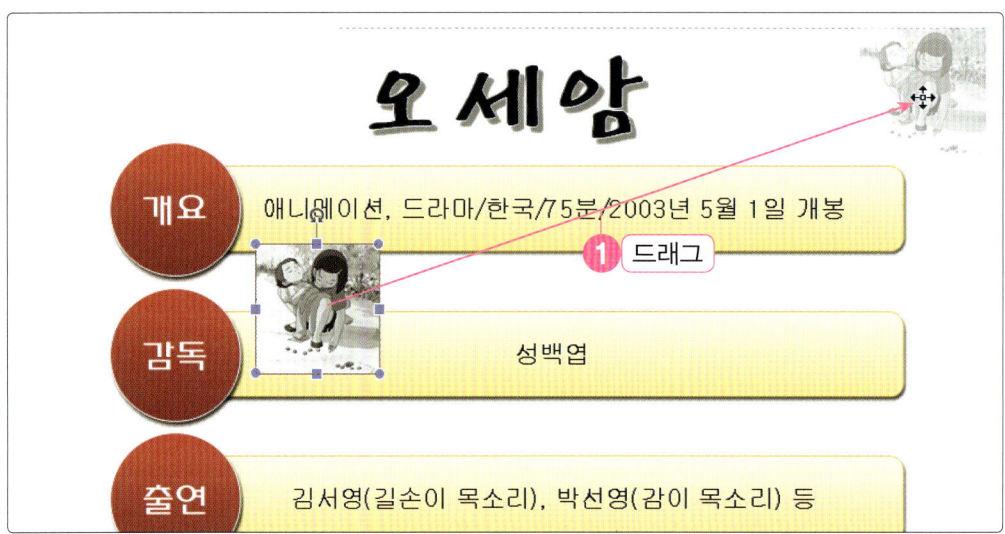

알아두면 실력튼튼

고급 효과 지정하기

다음과 같이 그림을 선택한 후 [그림] 탭에서 [고급 효과]를 클릭하면 그림에 고급 효과를 지정할 수 있습니다.

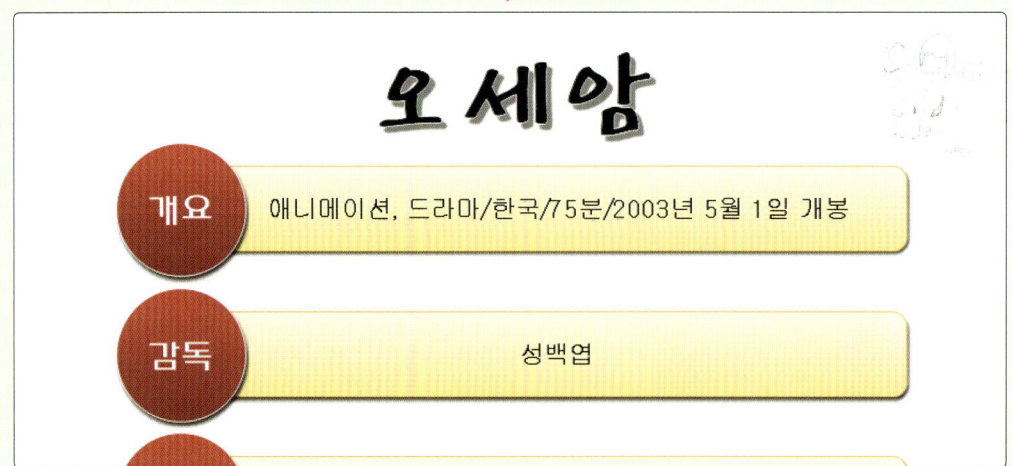

01 다음과 같이 '마당을 나온 암탉' 파일을 연 후 도형을 활용하여 슬라이드를 작성해 보세요.

- **도형** : [대각선 방향의 모서리가 잘린 사각형], 도형 스타일([강한 효과 – 강조 3])
- **도형 텍스트** : 글꼴(한컴윤체M), 글자 크기(36)

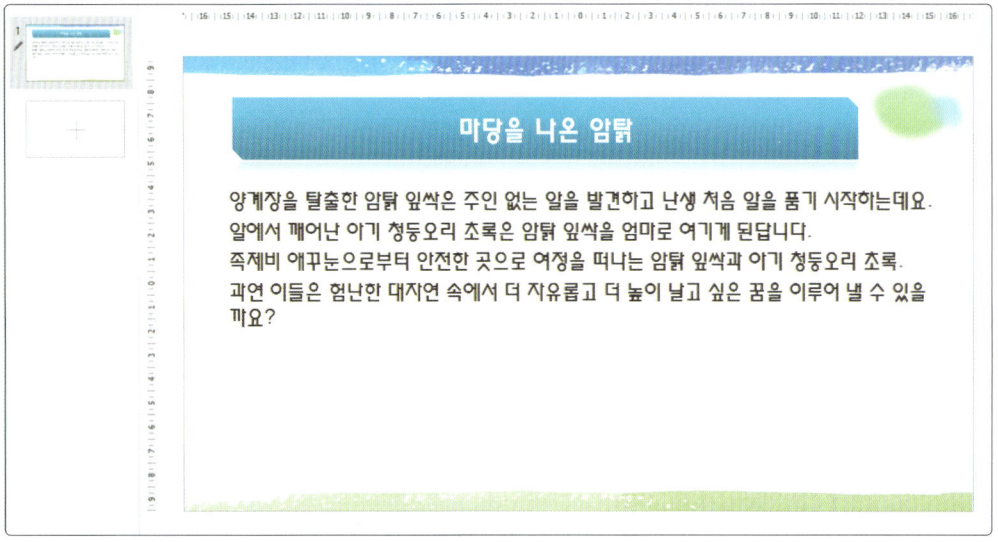

02 다음과 같이 그림을 활용하여 슬라이드를 작성해 보세요.

- **그림** : 찾는 위치(한쇼 2022\Chapter 10), 파일 이름(마당을 나온 암탉), 색조 조정(세피아)

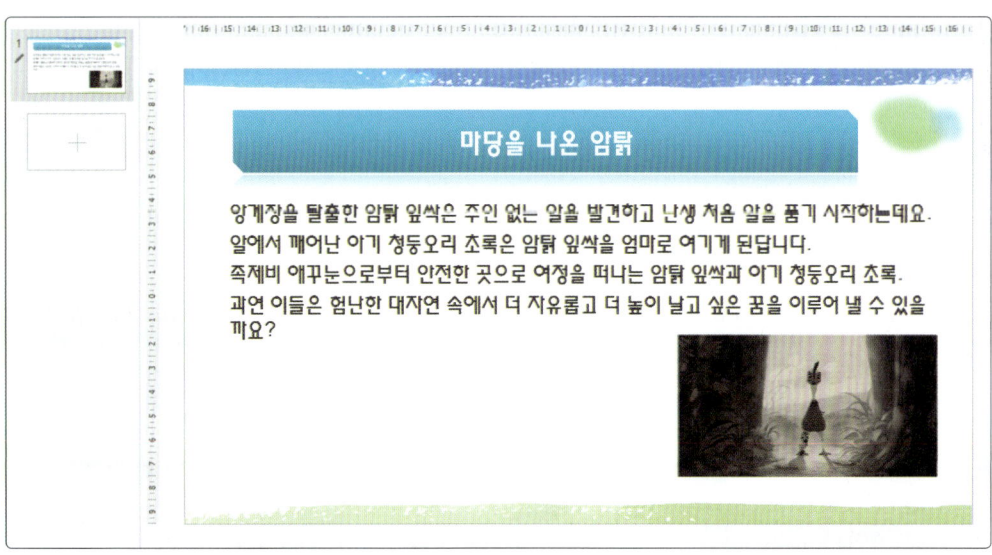

Hint

그림을 선택한 후 [그림] 탭에서 [색조 조정]을 클릭한 다음 [다른 색조]–[귤색 40% 밝게]를 클릭하면 그림의 색조를 조정할 수 있습니다.

Chapter 10 – 도형과 그림 활용하기

Chapter 11 디자인마당 활용하기

학습 목표
- ◆ 디자인마당을 삽입하는 방법에 대해 알아보겠습니다.
- ◆ 디자인마당을 꾸미는 방법에 대해 알아보겠습니다.

요소 간의 관계나 어떤 단계 등을 일정한 양식의 그림으로 나타낸 것을 '다이어그램'이라고 하는데요. 한쇼에서는 디자인마당을 활용하면 다이어그램을 쉽고 빠르게 작성할 수 있습니다.

Preview

THEME 01 디자인마당 삽입하기

1. '닭의 한살이' 파일을 연 후 테마를 지정하기 위해 [서식] 탭에서 [자세히] 단추를 클릭합니다.

2. 테마 목록이 나타나면 [상상]을 클릭합니다.

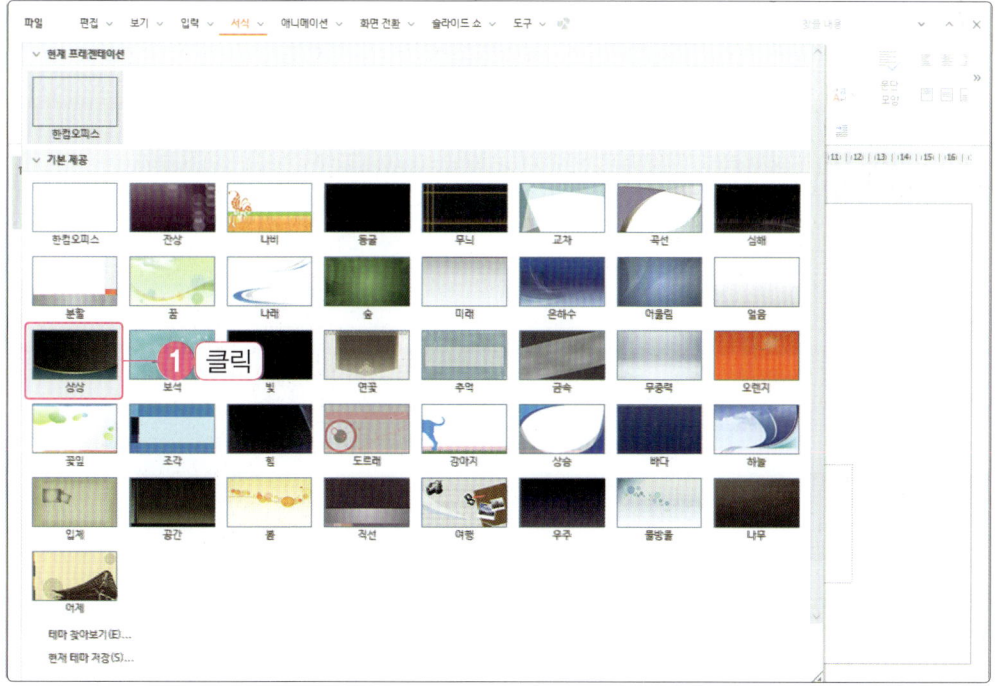

Chapter 11 - 디자인마당 활용하기 **67**

③ 디자인마당을 삽입하기 위해 [편집] 탭에서 [디자인마당]을 클릭한 후 [활용 디자인 4]를 클릭합니다.

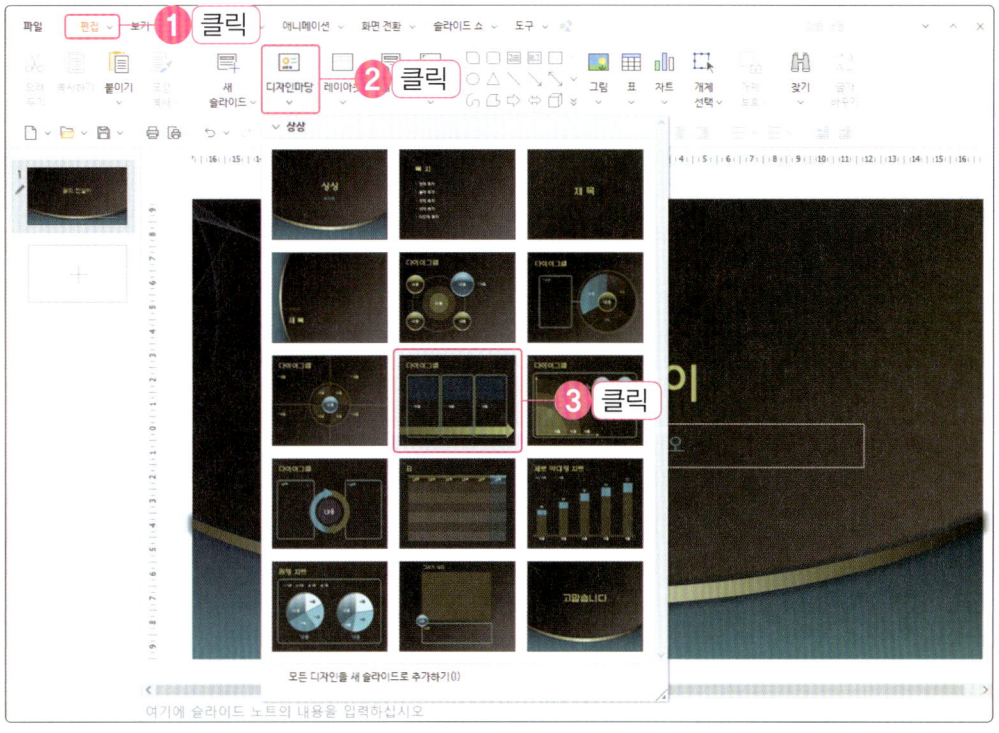

④ [활용 디지인 4] 디자인이 새 슬라이드로 추가되면 드래그하여 모든 개체를 선택합니다.

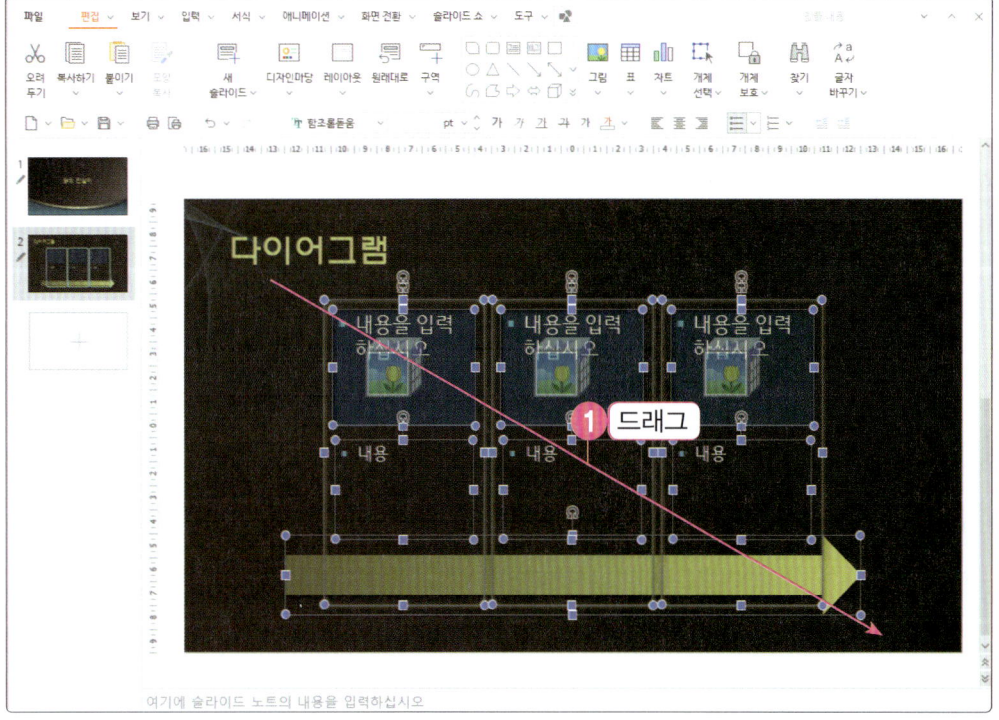

5 모든 개체가 선택되면 드래그하여 위치를 이동합니다.

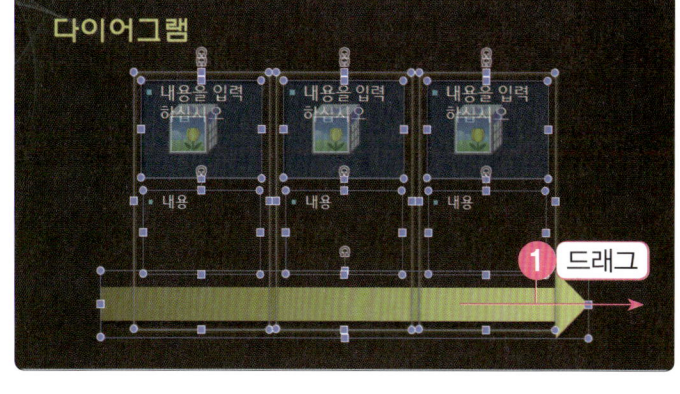

> **Tip**
> 개체로 마우스 포인터를 가져가서 마우스 포인터가 모양으로 변경되었을 때 드래그하면 개체를 이동할 수 있습니다.

6 모든 개체가 이동되면 Esc를 눌러 선택을 해제한 후 화살표를 선택한 다음 크기 조절점을 드래그하여 화살표의 너비를 조정합니다.

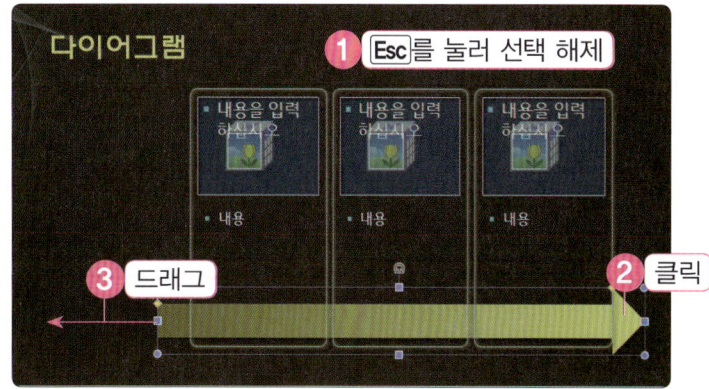

7 화살표의 크기가 조정되면 첫 번째 개체를 선택합니다.

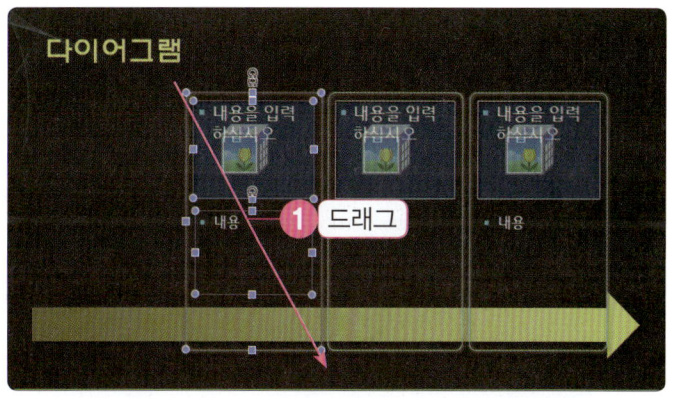

8 Ctrl과 Shift를 누른 상태에서 드래그하여 첫 번째 개체를 복사합니다.

> **Tip**
> 개체를 선택한 후 Ctrl을 누른 상태에서 드래그하면 개체가 복사되고, Shift를 누른 상태에서 드래그하면 수평이나 수직 방향으로 이동됩니다.

⑨ 그림을 삽입하기 위해 첫 번째 개체의 [내용]을 클릭한 후 [그림]을 클릭합니다.

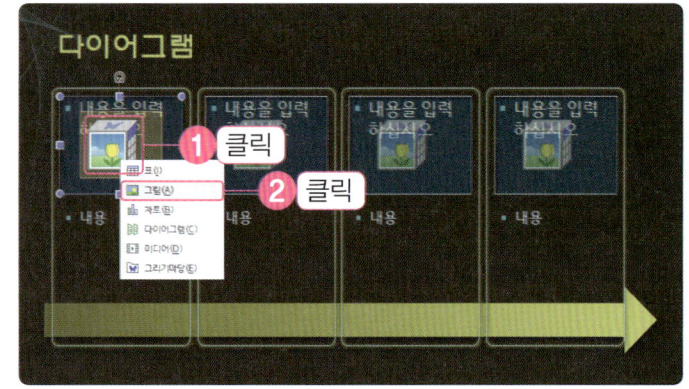

⑩ [그림 넣기] 대화상자가 나타나면 찾는 위치(한쇼 2022\Chapter 11)를 선택한 후 파일(알.jpg)을 선택한 다음 [열기] 단추를 클릭합니다.

⑪ 같은 방법으로 그림을 삽입한 후 내용을 입력합니다.

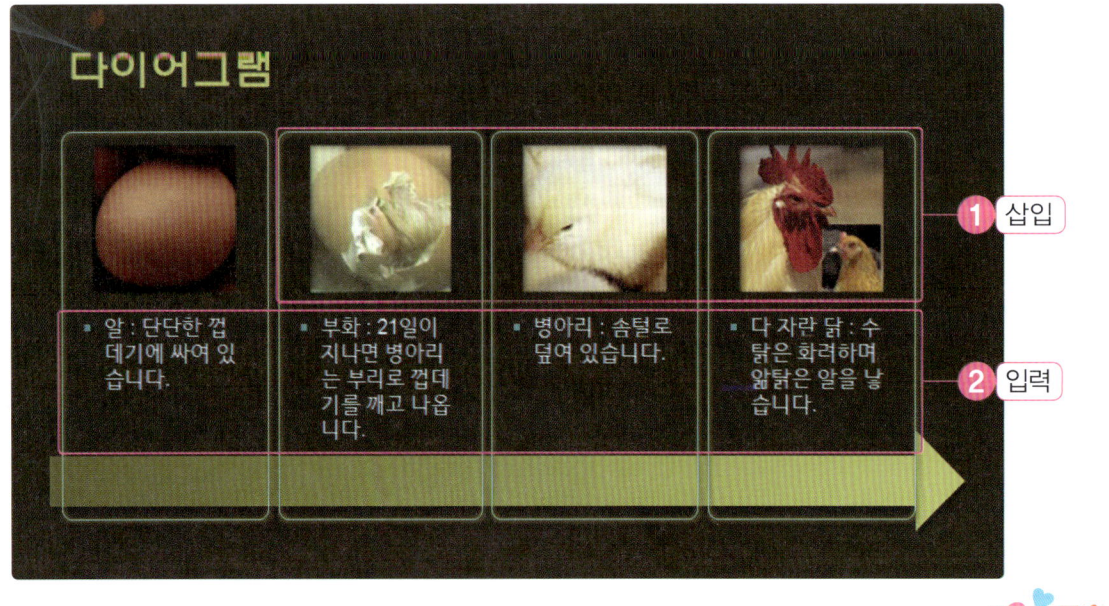

Tip
- 그림 삽입 : 부화.jpg, 병아리.jpg, 다 자란 닭.jpg
- 내용을 입력한 후 Delete 를 눌러 기존에 삽입되어 있는 문단을 삭제합니다.

THEME 02 디자인마당 꾸미기

① 제목(닭의 한살이)을 수정한 후 테마 글꼴을 변경하기 위해 [서식] 탭에서 [테마 글꼴]을 클릭한 다음 [잔상]을 클릭합니다.

② 테마 글꼴이 변경되면 '알'을 드래그하여 선택한 후 서식 도구 상자에서 가[진하게]를 선택한 다음 [글자 색]의 [목록] 단추를 클릭하고 [노랑]을 선택합니다.

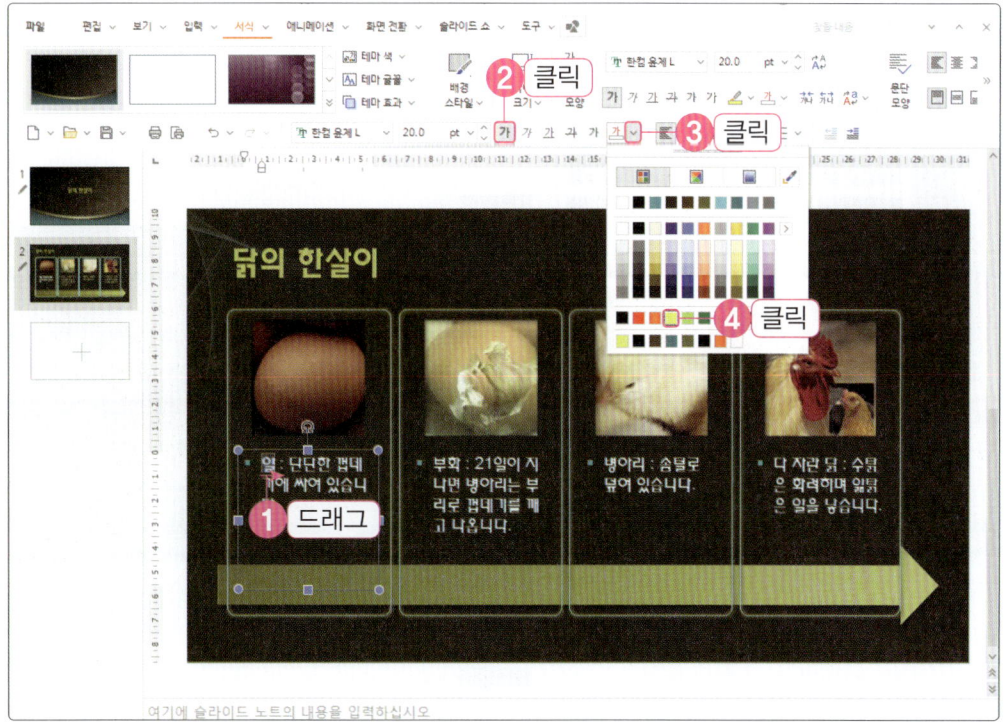

③ 같은 방법으로 다음과 같이 나머지 내용에 글자 모양을 지정합니다.

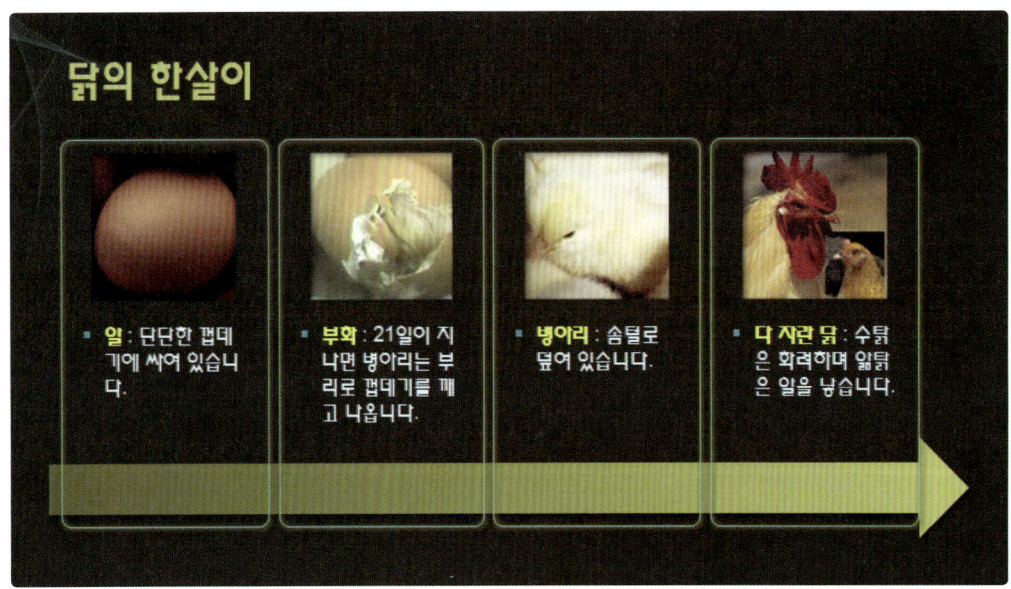

알아두면 실력튼튼

모든 디자인을 새 슬라이드로 추가하기

디자인마당은 실무에서 가장 자주 활용되는 디자인을 엄선하여 각 테마에 맞게 테마별로 15종의 디자인마당 슬라이드를 제공하는데요. [모든 디자인을 새 슬라이드로 추가히기]를 클릭하면 15종의 디자인마당 슬라이드 페이지가 일괄 추가됩니다.

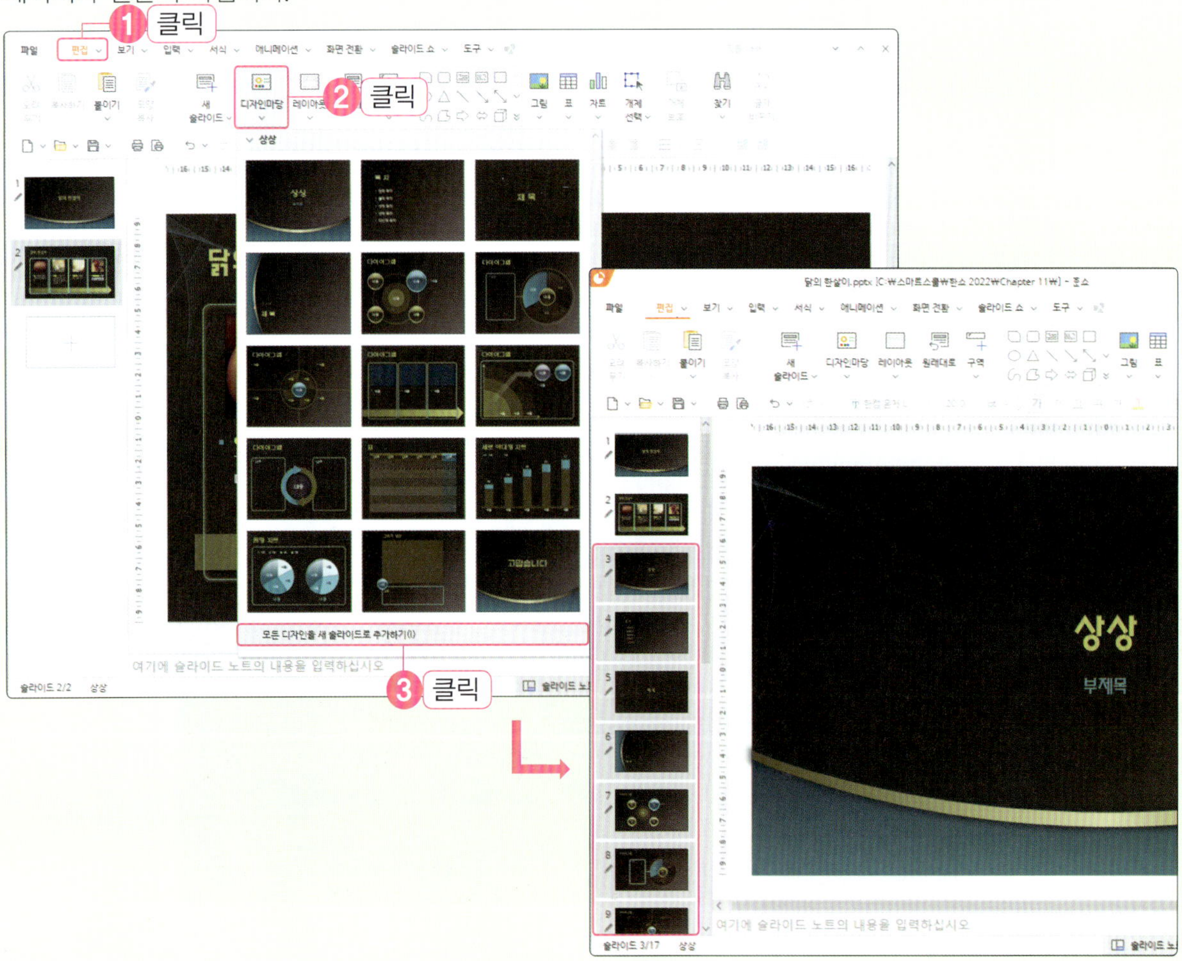

01 다음과 같이 '먹이 사슬' 파일을 연 후 디자인마당을 삽입해 보세요.

- 테마 : 나래
- 디자인마당 : [활용 디자인 5]

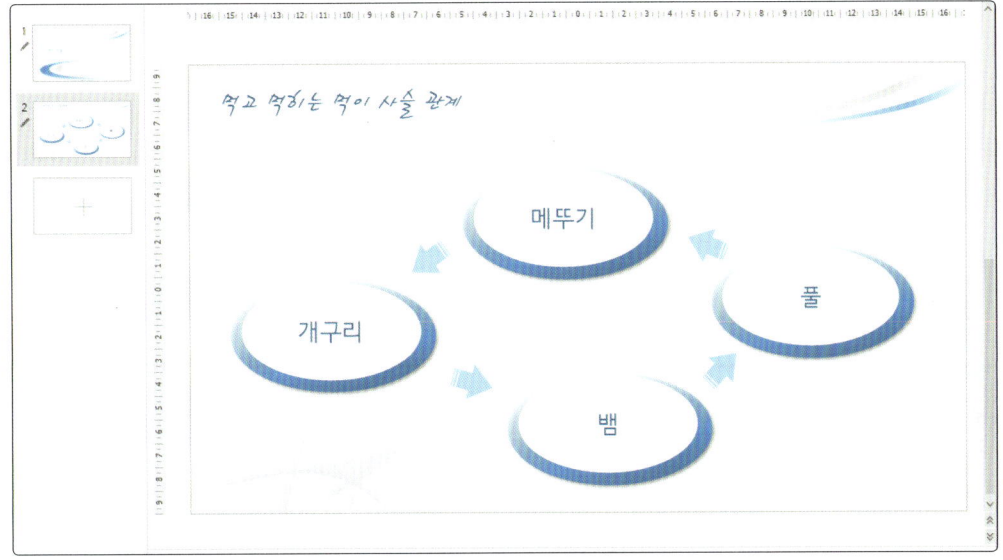

02 다음과 같이 디자인마당을 꾸며 보세요.

- 테마 글꼴 : 나비
- 테두리 도형 : 도형 스타일(■[강한 효과 - 강조 5])

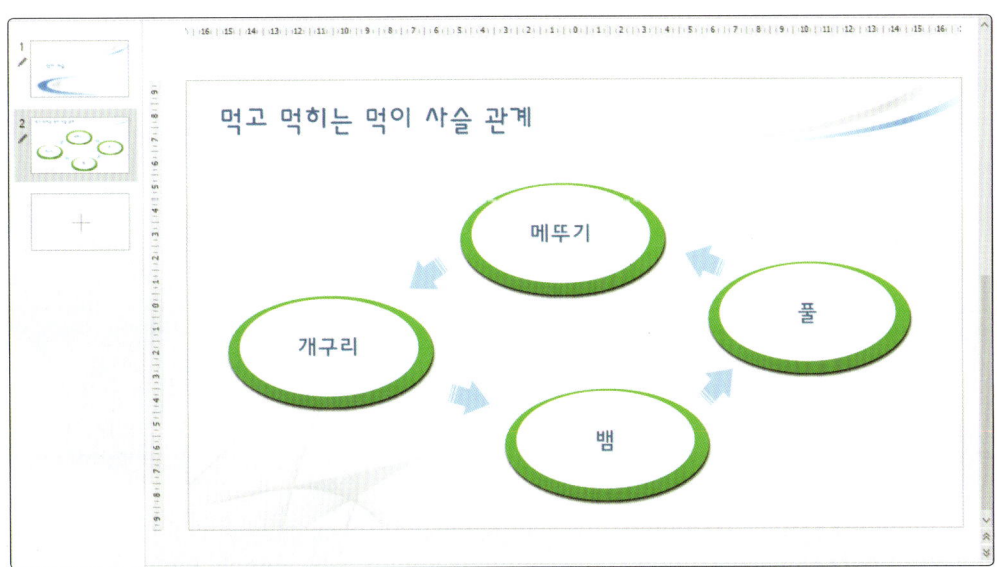

Hint
도형을 선택한 후 테두리 도형을 클릭하여 테두리 도형을 선택한 다음 [도형] 탭에서 [자세히]를 클릭하고 ■[강한 효과 - 강조 5]를 클릭하면 테두리 도형에 도형 스타일을 적용할 수 있습니다.

Chapter 12

배경 서식 지정하고 인쇄하기

학습목표
- ◆ 배경 서식을 지정하는 방법에 대해 알아보겠습니다.
- ◆ 인쇄하는 방법에 대해 알아보겠습니다.

프레젠테이션은 자신의 의견을 청중에게 효과적으로 전달하기 위해 화면 구성에 중점을 두므로 슬라이드의 크기가 화면 슬라이드 쇼에 맞춰져 있는데요. 그러므로 슬라이드를 인쇄하려면 슬라이드의 크기를 지정한 후 인쇄를 해야 합니다.

Preview

THEME 01 배경 서식 지정하기

1 '조상들의 여가 생활' 파일을 연 후 [서식] 탭에서 [배경 스타일]을 클릭한 다음 [배경 속성]을 클릭합니다.

Tip
- 배경 서식은 슬라이드를 단색, 그러데이션, 무늬, 질감 또는 그림 등으로 채우거나 그림을 수정하여 꾸미는 기능입니다.
- 슬라이드의 바로 가기 메뉴에서 [배경 속성]을 클릭하여 배경 서식을 지정할 수도 있습니다.

2 [배경 속성] 작업 창이 표시되면 [채우기]를 클릭한 후 채우기 항목의 [질감/그림]을 선택한 다음 [질감]의 목록 단추( )를 눌러 [벽돌]을 클릭합니다. 모든 슬라이드에 적용하기 위해 [모두 적용] 단추를 클릭 후 ×[작업 창 닫기] 단추를 클릭합니다.

Tip
[적용] 단추를 클릭하면 현재 슬라이드에만 배경 서식이 지정되고, [모두 적용] 단추를 클릭하면 모든 슬라이드에 배경 서식이 지정됩니다.

THEME 02 인쇄하기

1. 슬라이드의 크기와 슬라이드의 방향을 지정하기 위해 [파일] 탭에서 [쪽 설정]을 클릭합니다.

2. [쪽 설정] 대화상자가 나타나면 용지 종류(A4 용지(210×297mm))를 선택한 후 슬라이드 방향(가로)을 선택한 다음 [확인] 단추를 클릭합니다.

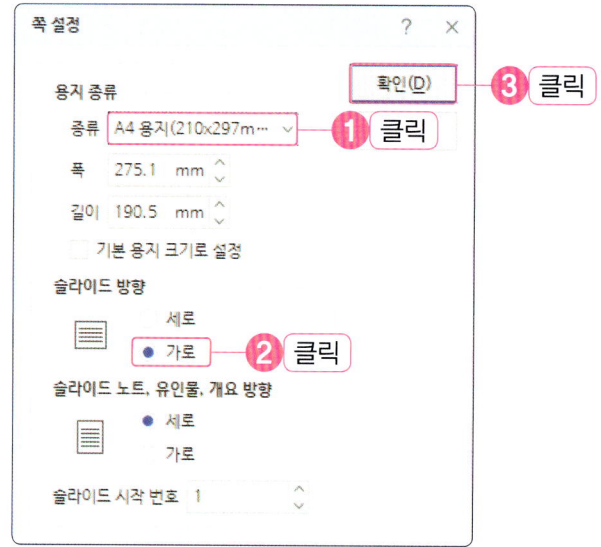

3. [최대화/맞춤 확인] 대화상자가 나타나면 [최대화]를 선택한 후 [확인] 단추를 클릭합니다.

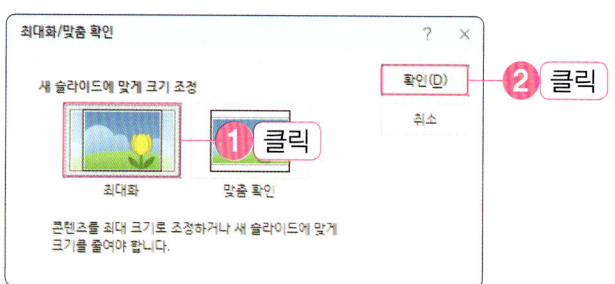

4. 머리말/꼬리말을 지정하기 위해 [입력] 탭에서 [머리말/꼬리말]을 클릭합니다.

Tip 머리말은 쪽의 상단, 꼬리말은 쪽의 하단에 들어가는 날짜나 슬라이드 번호 등의 문구를 말합니다.

❺ [머리말/꼬리말] 대화상자가 나타나면 [슬라이드] 탭에서 [슬라이드 번호]와 [제목 슬라이드에는 표시 안 함]을 선택한 후 [모두 적용] 단추를 클릭합니다.

❻ 인쇄하기 위해 [파일] 탭에서 [인쇄]를 클릭합니다. [인쇄] 대화상자가 나타나면 인쇄 범위(모두), 인쇄 대상(유인물)을 선택하고 한 쪽에 넣을 슬라이드 수(3)를 입력한 다음 [노트 필기용]을 체크한 후 [인쇄] 단추를 클릭합니다.

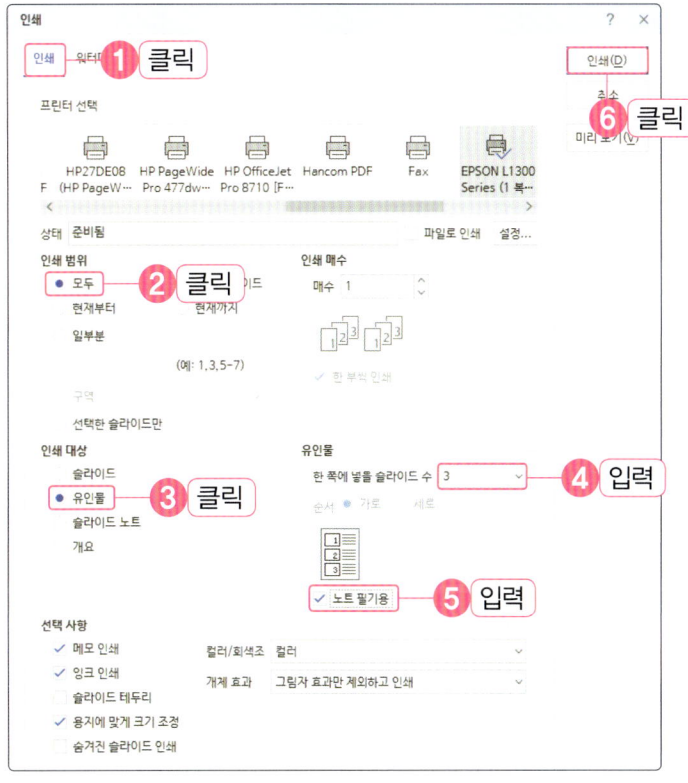

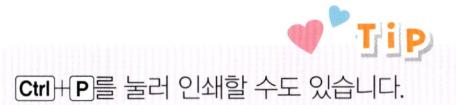

Ctrl + P 를 눌러 인쇄할 수도 있습니다.

알아두면 실력튼튼

인쇄 대상

- **슬라이드** : 현재 편집 중인 슬라이드 화면을 인쇄합니다.
- **유인물** : 프레젠테이션 문서를 청중에게 유인물(프레젠테이션을 진행하는 동안 청중이 보거나 나중에 참조할 수 있도록 배포하는 인쇄물)로 나눠줄 때 사용합니다. 유인물 형태로 인쇄하면 프레젠테이션 문서의 슬라이드와 간단한 필기를 할 수 있는 노트 공간을 함께 인쇄할 수 있어, 발표 내용을 메모할 때 편리합니다.
- **슬라이드 노트** : 슬라이드 노트와 함께 인쇄합니다. 슬라이드 노트는 사용자가 프레젠테이션을 진행할 때 각 슬라이드에 필요한 내용이나 보충 설명을 입력하는 곳입니다.
- **개요 보기** : 편집한 슬라이드의 개요만 인쇄합니다.

❼ 슬라이드가 인쇄됩니다.

Chapter 12 - 배경 서식 지정하고 인쇄하기

인쇄 미리 보기

인쇄 미리보기는 인쇄할 문서를 프린터로 보내기 전에 화면에서 미리 확인하는 기능인데요. [파일] 탭에서 [미리 보기]를 클릭하면 나타납니다.

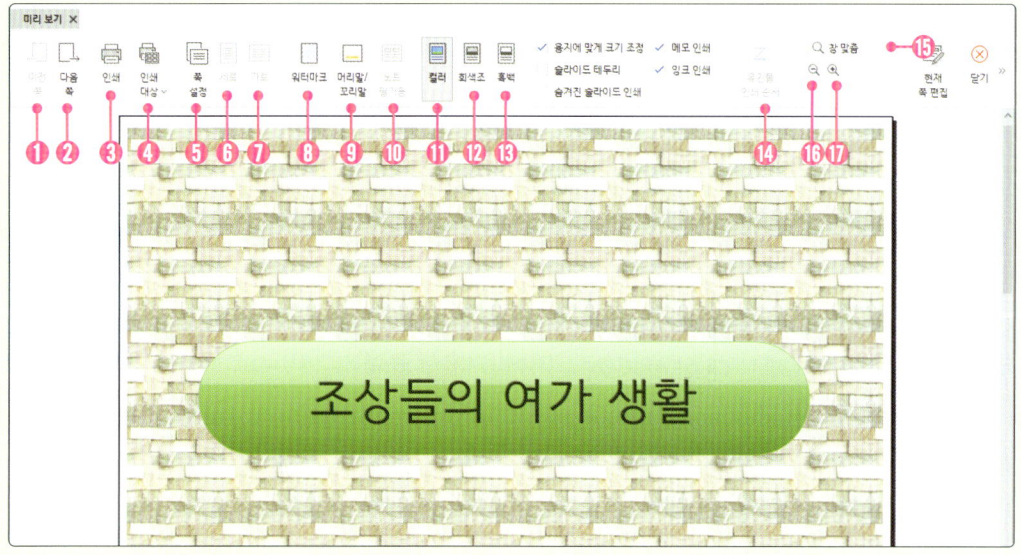

❶ **이전 쪽** : 현재 쪽보다 이전 쪽으로 이동합니다. 현재 쪽이 문서의 첫째 쪽인 경우, 아이콘은 활성화되지 않습니다.

❷ **다음 쪽** : 현재 쪽보다 다음 쪽으로 이동합니다. 현재 쪽이 문서의 마지막 쪽인 경우, 아이콘은 활성화되지 않습니다.

❸ **인쇄** : 인쇄에 관련된 여러 가지 선택사항을 지정하여 인쇄할 수 있도록 [인쇄] 대화 상자가 나타납니다.

❹ **인쇄 대상** : 슬라이드, 유인물, 슬라이드 노트, 개요 보기 중에서 인쇄 대상을 선택합니다.

❺ **쪽 설정** : 슬라이드의 크기와 용지 방향 등을 설정할 수 있도록 [쪽 설정] 대화 상자가 나타납니다.

❻ **세로** : 유인물, 슬라이드 노트, 개요 보기 방향을 세로로 지정합니다.

❼ **가로** : 유인물, 슬라이드 노트, 개요 보기 방향을 가로로 지정합니다.

❽ **워터마크** : 그림 워터마크나 글자 워터마크를 적용할 수 있도록 [인쇄] 대화상자의 [워터마크] 탭이 나타납니다.

❾ **머리말/꼬리말** : 날짜/시간이나 머리말, 쪽 번호, 바닥글을 추가할 수 있도록 [머리말/꼬리말] 대화 상자가 나타납니다.

❿ **노트 필기용** : 유인물을 인쇄할 때 각 슬라이드 영역 옆에 필기할 수 있는 노트 필기용 가로줄을 추가합니다. 이 아이콘은 [인쇄 대상]에서 '유인물'을 선택한 경우에만 활성화됩니다.

⓫ **컬러** : 미리 보기 화면과 인쇄물을 컬러로 출력합니다.

⓬ **회색조** : 미리 보기 화면과 인쇄물을 회색조로 출력합니다.

⓭ **흑백** : 미리 보기 화면과 인쇄물을 흑백으로 출력합니다.

⓮ **유인물 인쇄 순서** : 유인물 한 쪽에 여러 슬라이드를 인쇄하는 경우 가로 또는 세로 방향을 기준으로 정렬하여 인쇄합니다. 이 아이콘은 [인쇄 대상]에서 '유인물(4슬라이드/쪽)', '유인물(6슬라이드/쪽)', '유인물(9슬라이드/쪽)'을 선택한 경우에만 활성화됩니다.

⓯ **화면 확대 및 축소** : 미리 보기 화면의 배율을 지정합니다.
- 400% ~ 25%: 목록에서 배율을 선택하면 해당 배율만큼 화면을 확대하거나 축소하여 보여 줍니다. 마우스 포인터가 돋보기 모양일 때 문서를 마우스로 누르면 지정한 배율로 문서가 확대/축소되며, 최소 10%까지 축소됩니다.
- 쪽 맞춤: 화면을 쪽 맞춤 크기로 보여 줍니다.

⓰ **축소** : 아이콘을 한번 누를 때마다 화면 비율이 25%씩 축소됩니다.

⓱ **확대** : 아이콘을 한번 누를 때마다 화면 비율이 25%씩 확대됩니다.

01 다음과 같이 '옛날 어린이들이 즐기던 놀이' 파일을 연 후 배경 속성을 지정해 보세요.
- 배경 속성 지정 : 질감/그림(질감([노란색 도트]))

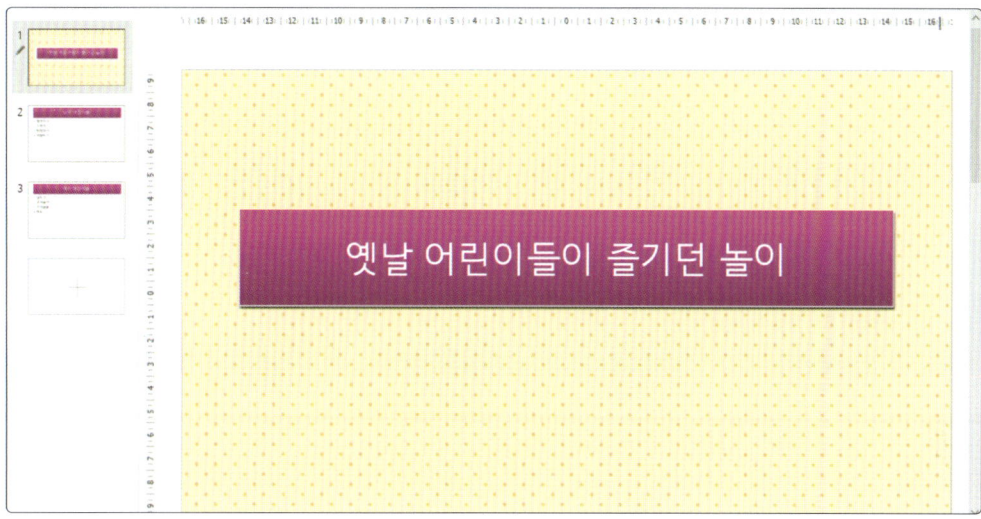

Hint
[배경 속성] 작업 창의 [채우기]에서 [질감/그림]을 클릭한 후 ▼[질감]의 [노란색 도트]를 선택합니다.

02 다음과 같이 용지 종류, 슬라이드의 방향, 머리말/꼬리말을 지정한 후 인쇄해 보세요.
- 용지 종류 지정 : A4 용지(210×297mm)
- 슬라이드의 방향 지정 : 가로
- 머리말/꼬리말 지정 : [슬라이드 번호] 선택, [제목 슬라이드에는 표시 안 함] 선택, 모든 슬라이드에 지정
- 인쇄 대상 : 유인물(3슬라이드/쪽), 노트 필기용
- 용지 방향 : 세로
- 인쇄 색상 : 회색조

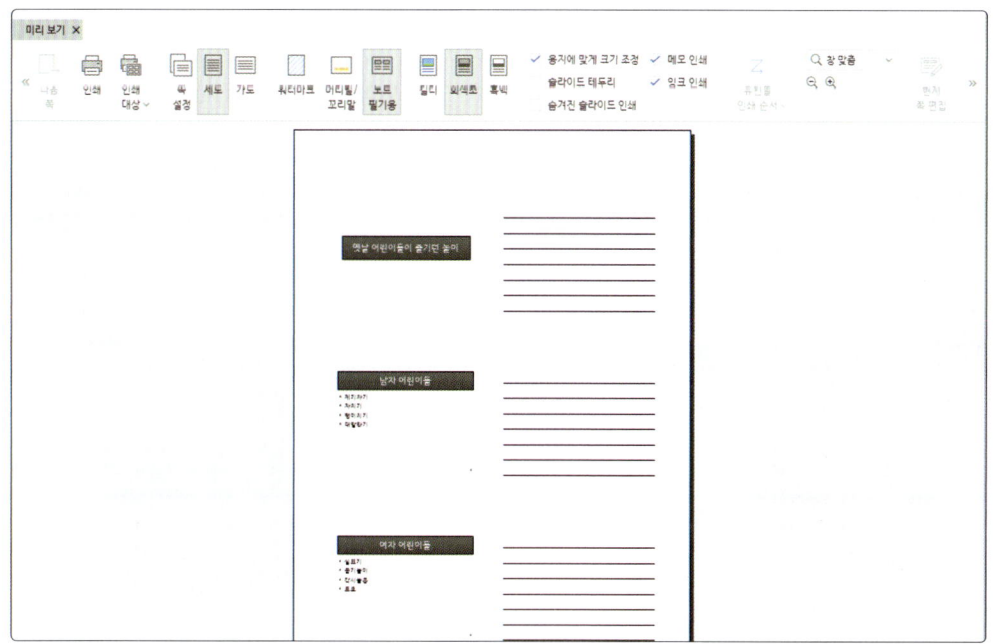

Chapter

13 표 작성하기

학습 목표
◆ 표를 삽입하는 방법에 대해 알아보겠습니다.
◆ 표를 꾸미는 방법에 대해 알아보겠습니다.

내용이 많은 경우, 표를 작성하면 내용을 일목요연하게 보여 줄 수 있는데요. 표는 줄과 칸으로 구성되어 있으며 셀에 내용을 입력하여 작성합니다.

Preview

THEME 01 표 삽입하기

1 '식물의 분류' 파일을 연 후 슬라이드에서 [내용]을 클릭한 다음 [표]를 클릭합니다.

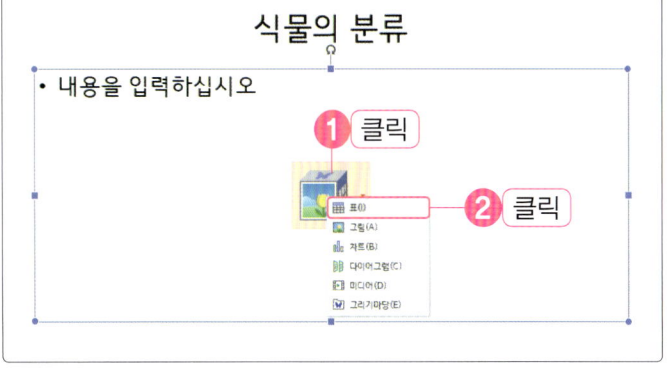

> **Tip**
> [입력] 탭에서 [표]를 클릭하여 표를 삽입할 수도 있습니다.

2 [표 만들기] 대화상자가 나타나면 줄 수(4)와 칸 수(5)를 입력한 후 [만들기] 단추를 클릭합니다.

3 표가 삽입되면 다음과 같이 표의 크기를 조정합니다.

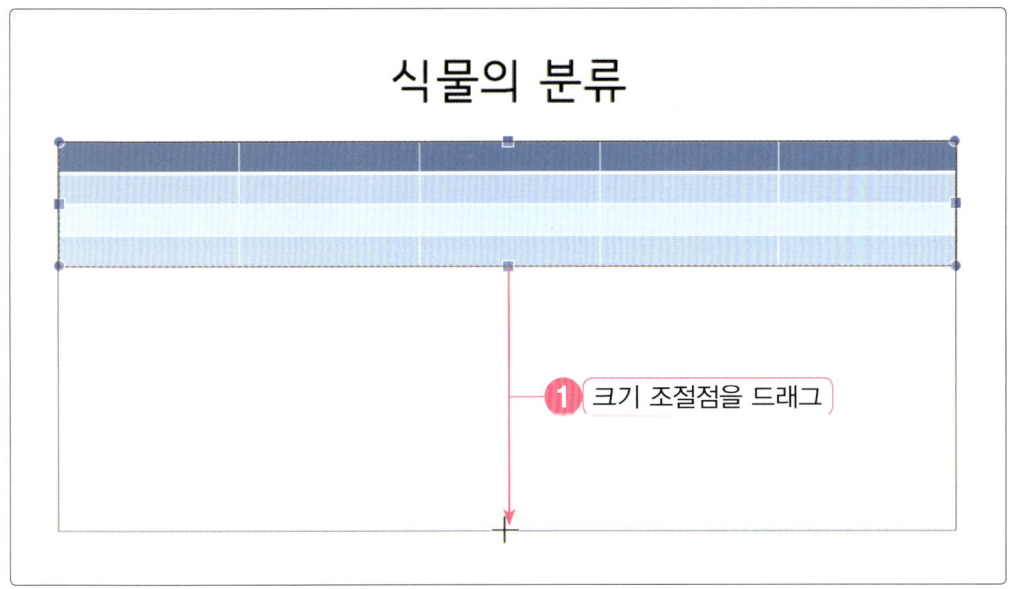

알아두면 실력튼튼

셀 알아보기

표에서 줄과 칸이 교차하면서 생긴 영역을 '셀'이라고 하는데요. 셀은 줄과 칸을 조합하여 '1줄 2칸'과 같이 표시합니다.

	1칸	2칸	3칸
1줄	1줄 1칸	1줄 2칸	1줄 3칸
2줄	2줄 1칸	2줄 2칸	2줄 3칸

④ 셀을 합치기 위해 1줄 1칸과 1줄 2칸을 드래그하여 선택한 후 [표 레이아웃] 탭에서 [셀 합치기]를 클릭합니다.

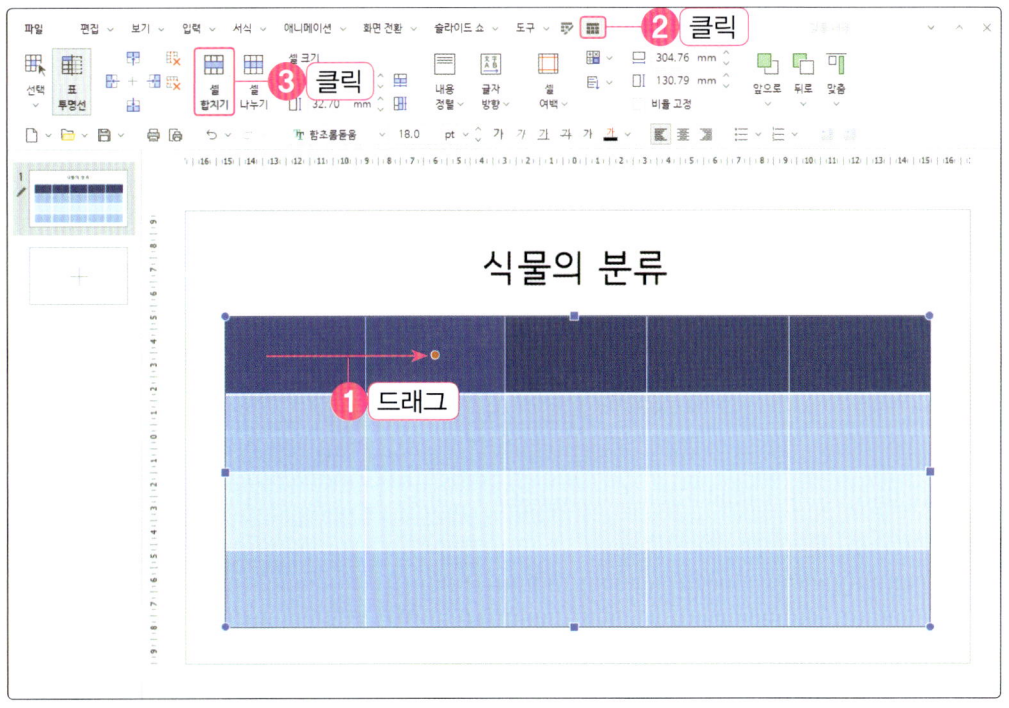

선택한 셀들을 합쳐서 하나의 셀로 만드는 것을 '셀 합치기'라고 하고, 하나의 셀을 나누어서 여러 개의 셀로 만드는 것을 '셀 나누기'라고 합니다.

표 그리기

[표 디자인] 탭에서 [표 그리기]를 클릭(마우스 포인터가 ✏ 모양으로 변경됩니다)한 후 다음과 같이 표에서 드래그하면 셀 선을 그려 셀을 나눌 수 있습니다.

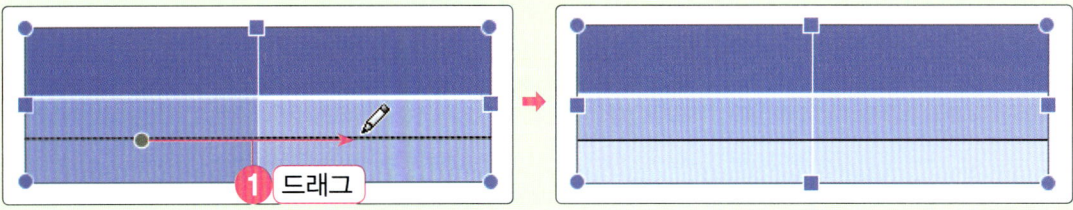

표 지우개

[표 디자인] 탭에서 [표 지우개]를 클릭(마우스 포인터가 ✐ 모양으로 변경됩니다)한 후 다음과 같이 표에서 드래그하면 셀 선을 지워 셀을 합칠 수 있습니다.

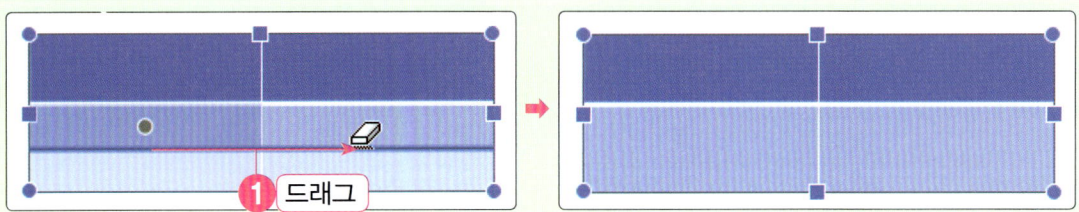

⑤ 같은 방법으로 다음과 같이 1줄 3칸~1줄 5칸, 2줄 4칸과 2줄 5칸, 3줄 1칸과 4줄 1칸, 3줄 2칸과 4줄 2칸, 3줄 3칸과 4줄 3칸을 병합합니다.

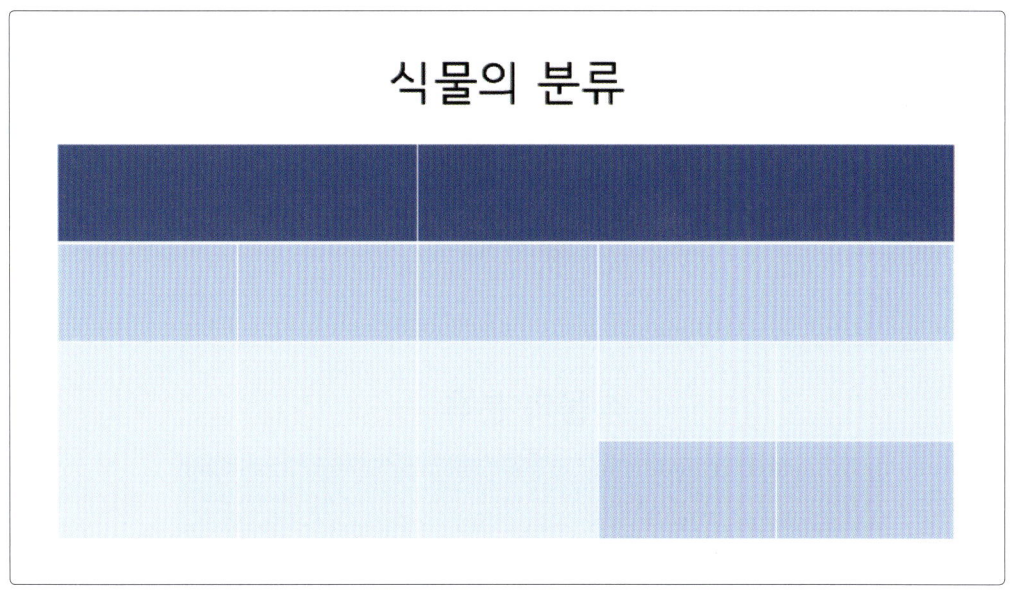

⑥ 셀이 합쳐지면 다음과 같이 표 내용을 입력합니다.

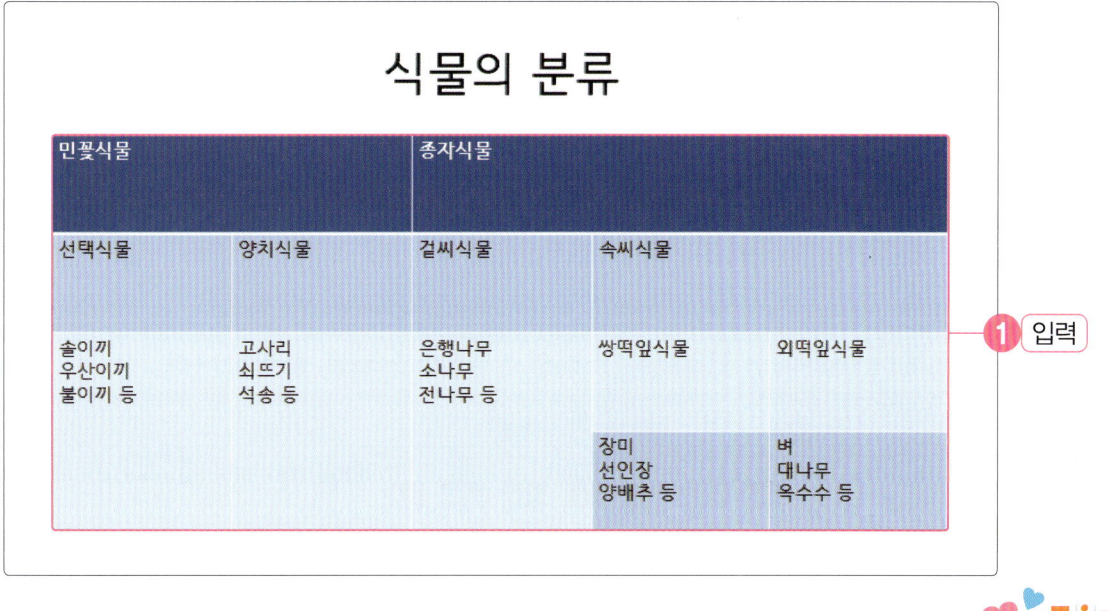

Tip

셀로 마우스 포인터를 가져가서 마우스 포인터가 I 모양으로 변경되었을 때 클릭하면 표 내용을 입력하거나 수정할 수 있습니다.

THEME 02 표 꾸미기

1 표 스타일을 적용하기 위해 표 개체를 선택한 후 [표 디자인] 탭에서 [자세히] 단추를 클릭합니다.

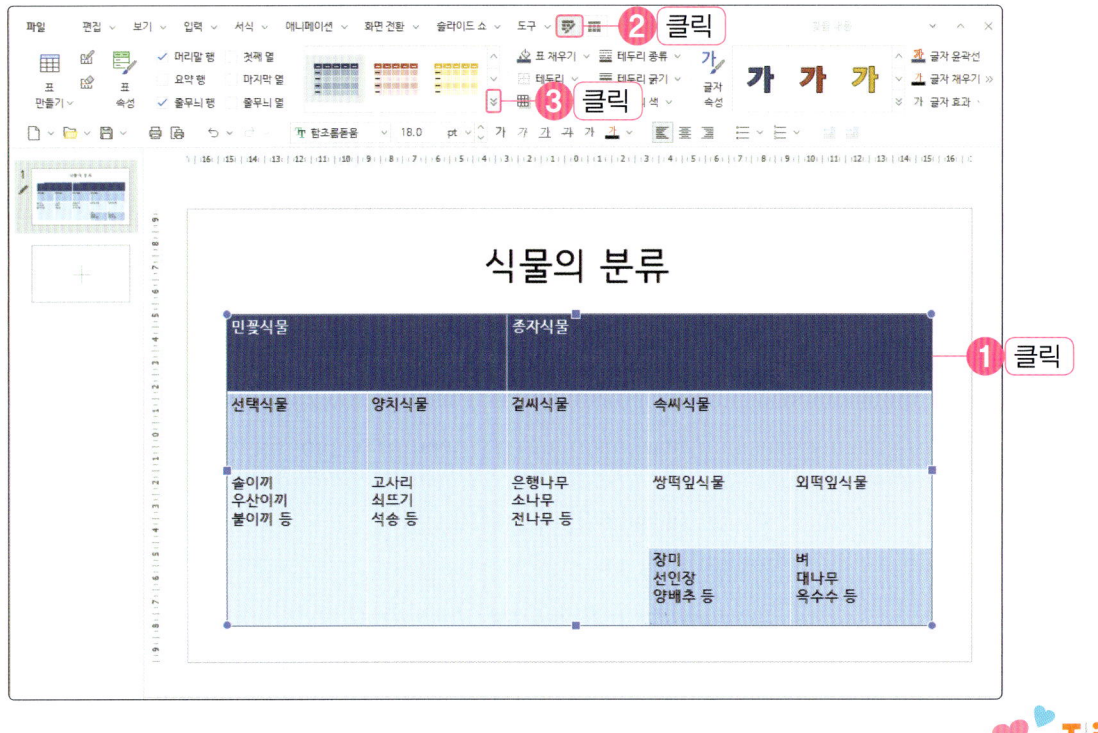

> Tip
> 셀을 클릭한 후 표의 테두리를 클릭하면 표를 선택할 수 있습니다.

2 표 스타일 목록이 나타나면 [보통 스타일 1 - 강조 5]를 클릭합니다.

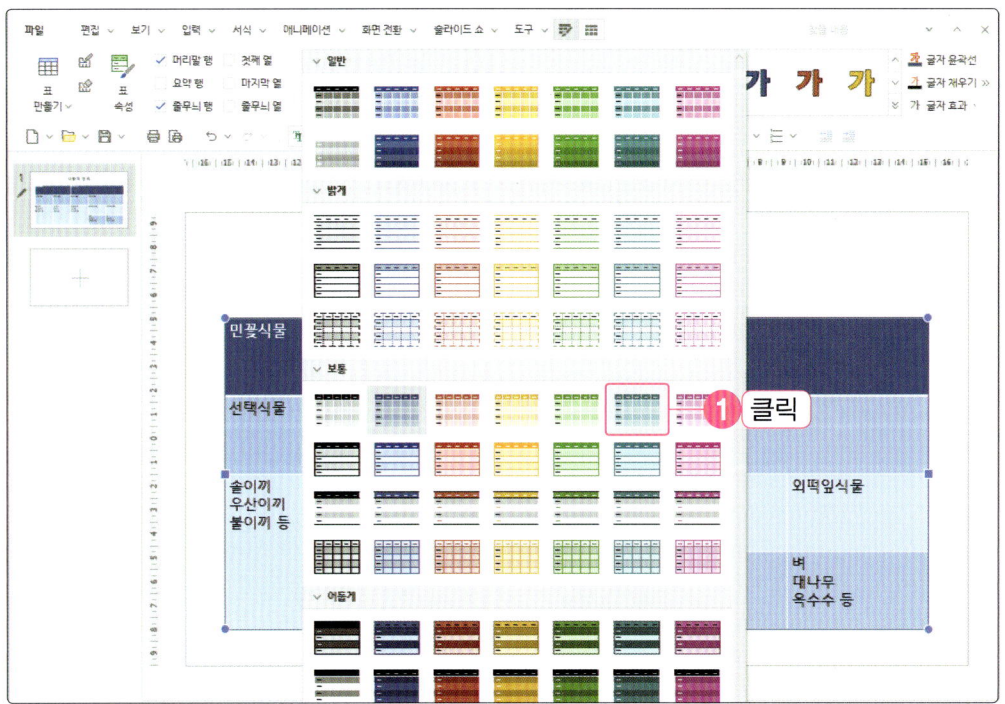

❸ 표 내용에 글자 모양을 지정하기 위해 표 개체를 선택한 후 [서식] 탭에서 글꼴(HY수평선M)을 선택한 다음 글자 크기(22)를 입력합니다.

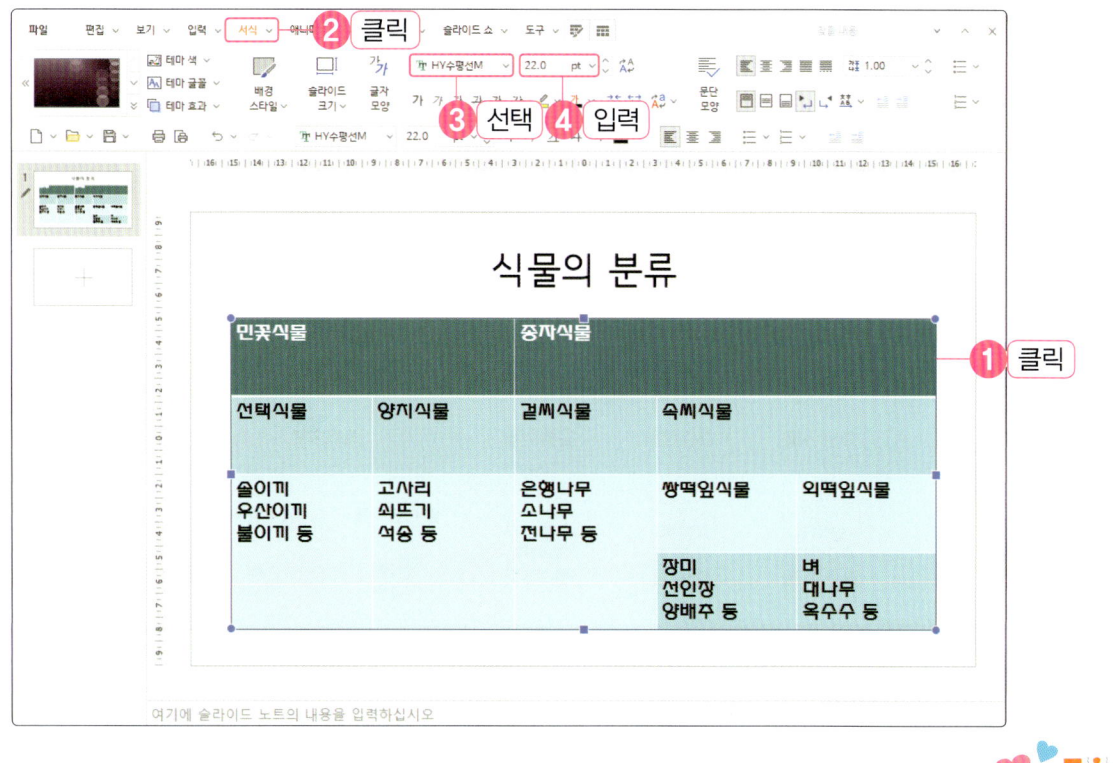

Tip
특정 셀에만 서식을 변경할 경우 해당 셀을 드래그한 후 서식을 변경하면 해당 셀만 바꿀 수 있습니다.

❹ 표 내용에 맞춤 서식을 지정하기 위해 [서식] 탭에서 ▆[가운데 정렬]을 클릭한 후 ▤[중간]을 클릭합니다.

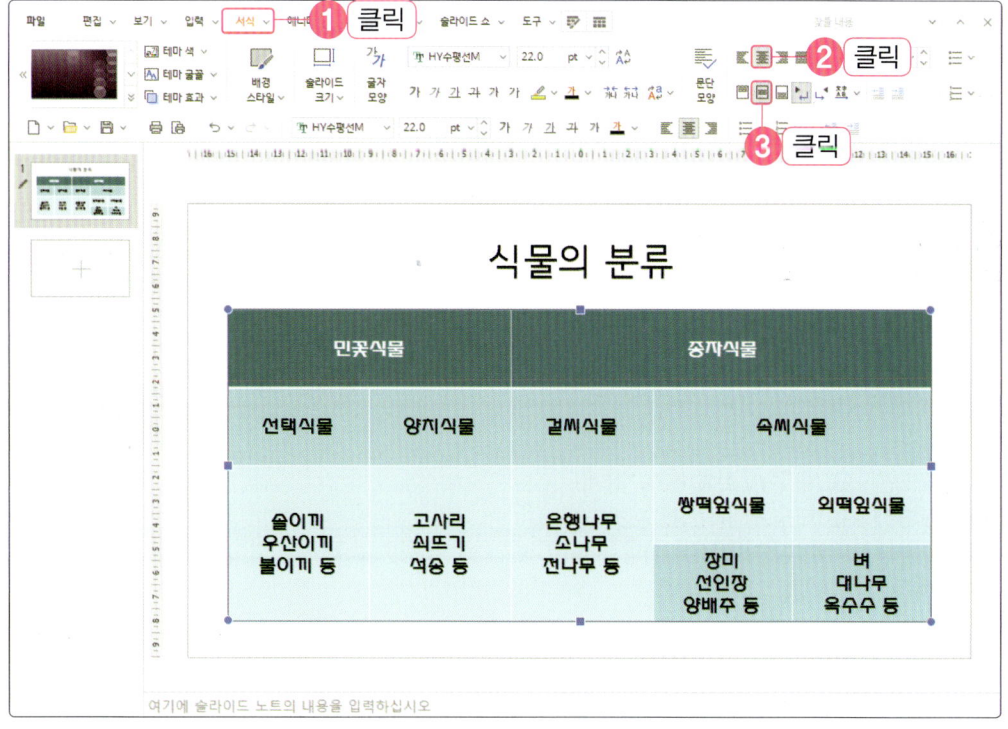

❺ 셀에 채우기 색을 지정하기 위해 2줄 4칸을 선택한 후 [표 디자인] 탭에서 [표 채우기]의 [목록] 단추를 클릭한 다음 [초록 40% 밝게]를 클릭합니다.

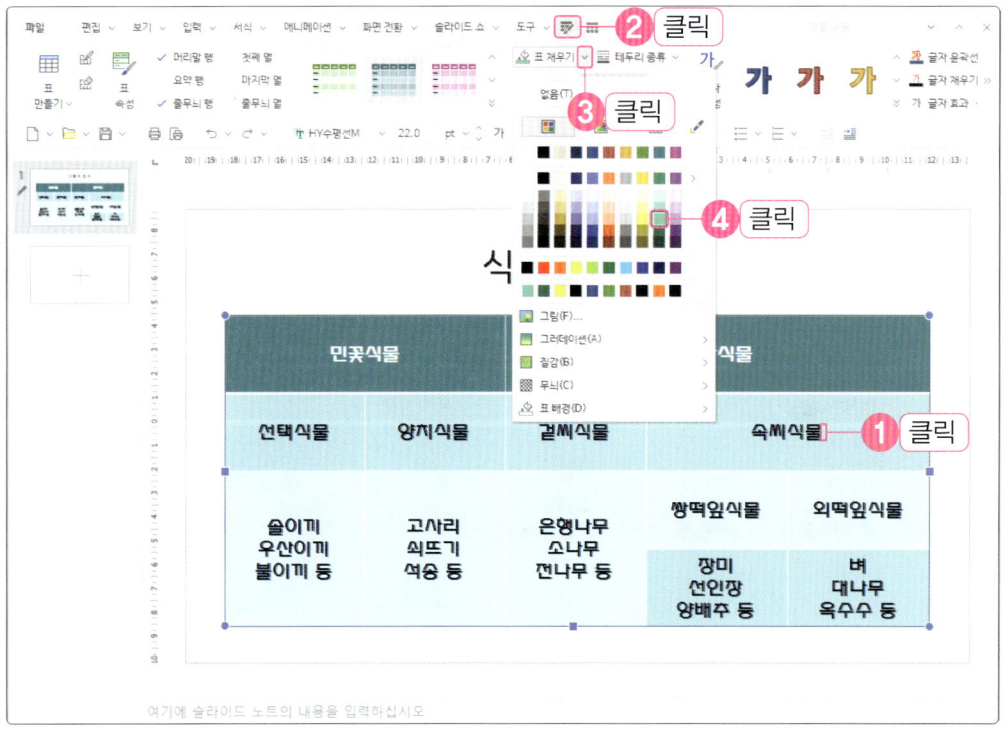

❻ 같은 방법으로 다음과 같이 셀에 표 채우기의 색을 지정합니다.

- 3줄 4칸/3줄 5칸 : 표 채우기(초록 60% 밝게)
- 4줄 4칸/4줄 5칸 : 표 채우기(초록 80% 밝게)

01 다음과 같이 '동물의 분류' 파일을 연 후 표를 삽입해 보세요.
- 표 삽입 : 3줄 6칸
- 셀 합치기 : 1줄 1칸과 2줄 1칸/3줄 2칸~3줄 6칸

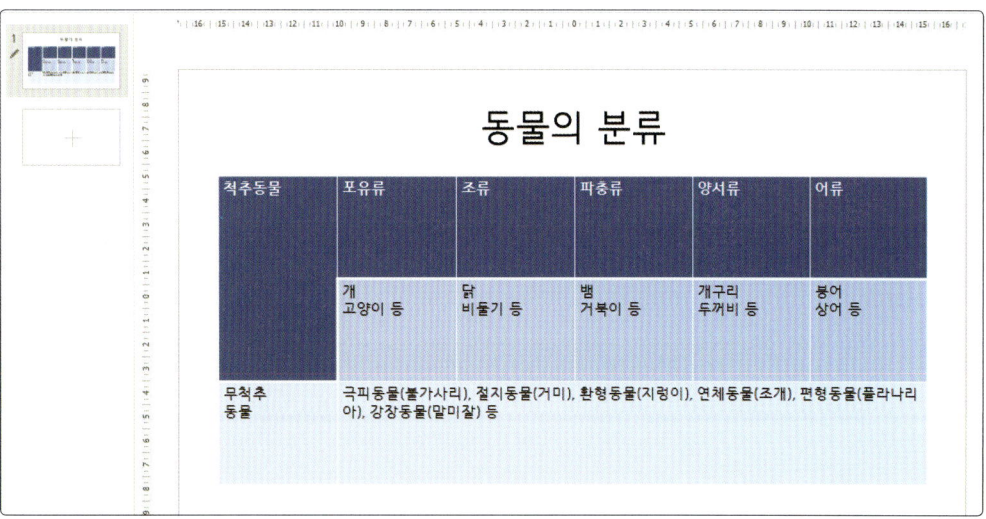

02 다음과 같이 표를 꾸며 보세요.
- 표 스타일 적용 : [보통 스타일 1 – 강조 4]
- 1줄 1칸~2줄 6칸/3줄 1칸 : 글꼴(HY나무M), 글자 크기(30), [가운데 정렬], [중간]
- 3줄 2칸 : 글꼴(HY나무M), 글자 크기(30), [왼쪽 정렬], [중간]
- 1줄 1칸 : 표 채우기(초록 25% 어둡게)
- 3줄 1칸 : 표 채우기(초록 60% 밝게)

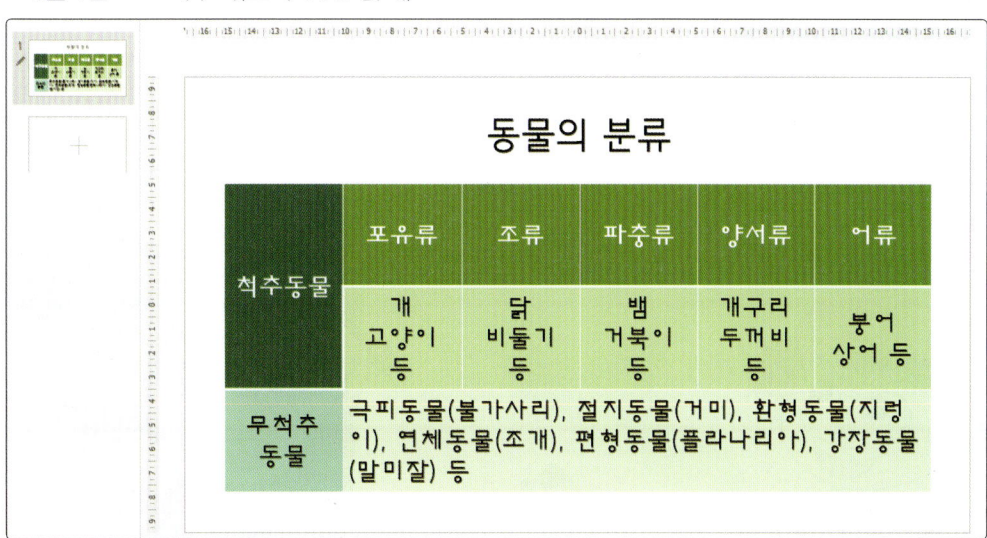

Hint
3줄 2칸을 선택한 후 [왼쪽 정렬]을 클릭한 다음 [표 레이아웃] 탭에서 [내용정렬]-[중간]을 클릭하면 3줄 2칸에 맞춤 서식을 지정할 수 있습니다.

Chapter 14 차트 작성하기

학습 목표
◆ 차트를 삽입하는 방법에 대해 알아보겠습니다.
◆ 차트를 꾸미는 방법에 대해 알아보겠습니다.

차트는 수치 데이터를 분석하여 그 관계를 일정한 양식의 그림으로 나타낸 것인데요. 한쇼에서는 차트 데이터(차트로 작성될 데이터)를 입력해야 하므로 차트 데이터를 편집하는 방법에 대해 알고 있어야 합니다.

Preview

THEME 01 차트 삽입하기

1 '반려동물의 선호도' 파일을 열고 [입력] 탭에서 [차트]를 클릭한 후 [묶은 세로 막대형]을 클릭합니다.

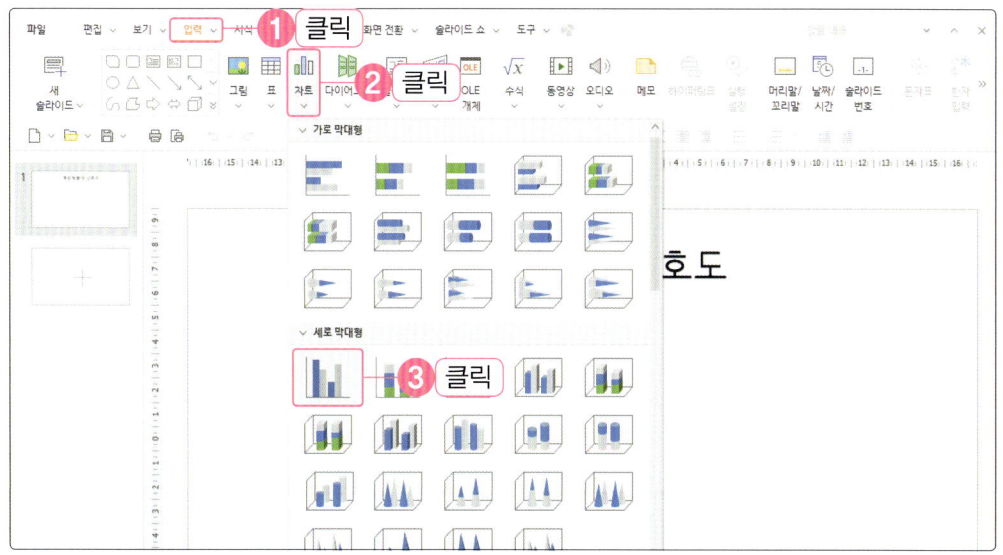

2 [차트 데이터 편집] 대화상자가 나타나면 4번째 열을 삭제하기 위해 [D]열에서 바로 가기 메뉴의 [삭제]를 클릭합니다.

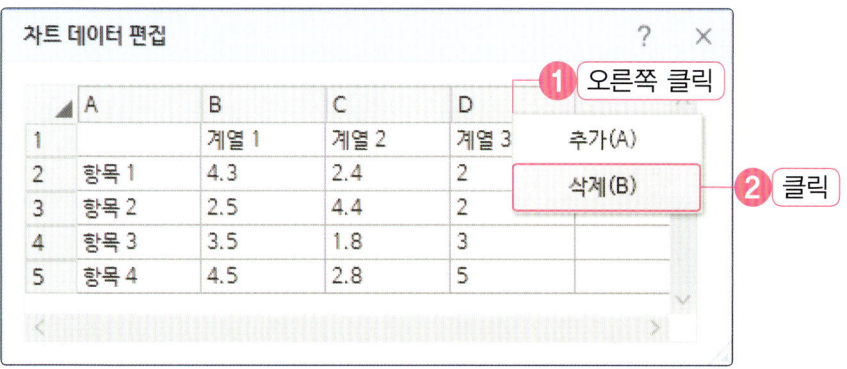

알아두면 실력튼튼

[차트 데이터 편집] 대화상자 살펴보기

① 행 번호 : 가로 줄을 의미합니다.
② 열 문자 : 세로 열을 의미합니다.
③ 셀 : 행과 열이 교차하면서 생긴 영역입니다.
④ 항목 : 데이터 계열의 이름을 표시하는 곳입니다.
⑤ 계열 : 데이터 계열의 값을 표시하는 곳입니다.

③ 선택한 열이 삭제되면 다음과 같이 차트 데이터를 입력한 후 ×[닫기] 단추를 클릭합니다.

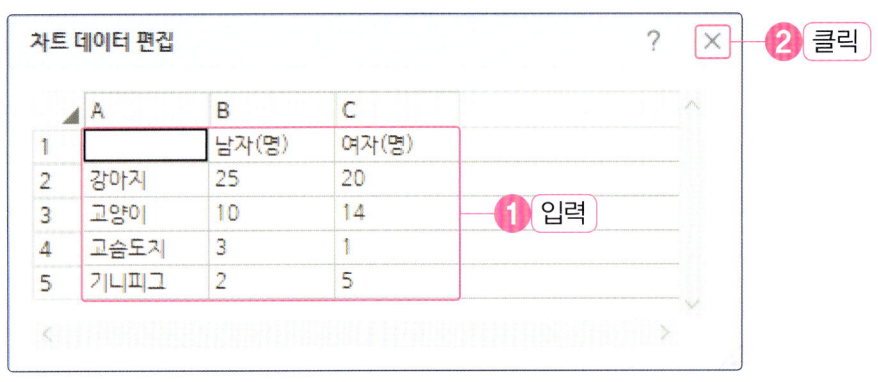

> **Tip**
> 셀에 차트 데이터를 입력한 후 ↑/↓/←/→를 눌러 셀을 이동하며 차트 데이터를 입력합니다.

④ 차트가 삽입됩니다.

알아두면 실력튼튼

차트의 구성 살펴보기

① **차트 영역** : 모든 차트 요소(차트 영역, 그림 영역, 차트 제목, 범례 등)를 포함한 차트 전체입니다.
② **그림 영역** : 2차원 차트에서는 데이터 계열을 포함한 축으로 둘러싸인 영역이고, 3차원 차트에서는 세로 축, 세로 축 제목, 가로 축, 가로 축 제목을 포함합니다.
③ **차트 제목** : 차트의 제목입니다.
④ **범례** : 데이터 계열을 구분하는 색과 이름을 표시하는 상자입니다.
⑤ **세로 축** : 데이터 계열의 값을 표시하는 축입니다.
⑥ **세로 축 제목** : 세로 축의 제목입니다.
⑦ **가로 축** : 데이터 계열의 이름을 표시하는 축입니다.
⑧ **가로 축 제목** : 가로 축의 제목입니다.
⑨ **데이터 계열** : 관련 있는 데이터 요소의 집합입니다. 데이터 계열은 '계열', 데이터 요소는 '요소'라고도 합니다.
⑩ **데이터 레이블** : 데이터 요소의 계열 이름, 항목 이름, 값 및 백분율을 레이블로 표시합니다.

THEME 02 차트 꾸미기

① 차트가 삽입되면 크기 조절점을 드래그하여 차트 크기를 조정합니다.

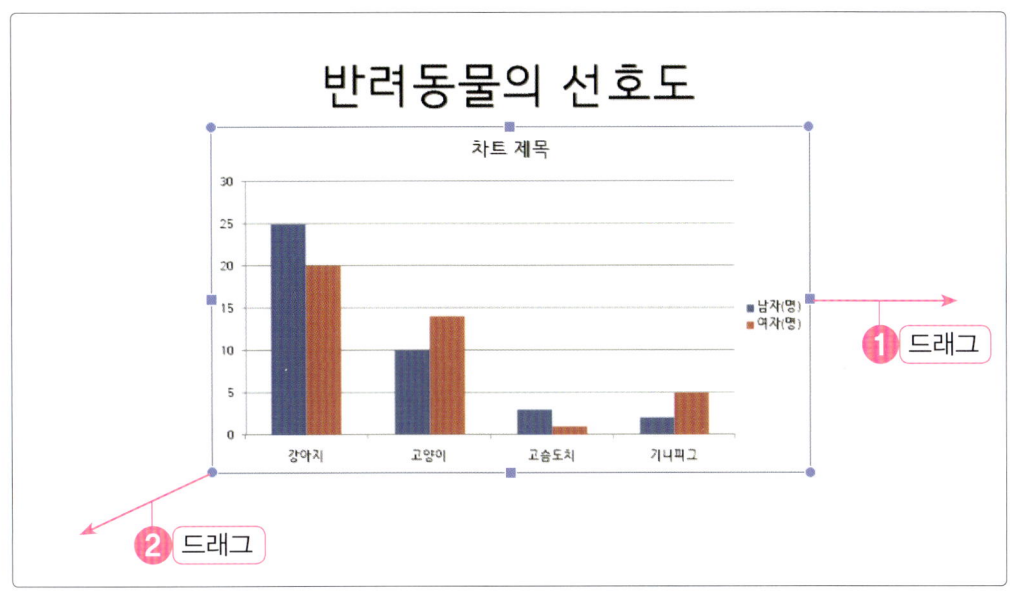

Tip

차트 영역으로 마우스 포인터를 가져가서 마우스 포인터가 모양으로 변경되었을 때 클릭하면 차트를 선택할 수 있습니다.

② 가로 축 제목을 삽입하기 위해 [차트 디자인] 탭에서 [차트 구성 추가]를 클릭한 후 [축 제목]-[기본 가로]를 클릭합니다.

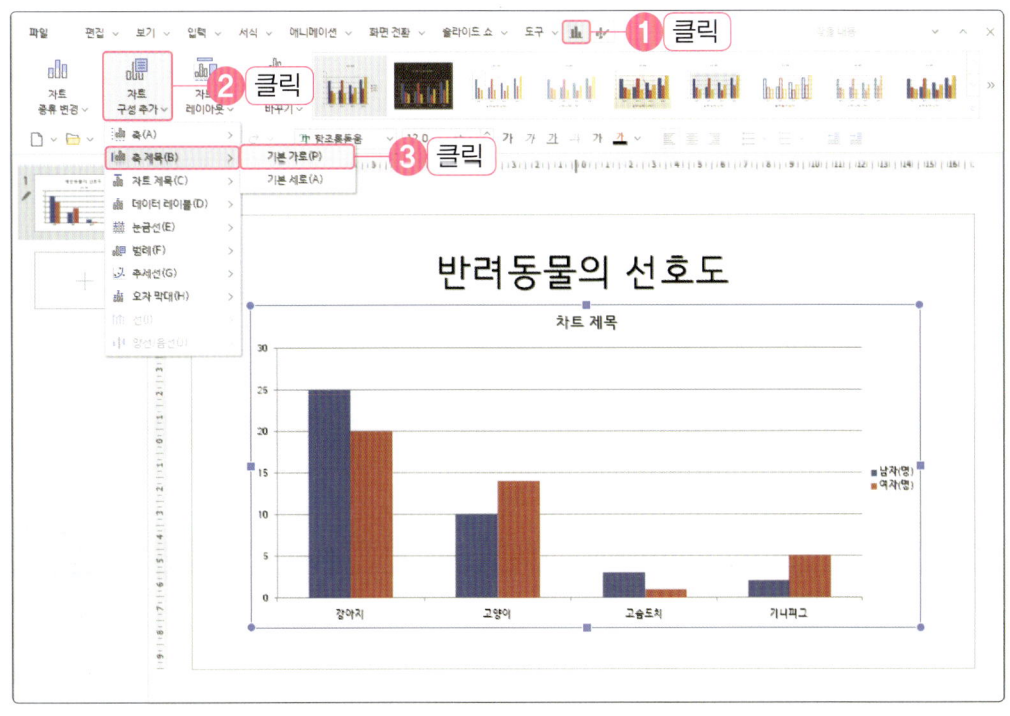

Chapter 14 – 차트 작성하기 **91**

③ 가로 축 제목을 편집하기 위해 가로 축 제목의 바로 가기 메뉴에서 [제목 편집]을 클릭합니다. [차트 글자 모양] 대화상자가 나타나면 내용(반려동물)을 입력한 후 글꼴(HY헤드라인M)을 선택한 다음 크기(20)를 입력하고 [설정] 단추를 클릭합니다.

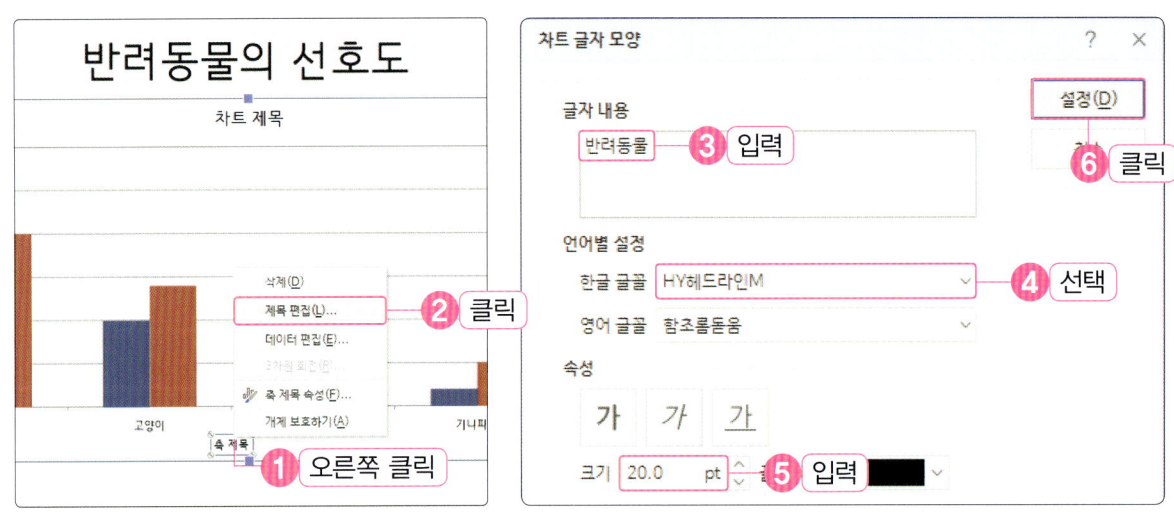

④ 같은 방법으로 세로 축 제목을 삽입한 후 내용(인원), 글꼴(HY헤드라인M), 크기(20), 글자 방향(가로)를 지정합니다.

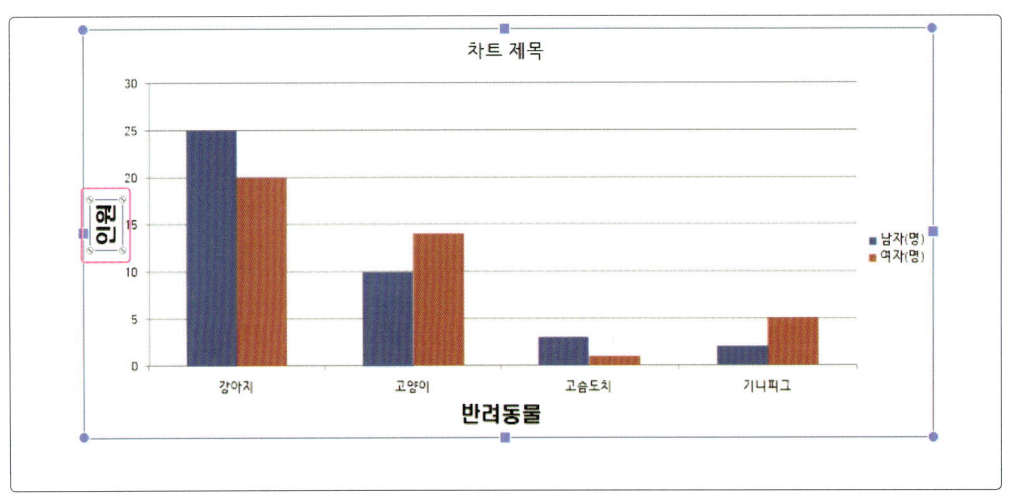

⑤ 세로 축 제목의 글자 방향을 수정하기 위해 세로 축 제목에서 바로 가기 메뉴의 [축 제목 속성]을 클릭 후 [개체 속성] 작업 창이 표시되면 □[크기 및 속성]의 글자 방향(세로)을 수정하고 ×[작업 창 닫기]를 클릭합니다.

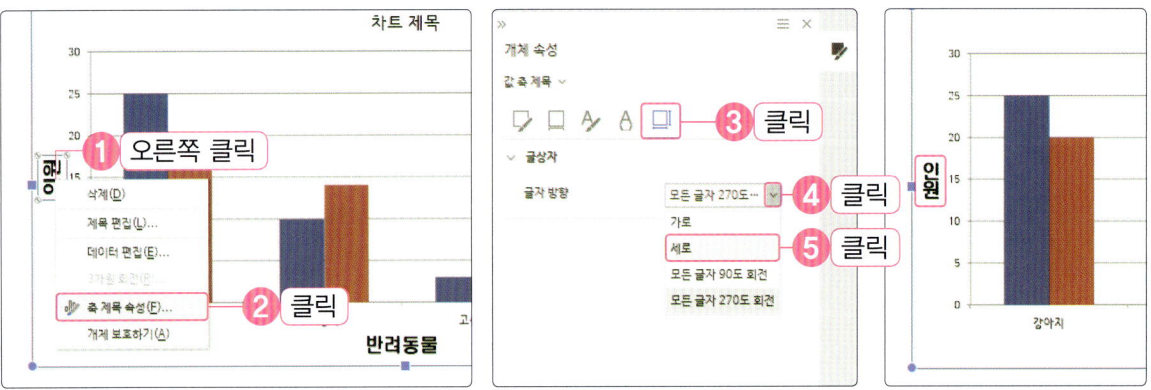

❻ 범례 위치를 변경하기 위해 범례의 바로 가기 메뉴에서 [범례 속성]을 클릭 후 [개체 속성] 작업 창이 표시되면 [범례 속성]의 글자 방향(세로)을 수정하고 ×[작업 창 닫기]를 클릭합니다.

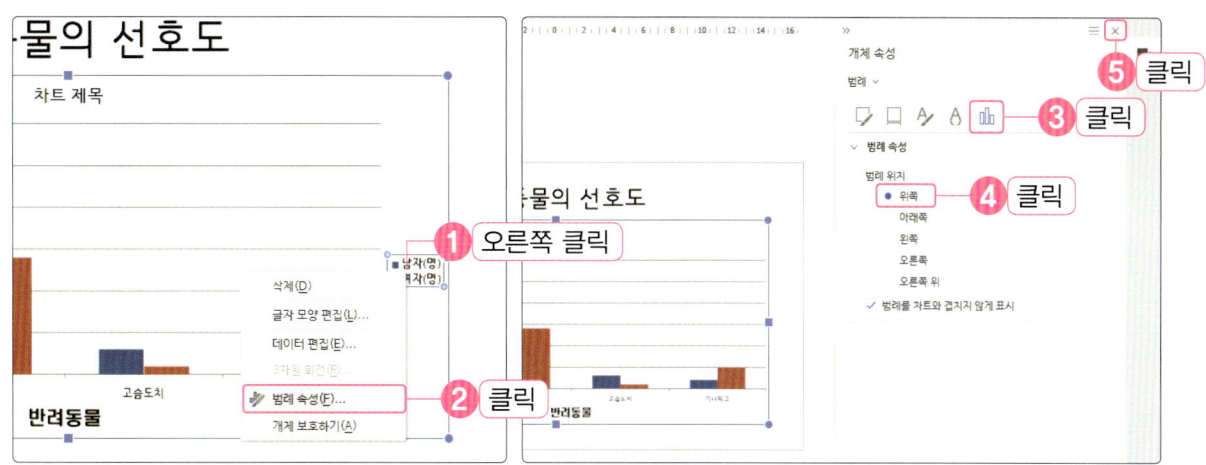

❼ 범례 위치가 위로 이동되면 서식 도구 상자에서 글자 크기(18)를 입력합니다.

❽ 데이터 레이블을 표시하기 위해 [차트 디자인] 탭에서 [차트 구성 추가]를 클릭한 후 [데이터 레이블]-[표시]를 클릭하면 모든 계열에 데이터 레이블이 표시됩니다.

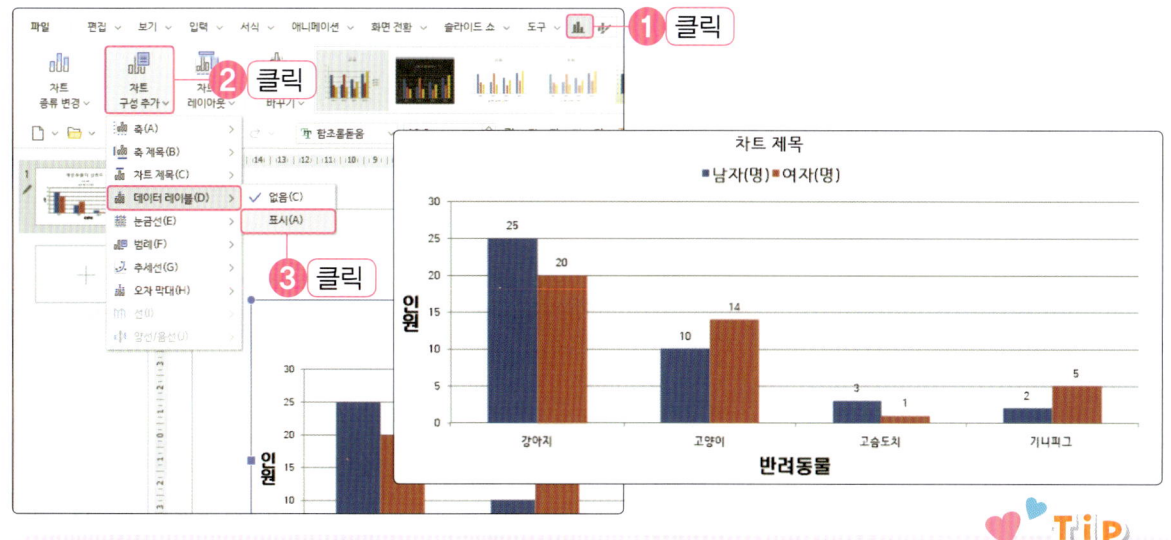

💗 Tip

특정 계열(남자(명) 또는 여자(명))만 선택 후 [데이터 레이블 추가]를 클릭하면 해당 계열에만 데이터 레이블을 표시할 수 있습니다.

⑨ 계열색을 변경하기 위해 [차트 디자인] 탭에서 [차트 계열색 바꾸기]를 클릭한 후 [색 3]을 클릭합니다.

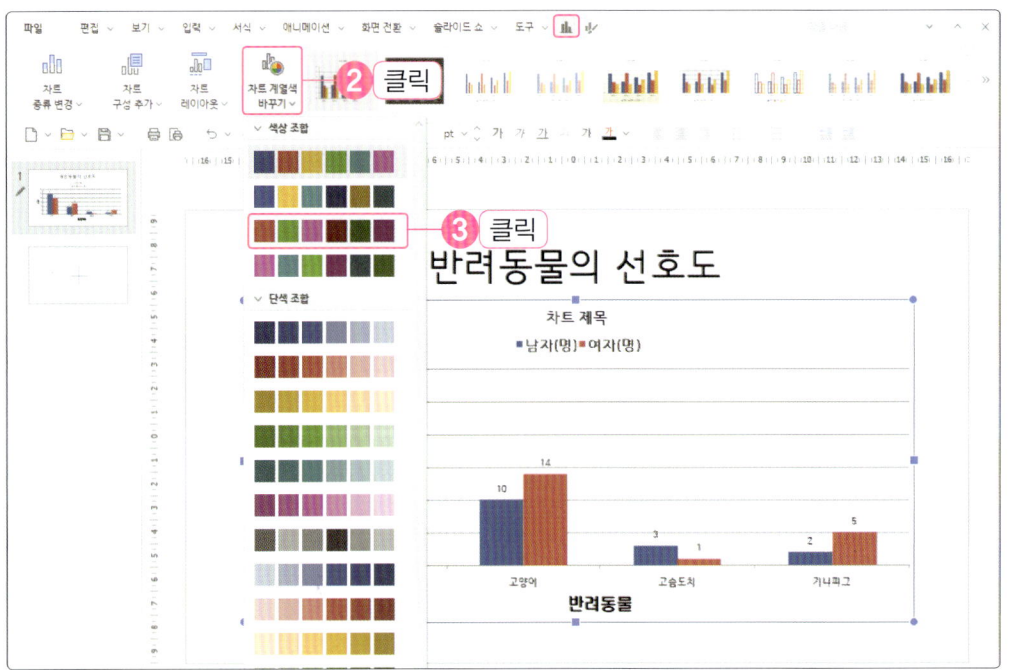

⑩ 차트의 제목에서 바로 가기 메뉴의 [삭제]를 클릭하여 제목을 삭제한 후 다음과 같이 가로 축, 세로 축, 데이터 레이블의 글자 크기(18)를 수정합니다.

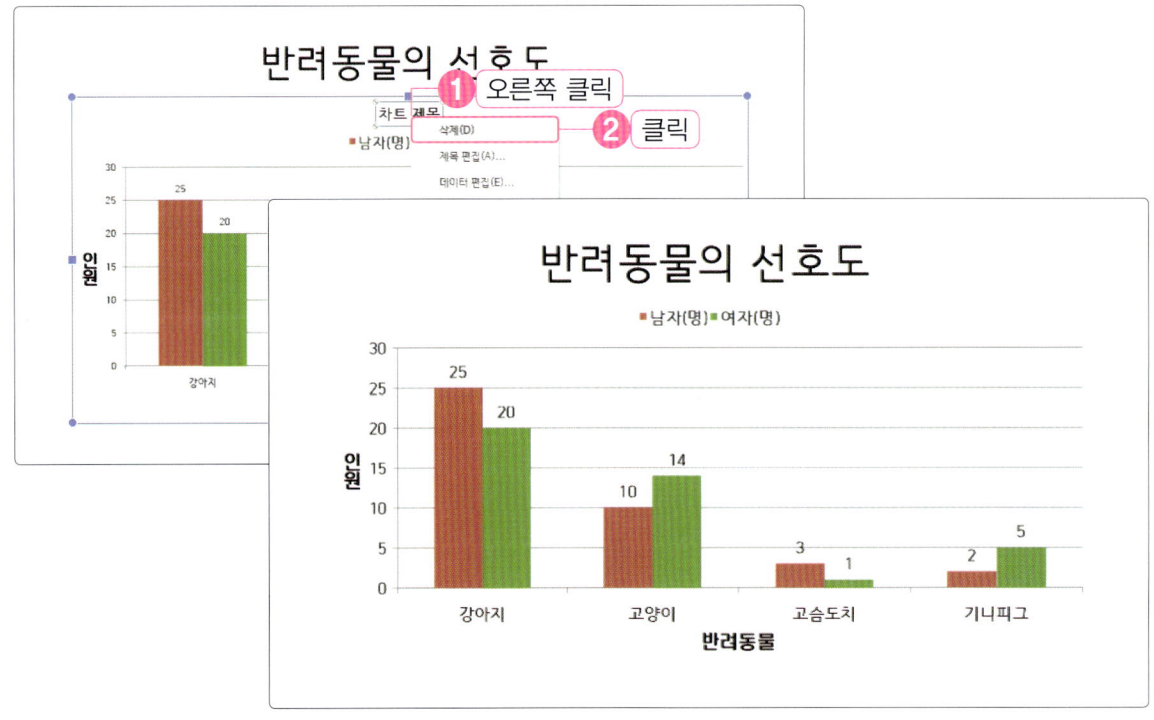

01 다음과 같이 '페럿의 선호도 변화' 파일을 연 후 차트를 삽입한 다음 크기를 조정합니다.

• 차트 삽입 : [표식이 있는 꺾은선형]

02 다음과 같이 차트를 꾸며 보세요.

• 차트 영역 서식 지정 : 단색 채우기(색(초록 80% 밝게))
• 범례의 위치 변경 : 아래쪽에 범례 표시
• 가로 축, 세로 축, 범례, 데이터 레이블의 글꼴과 글자 크기 : 글꼴(굴림), 글자 크기(18)
• 차트 제목 : 삭제
• 데이터 레이블 표시 : 아래쪽

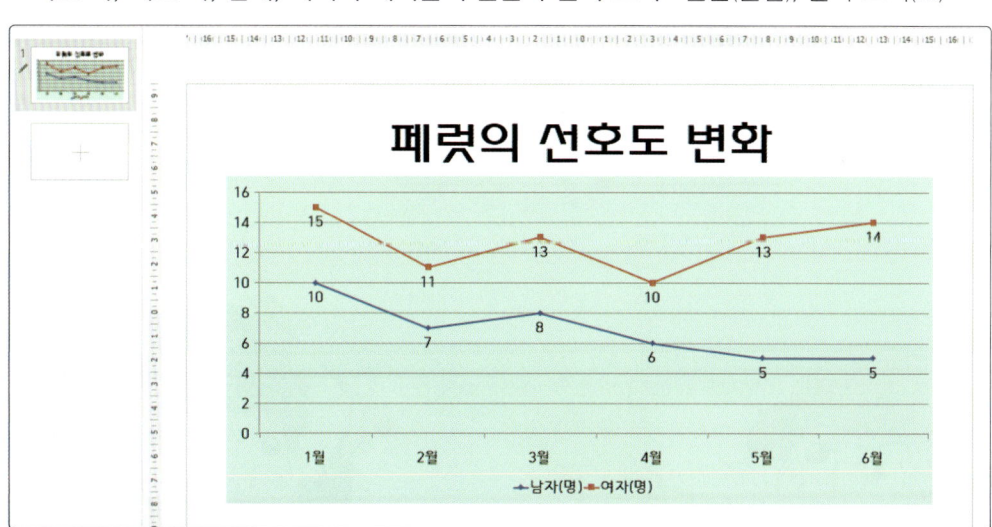

Hint

• 차트 영역 서식 지정 : 차트 영역을 선택한 후 바로 가기 메뉴에서 [개체 속성]을 클릭한 다음 [채우기] 탭에서 종류(단색)를 선택하고 색(에메랄드블루 80% 밝게)을 선택한 후 [설정] 단추를 클릭합니다.
• 데이터 레이블 표시 : 데이터 레이블을 선택한 후 바로 가기 메뉴에서 [데이터 레이블 속성]을 클릭한 다음 [개체 속성] 작업 창에서 [데이터 레이블 속성] 항목의 레이블 위치(아래쪽)를 선택합니다.

Chapter 15 동영상 활용하기

학습 목표
- ◆ 동영상을 삽입하는 방법에 대해 알아보겠습니다.
- ◆ 동영상을 꾸미는 방법에 대해 알아보겠습니다.

프레젠테이션을 할 때 그림을 보여주는 것보다 동영상을 보여주면 생동감이 있어서 자신의 의견을 청중에게 더 효과적으로 전달할 수 있습니다.

Preview

THEME 01 동영상 삽입하기

1 '영화산책' 파일을 연 후 슬라이드에서 [내용]을 클릭한 다음 [미디어]를 클릭합니다.

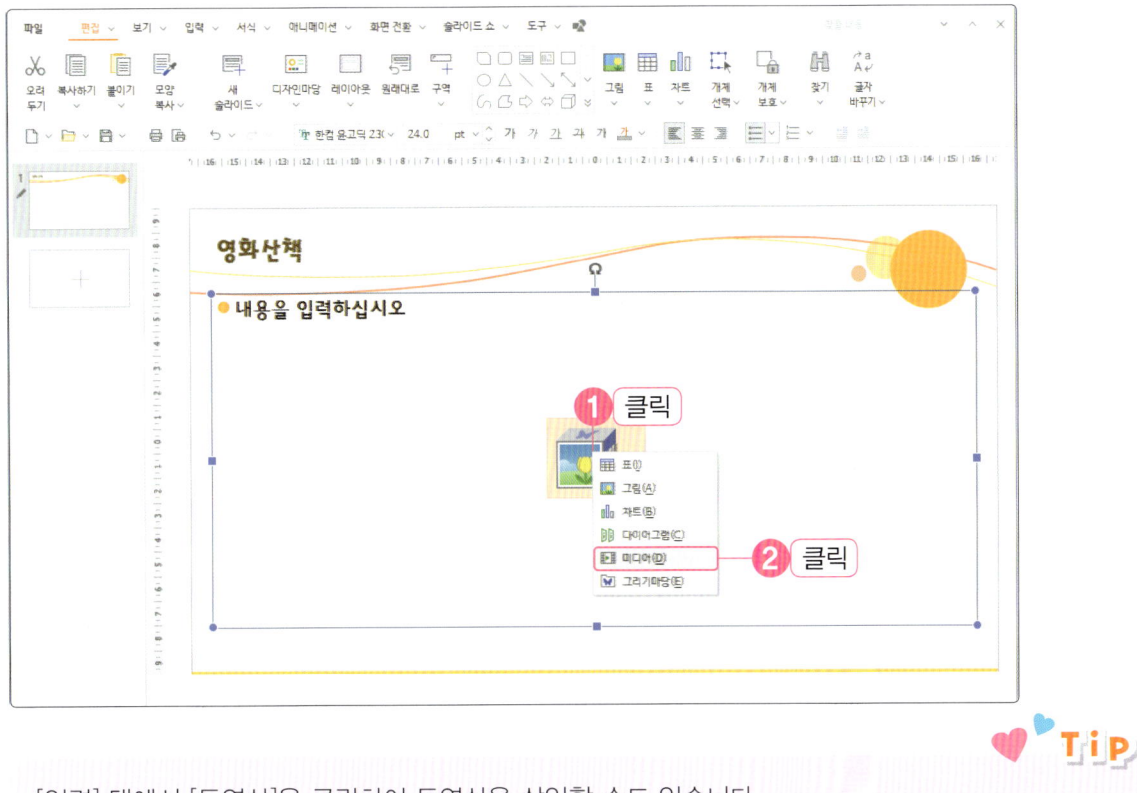

> Tip
>
> [입력] 탭에서 [동영상]을 클릭하여 동영상을 삽입할 수도 있습니다.

2 [미디어 넣기] 대화상자가 나타나면 찾는 위치(한쇼 2022\Chapter 15)를 선택한 후 파일(영화산책)을 선택한 다음 [열기] 단추를 클릭합니다.

> Tip
>
> [링크 파일로 삽입하기]를 체크하면 프레젠테이션 문서에 포함되지 않고 연결하여 사용하는 기능으로 프레젠테이션 문서의 용량을 줄일 수 있습니다. 만약, 발표를 위해 프레젠테이션 문서만 복사하여 다른 곳으로 이동했을 경우 동영상이 포함되지 않아 재생되지 않을 수 있습니다. 이런 경우 [링크 파일로 삽입하기]를 체크하여 프레젠테이션 문서에 포함해야 이동해도 재생이 가능합니다.

❸ 동영상이 삽입되면 동영상을 재생하기 위해 ▶[재생/일시중지] 단추를 클릭합니다.

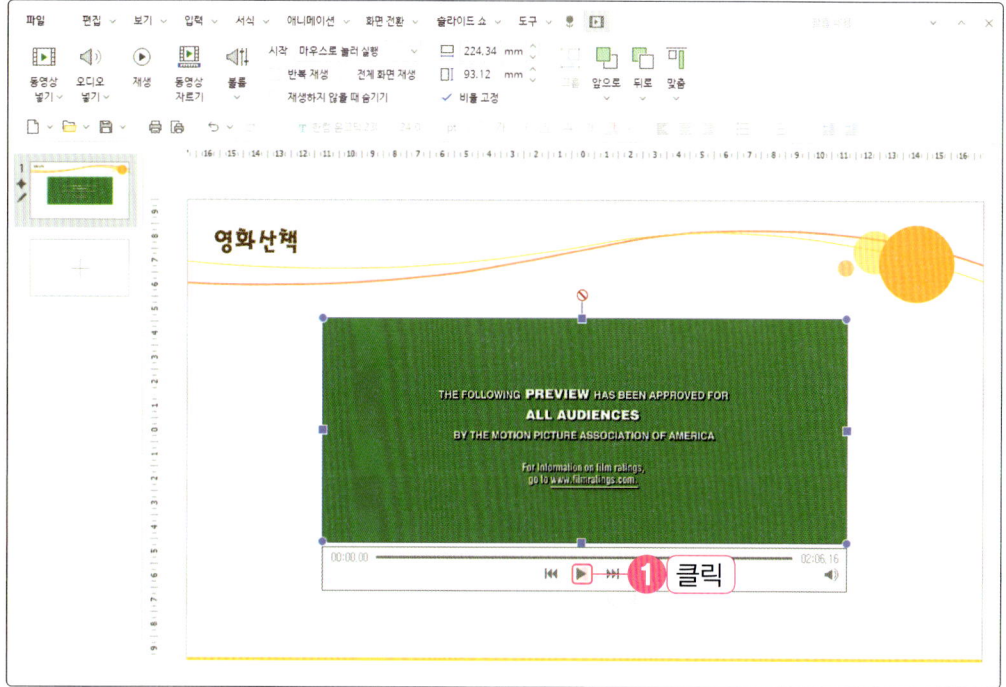

 [미디어] 탭에서 [재생]을 클릭하여 동영상을 재생할 수도 있습니다.

❹ 다음과 같이 동영상이 재생됩니다.

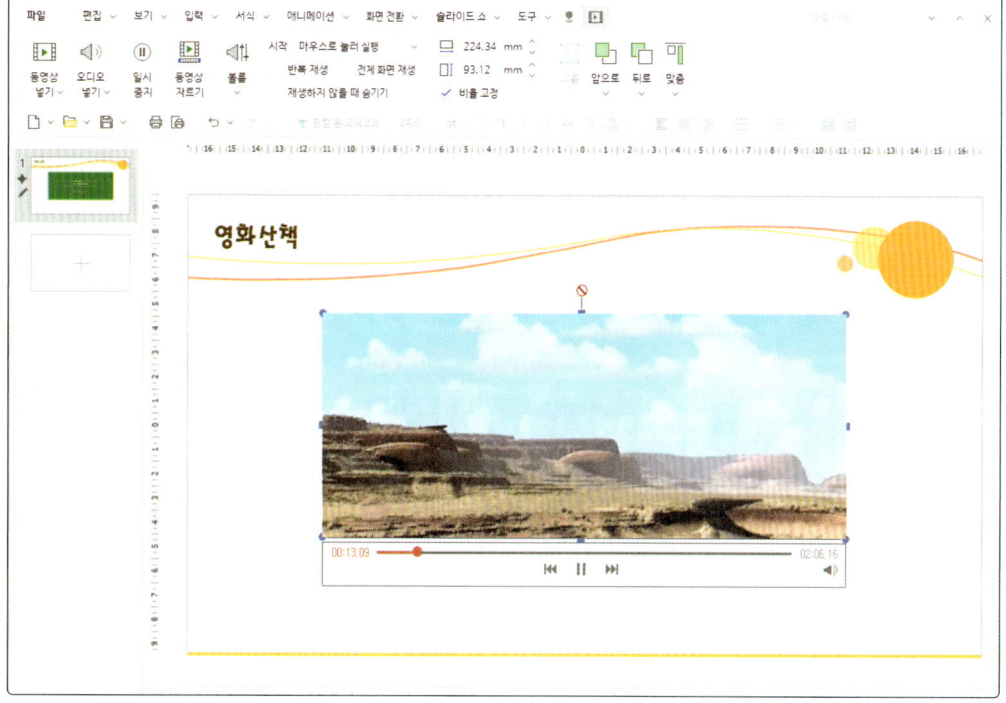

THEME 02 동영상 꾸미기

1 동영상에 그림 스타일을 적용하기 위해 동영상을 선택한 후 [그림] 탭에서 [자세히] 단추를 클릭합니다.

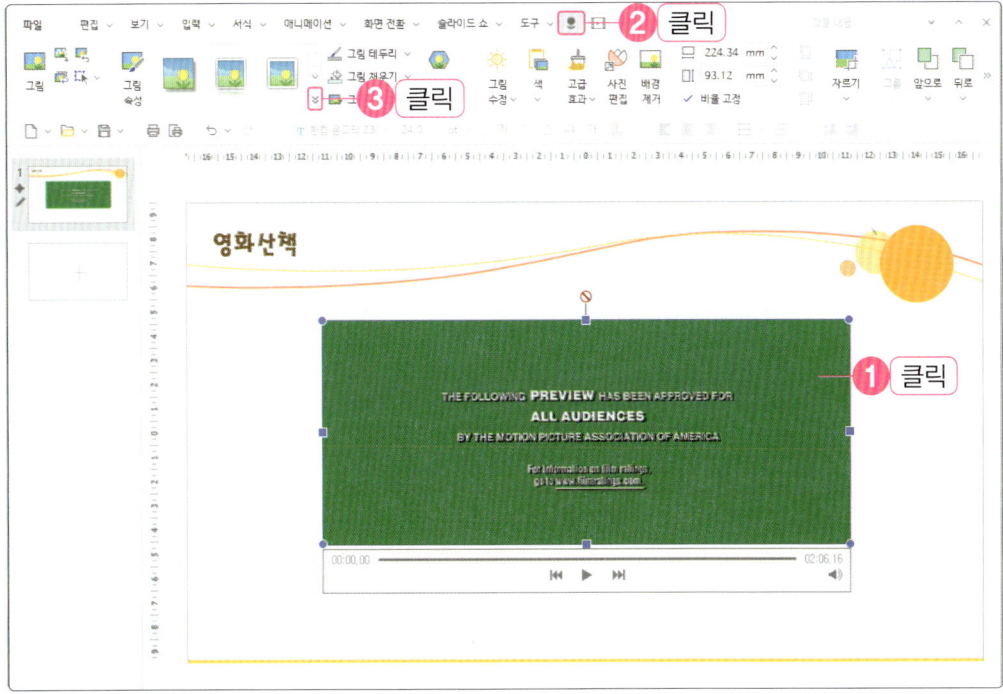

Tip
동영상으로 마우스 포인터를 가져가서 마우스 포인터가 모양으로 변경되었을 때 클릭하면 동영상을 선택할 수 있습니다.

2 그림 스타일 목록이 나타나면 [광택]을 클릭합니다.

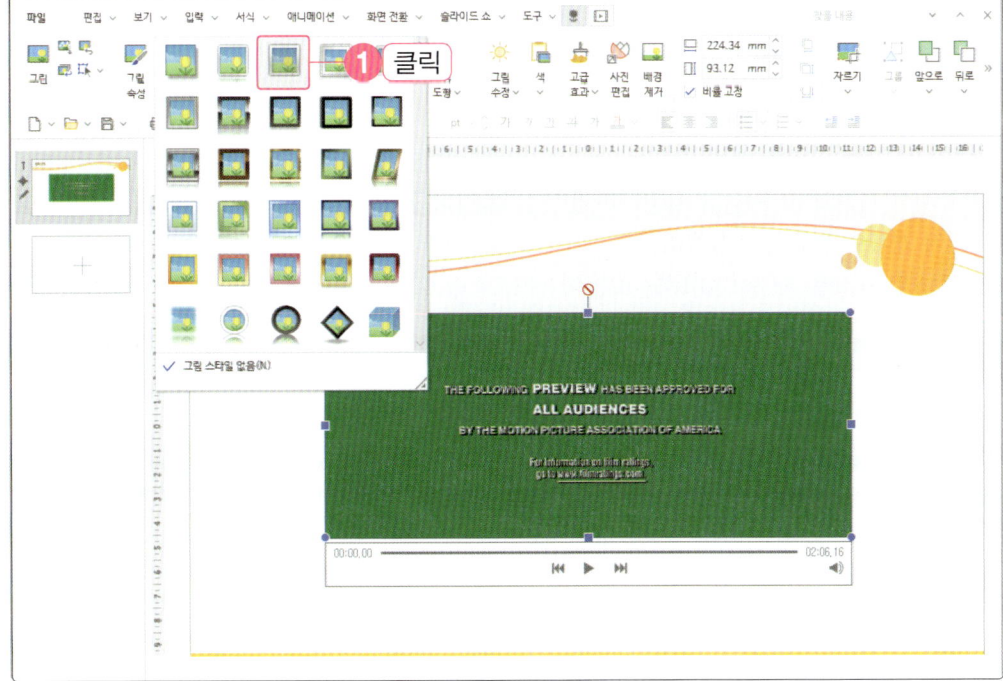

Chapter 15 – 동영상 활용하기

❸ 동영상에 볼륨을 지정하기 위해 [미디어] 탭에서 [볼륨]을 클릭한 후 [보통]을 클릭합니다.

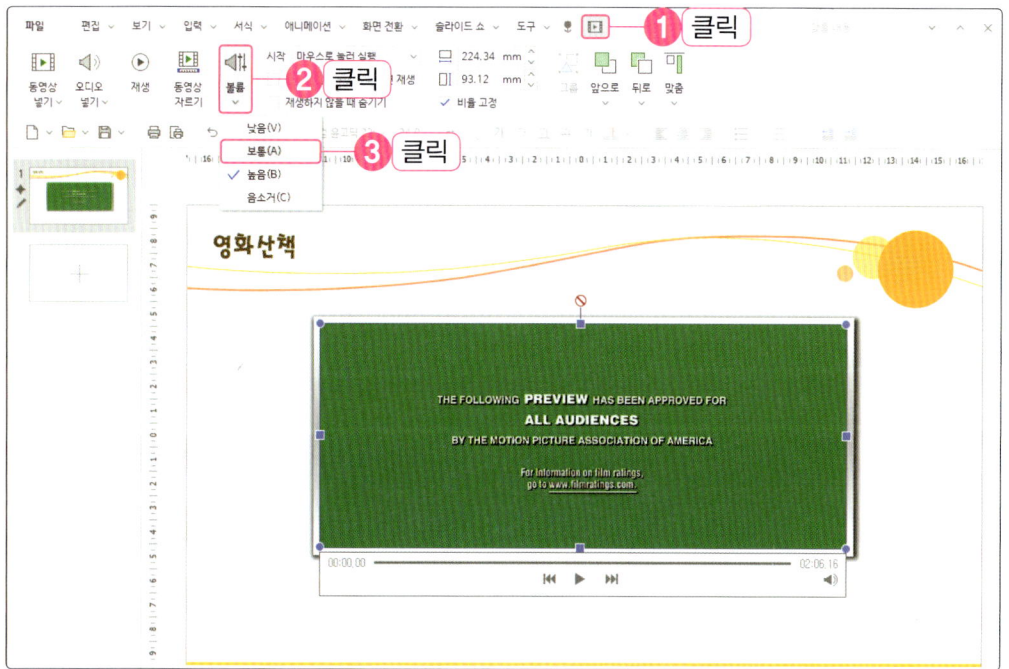

알아두면 실력튼튼

[미디어] 탭 살펴보기

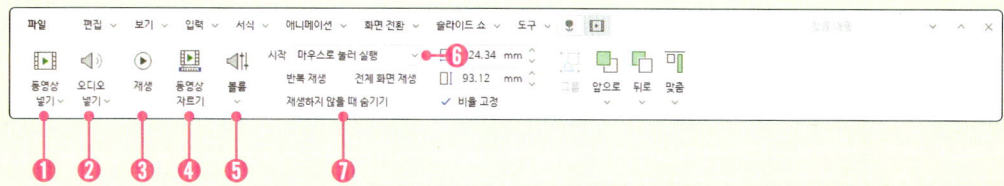

❶ **동영상 넣기** : 동영상 파일(*.mpg, *.avi, *.asf, *.wmv, *.mp4)을 선택하여 삽입합니다.
❷ **오디오 넣기** : 오디오 파일(*.mp3, *.wav, *.asf, *.wma)을 선택하여 삽입합니다.
  • **오디오 파일** : 오디오 파일을 선택하여 삽입합니다.
  • **오디오 녹음** : 오디오 파일을 녹음합니다.
❸ **재생** : 선택한 멀티미디어 개체를 재생합니다.
❹ **동영상 자르기** : 시작 지점과 끝 지점을 지정하여 동영상의 재생 길이를 원하는 대로 잘라냅니다.
❺ **볼륨** : 멀티미디어 개체의 볼륨을 지정합니다.
❻ **시작** : 슬라이드 쇼를 실행할 때 멀티미디어 파일이 삽입된 슬라이드에서 해당 미디어를 재생하는 방식을 설정합니다.
  • **자동 실행** : 멀티미디어 파일이 자동으로 재생되도록 설정합니다.
  • **마우스로 눌러 실행** : 멀티미디어 파일을 마우스로 누르면 재생되도록 설정합니다.
❼ **반복 재생/재생하지 않을 때 숨기기**
  • **반복 재생** : 슬라이드 쇼를 실행할 때 멀티미디어 파일이 삽입된 슬라이드에서 다음 화면으로 넘어갈 때까지 해당 미디어가 반복 재생되도록 설정합니다.
  • **재생하지 않을 때 숨기기** : 재생하지 않을 때 동영상 및 플래시 아이콘을 숨깁니다.

01 다음과 같이 '영화가 좋다' 파일을 연 후 동영상을 삽입한 다음 재생해 보세요.

- **동영상 삽입** : 찾는 위치(한쇼 2022\Chapter 15), 파일 이름(영화가 좋다), 슬라이드 쇼 실행시 미디어 시작(자동 실행), 삽입 형태([링크 파일로 삽입하기] 선택 해제)

02 다음과 같이 동영상을 꾸며 보세요.

- **그림 스타일** : [진한 회색 무광]
- **볼륨** : 음소거
- **재생** : [반복 재생] 선택

Hint

[그림] 탭에서 그림 스타일의 [자세히] 단추를 클릭한 후 [진한 회색 무광]을 클릭하면 동영상에 그림 스타일을 적용할 수 있습니다.

Chapter 15 - 동영상 활용하기

Chapter 16 단원 종합 평가 문제

01 다음 중 개체에 대한 설명으로 옳지 않은 것은 어느 것인지 골라 보세요.
① 텍스트 상자, 표, 차트, 클립아트 등을 말합니다.
② 개체를 선택한 후 Shift를 누른 상태에서 다른 개체를 선택하면 여러 개체를 선택할 수 있습니다.
③ 슬라이드의 빈 부분을 클릭하면 개체 선택을 해제할 수 있습니다.
④ 개체를 서로 겹치면 먼저 삽입한 개체가 나중에 삽입한 개체 위에 겹쳐집니다.

02 다음 중 어떤 키를 누른 상태에서 직사각형이나 타원을 그리면 정사각형이나 정원이 그려지는지 골라 보세요.
① Ctrl ② Shift
③ Alt   ④ Tab

03 다음 ☐ 안에 들어갈 말은 무엇인지 적어 보세요.

> 선택한 개체를 합쳐서 하나의 개체로 만드는 것을 ☐(이)라고 합니다.

04 다음과 같이 표를 작성하려고 합니다. 맞게 열 개수와 행 개수를 입력한 [표 삽입] 대화상자는 어느 것인지 골라 보세요.

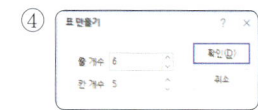

05 다음 중 각종 자료를 알기 쉽게 정리하여 보기 편하도록 그래프화 하는 기능은 어느 것인지 골라 보세요.
① 워드숍   ② 디자인마당
③ 차트   ④ 동영상

06 다음 중 차트의 구성 요소에 대한 설명으로 옳지 않은 것은 어느 것인지 골라 보세요.
① 차트 제목 : 차트의 제목입니다.
② 범례 : 데이터 계열을 구분하는 색과 이름을 표시하는 상자입니다.
③ 데이터 계열 : 관련 있는 데이터 요소의 집합입니다.
④ 데이터 레이블 : 모든 차트 요소를 포함한 차트 전체입니다.

07 다음 중 동영상을 삽입할 수 있는 기능은 어느 것인지 골라 보세요.

08 프레젠테이션을 진행하는 동안 청중이 보거나 나중에 참조할 수 있도록 배포하는 인쇄물을 무엇이라고 하는지 적어 보세요.
( )

■ 정답은 158 페이지에 있습니다.

09 다음과 같이 '한국철도의 최고' 파일을 연 후 그림을 활용하여 슬라이드를 작성해 보세요.
- 그림 : 찾는 위치(C:\스마트스쿨\한쇼 2022\Chapter 16), 파일 이름(백마고지역), 그림 스타일(　[금빛 곡선형]), 색조 조정(　[밝은 강조 색 1])

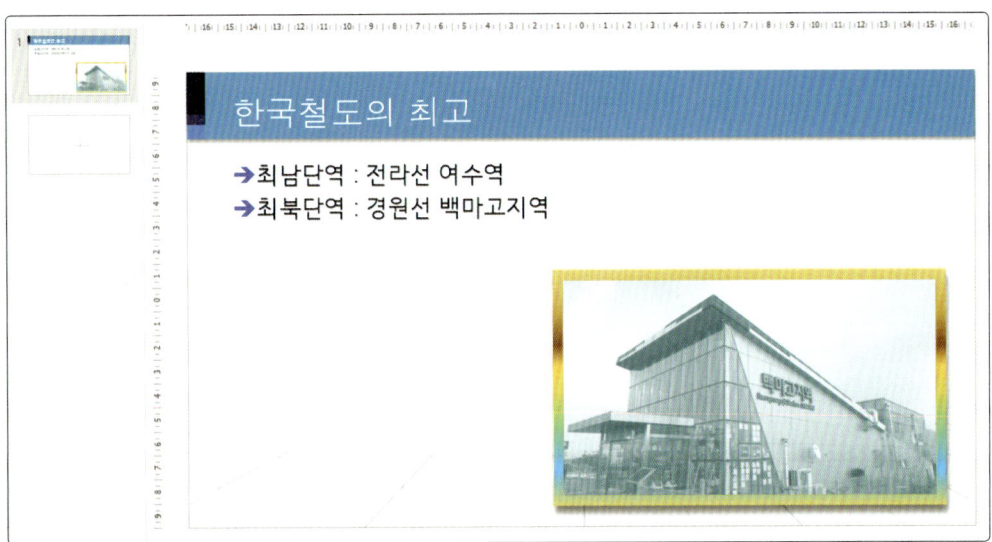

10 다음과 같이 '자전거 안전사고 실태' 파일을 연 후 표를 활용하여 슬라이드를 작성해 보세요.
- 표 삽입 : 2줄 6칸
- 표 스타일 적용 : 　[보통 스타일 1 – 강조 5]
- 1줄 1칸~2줄 6칸 : 글꼴(HY수평선M), 글자 크기(24), 　[가운데 정렬], 　[중간]
- 1줄 6칸 : 표 채우기(빨강)
- 2줄 6칸 : 표 채우기(주황)

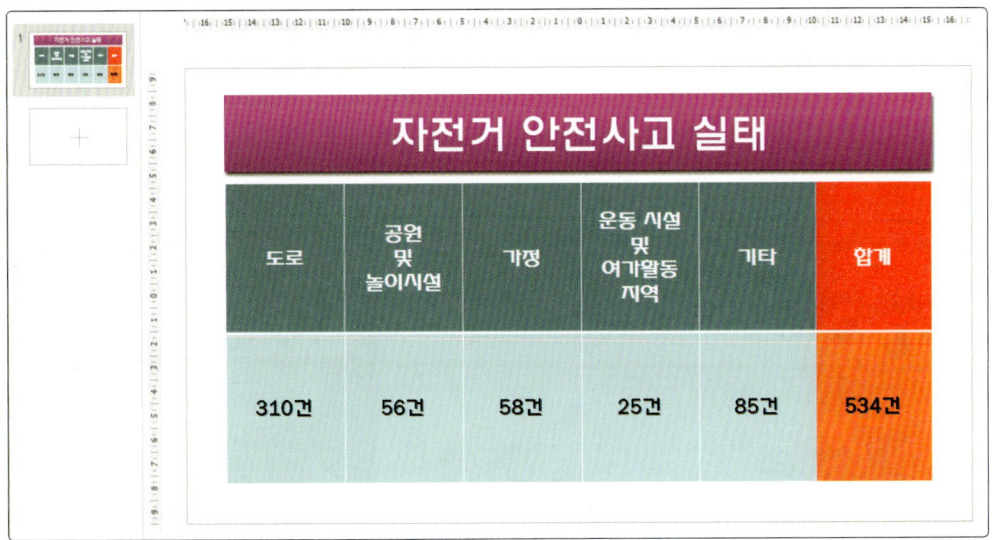

Chapter

17 앨범 만들기

학습 목표
- ◆ 앨범을 만드는 방법에 대해 알아보겠습니다.
- ◆ 앨범을 수정하는 방법에 대해 알아보겠습니다.

사진 앨범은 앨범과 같은 프레젠테이션을 만들 수 있는 기능인데요. 사진 앨범을 활용하면 일일이 디자인하지 않아도 멋진 앨범을 만들 수 있습니다.

Preview

THEME 01 앨범 만들기

1 한쇼를 실행한 후 [파일] 탭에서 [쪽 설정]을 클릭 후 [쪽 설정] 대화상자가 나타나면 용지 종류(화면 슬라이드 쇼(4:3))를 선택하고 [확인] 단추를 클릭합니다. 그런 다음 [최대화/맞춤 확인] 대화상자가 나타나면 [최대화]를 선택한 후 [확인] 단추를 클릭합니다.

2 사진 앨범을 만들기 위해 [입력] 탭에서 [그림]-[앨범 만들기]를 클릭합니다.

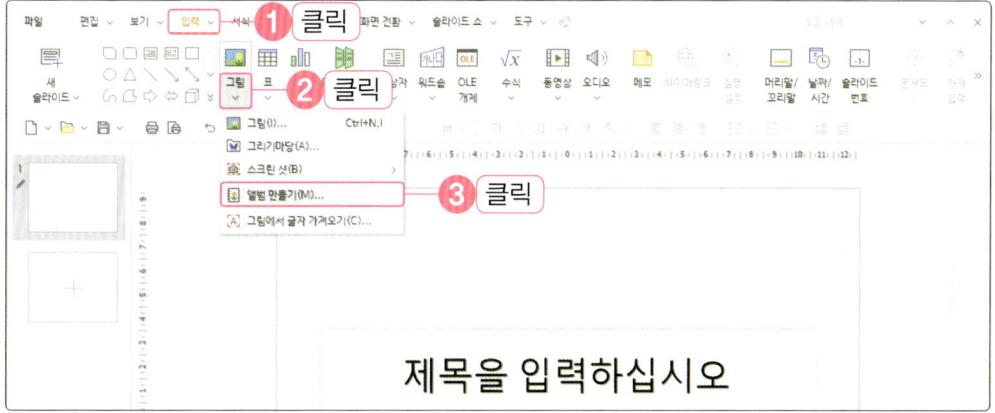

3 [앨범 만들기] 대화상자가 나타나면 ➕[그림 추가하기]를 클릭합니다.

[그림 편집하기]를 클릭하면 삽입한 그림을 보정할 수 있는 [그림 편집기] 대화상자가 표시됩니다.

④ [그림 넣기] 대화상자에서 위치(한쇼 2022\Chapter 17) 및 파일(만종/이삭 줍는 여인들/씨 뿌리는 사람/키질 하는 사람)을 선택한 다음 [열기] 단추를 클릭합니다.

⑤ 선택한 파일이 그림 목록에 표시되면 테마를 선택하기 위해 [테마 선택]의 목록 단추(∨)를 눌러 [하늘여행]을 클릭합니다.

⑥ 하늘여행 테마가 지정되면 [만들기] 단추를 클릭합니다.

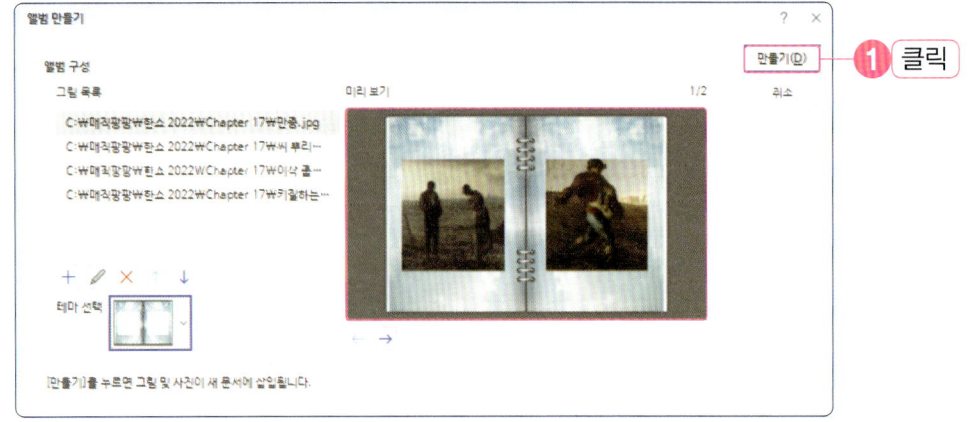

⑦ 앨범이 만들어집니다.

앨범은 새 슬라이드에 만들어집니다.

THEME 02 앨범 수정하기

1 첫 번째 슬라이드로 제목 슬라이드를 추가하기 위해 슬라이드의 앞 부분을 클릭 후 [편집] 탭에서 [새 슬라이드]-[제목 슬라이드]를 클릭합니다.

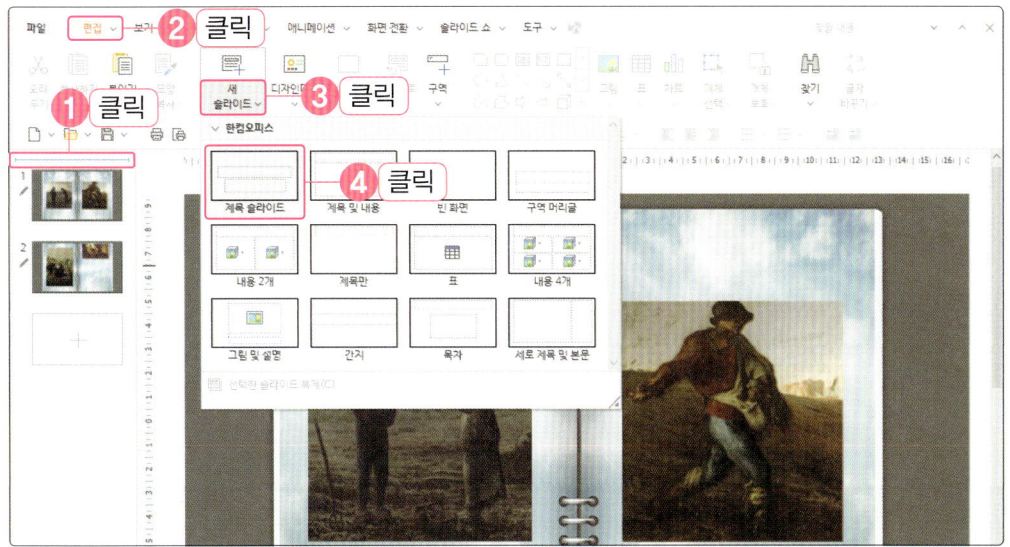

2 앨범을 디자인하기 위해 [서식] 탭에서 [자세히] 단추를 클릭 후 테마 목록이 나타나면 [물방울]을 클릭합니다.

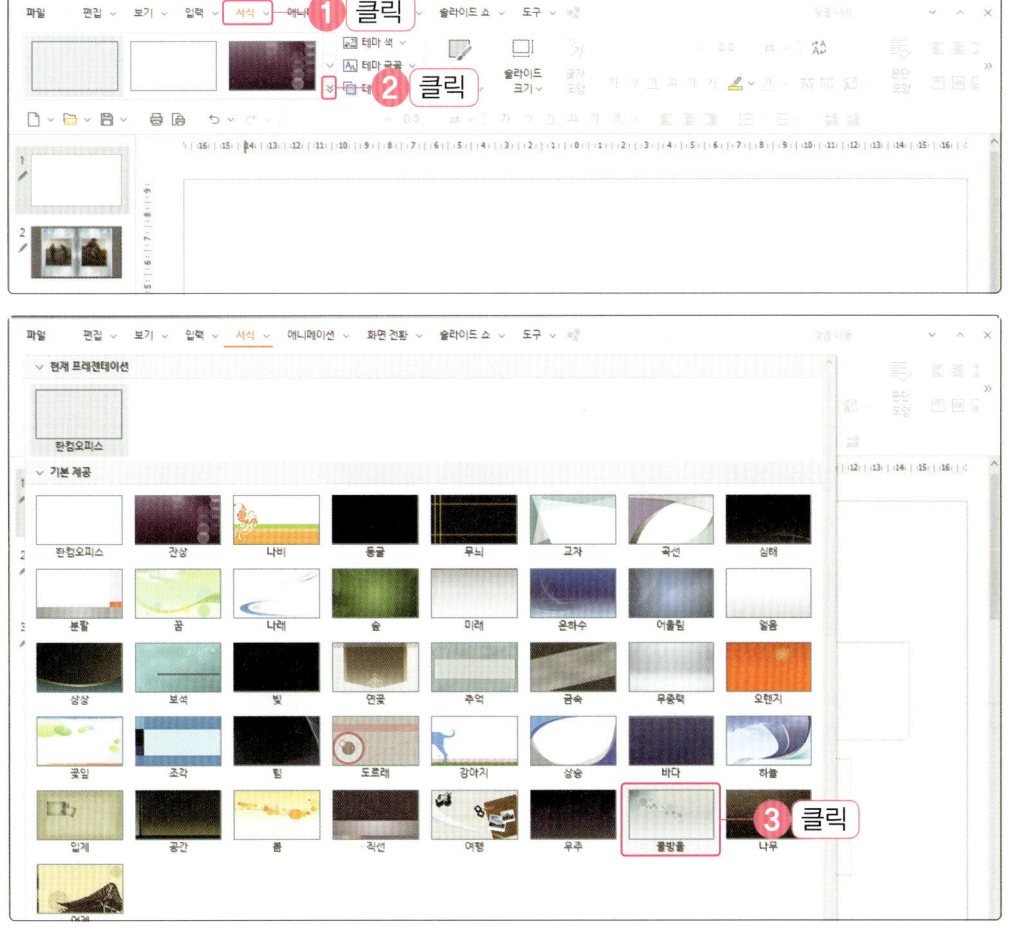

Chapter 17 - 앨범 만들기 **107**

③ 삽입한 제목 슬라이드에서 다음과 같이 제목과 부제목을 입력합니다.

④ 테마 글꼴을 변경하기 위해 [서식] 탭에서 [테마 글꼴]을 클릭한 후 [나비]를 클릭합니다.

⑤ 앨범이 수정되면 앨범을 저장합니다.

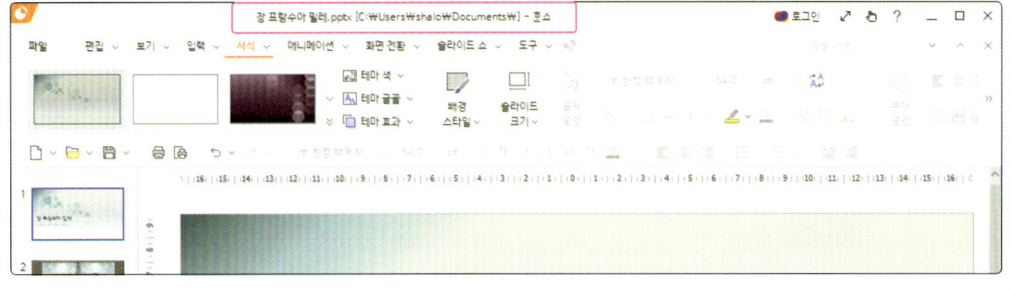

앨범 저장 : 위치(내 PC\문서), 파일 이름(장 프랑수아 밀레)

01 다음과 같이 앨범을 만들어 보세요.

- 쪽 설정 : 용지 종류(화면 슬라이드 쇼(4:3)), 슬라이드 방향(가로)
- 그림 삽입 : 위치(한쇼 2022\Chapter 17), 파일 이름(별이 빛나는 밤/해바라기/오베르의 교회/자화상)
- 앨범 레이아웃 : 테마(스케치북)

02 다음과 같이 앨범을 수정한 후 앨범을 저장해 보세요.

- 새 슬라이드 추가(제목 슬라이드) : 결과 화면을 참고하여 내용 입력
- 앨범 수정 : 테마(꽃잎), 테마 색(봄), 글자 색(검정)
- 앨범 저장 : 위치(내 PC\문서), 파일 이름(빈센트 반 고흐)

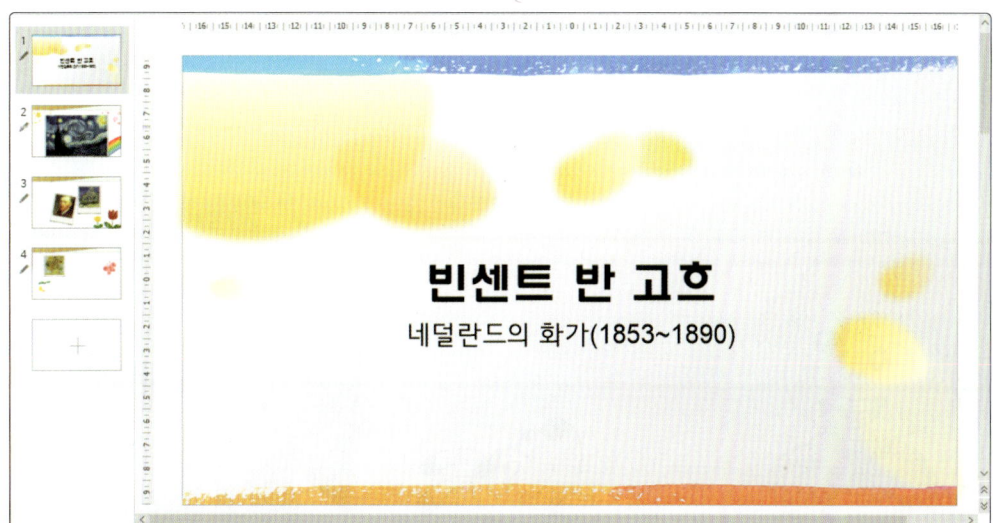

Hint 제목과 부제목 텍스트 상자를 선택한 후 서식 도구 상자에서 글꼴 색의 ∨[목록] 단추를 클릭한 다음 [검정]을 클릭하면 글자 색을 수정할 수 있습니다.

Chapter 18
슬라이드 마스터와 유인물 마스터 설정하기

학습 목표
- ◆ 슬라이드 마스터를 설정하는 방법에 대해 알아보겠습니다.
- ◆ 유인물 마스터를 설정하는 방법에 대해 알아보겠습니다.

슬라이드 마스터를 설정하면 제목이나 내용 등의 서식을 모든 슬라이드에 동일하게 적용하여 일관성 있는 프레젠테이션을 만들 수 있고, 유인물 마스터를 설정하면 유인물의 디자인을 변경할 수 있습니다.

Preview

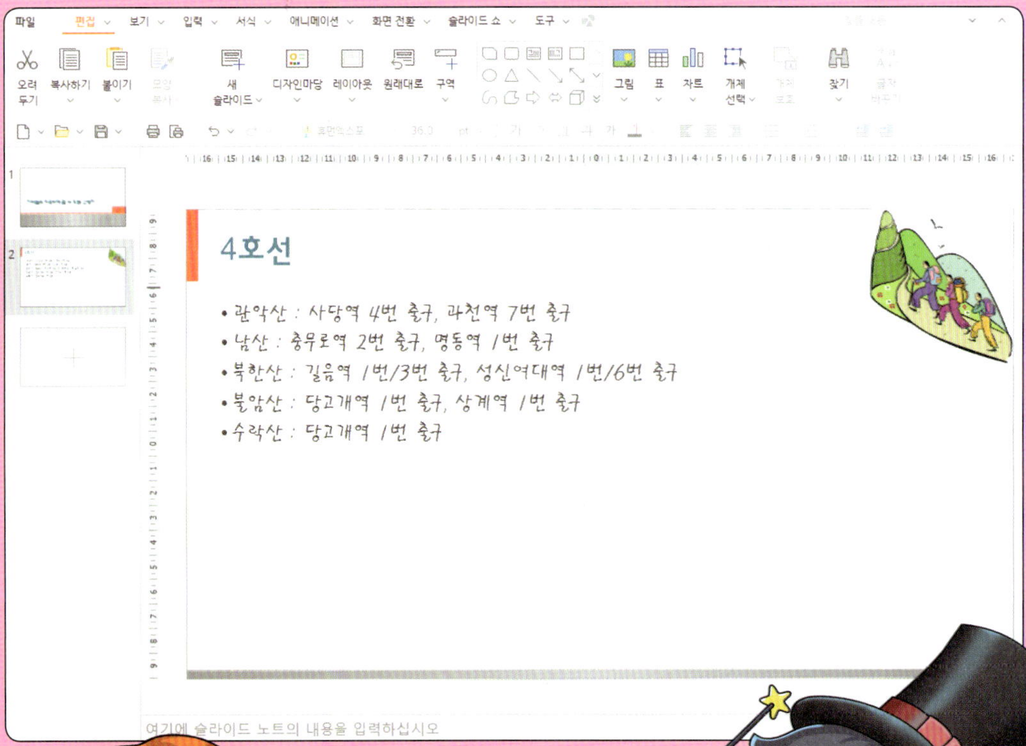

THEME 01 슬라이드 마스터 설정하기

① '산행지' 파일을 연 후 [보기] 탭에서 [슬라이드 마스터]를 클릭합니다.

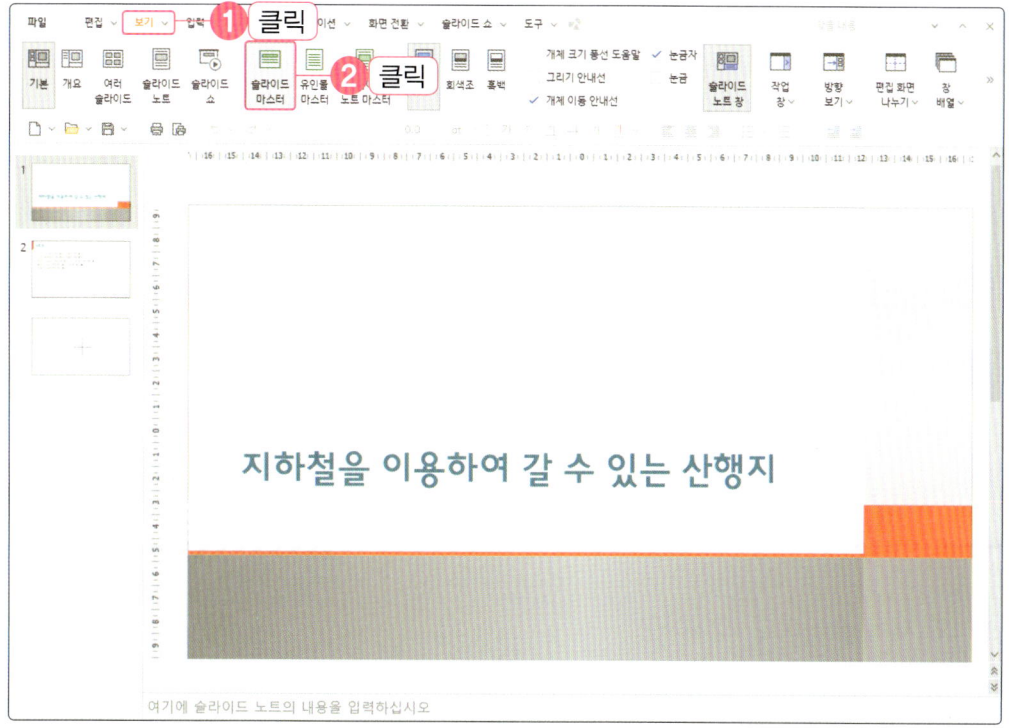

② 슬라이드 마스터 화면이 나타나면 슬라이드 마스터에서 글자 모양을 지정하기 위해 [마스터 텍스트 스타일을 편집합니다] 개체를 선택한 후 서식 도구 상자에서 글꼴(한컴윤체L)을 선택합니다.

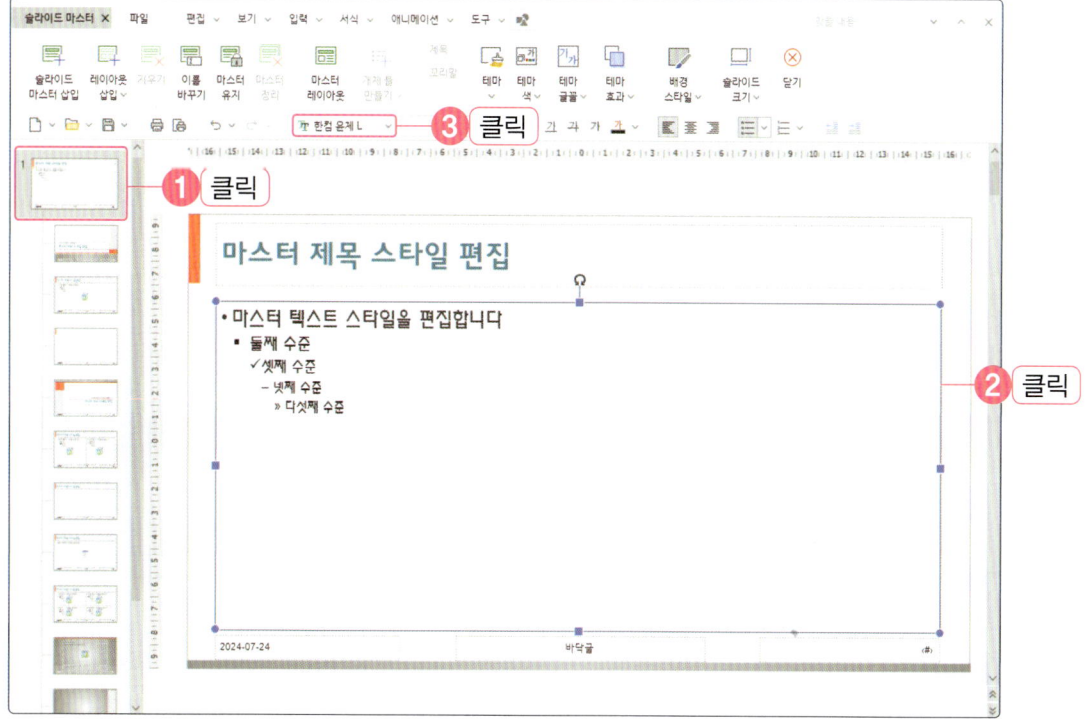

③ 그림을 삽입하기 위해 [입력] 탭에서 [그림]을 클릭합니다.

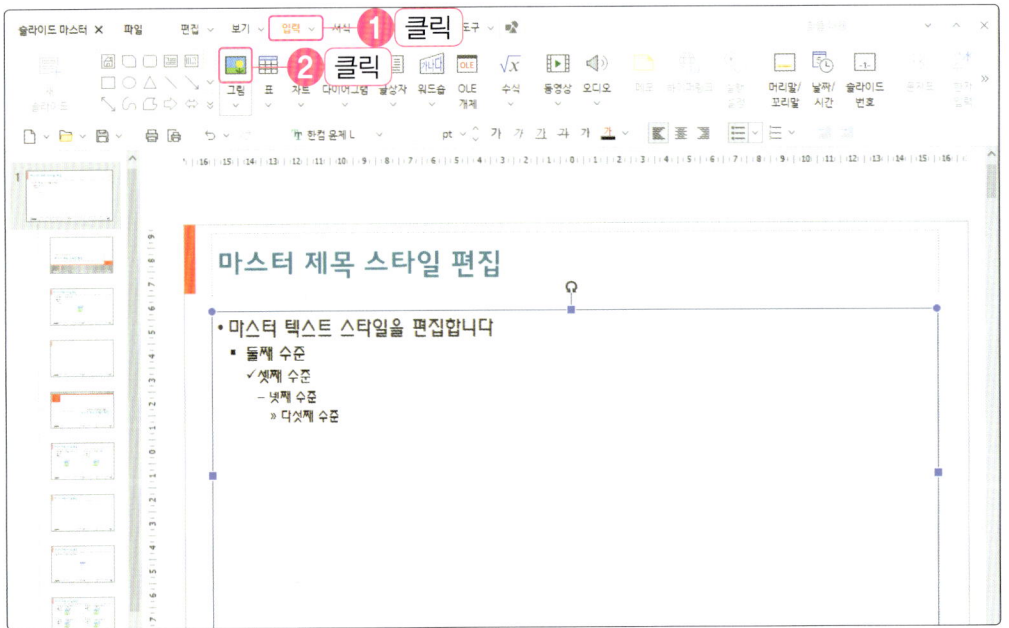

알아두면 실력튼튼

슬라이드 마스터와 제목 슬라이드 레이아웃

슬라이드 마스터는 슬라이드 마스터와 제목 슬라이드 레이아웃, 제목 및 내용 레이아웃, 빈 화면 레이아웃 등 12종류의 레이아웃으로 구성되어 있는데요. 슬라이드 마스터를 설정하면 모든 슬라이드에 적용되고, 제목 슬라이드 레이아웃을 설정하면 제목 슬라이드에만 적용됩니다.

◀ 슬라이드 마스터

◀ 제목 슬라이드 레이아웃

◀ 제목 및 내용 레이아웃

④ [그림 넣기] 대화상자가 나타나면 찾는 위치(한쇼 2022\Chapter 18)를 선택한 후 파일(산행지)을 선택한 다음 [열기] 단추를 클릭합니다.

5 그림이 삽입되면 다음과 같이 그림을 이동시킵니다.

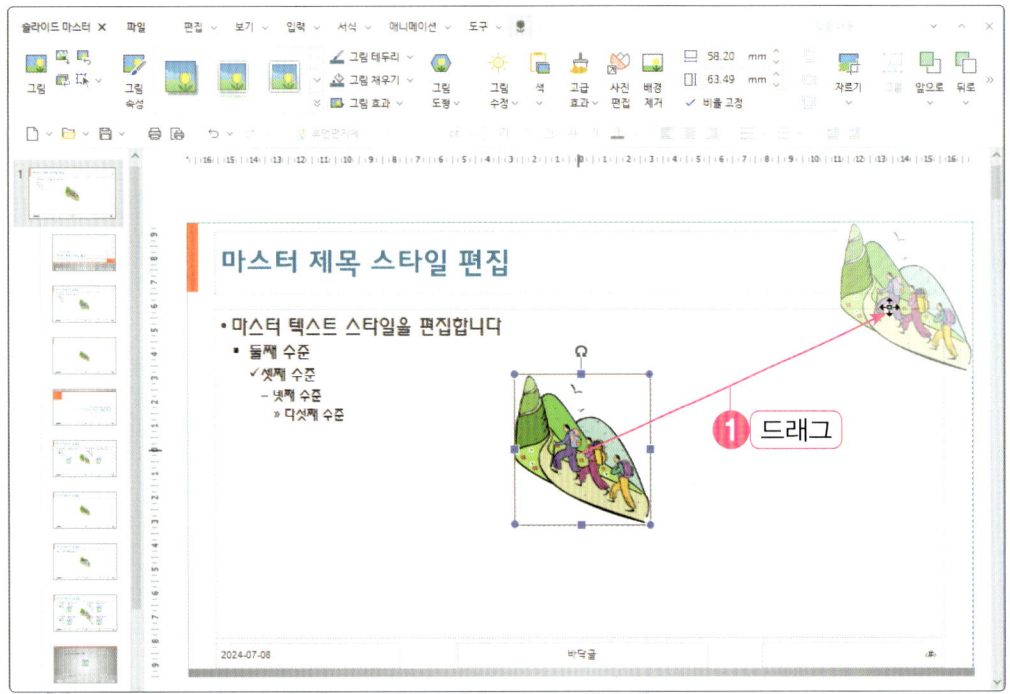

6 제목 슬라이드 레이아웃에서 글자 모양을 지정하기 위해 [마스터 제목 스타일 편집] 개체를 선택한 후 서식 도구 상자에서 글꼴(한컴윤체M)을 선택한 다음 글자 크기(36)를 입력하고 가[그림자]를 클릭합니다.

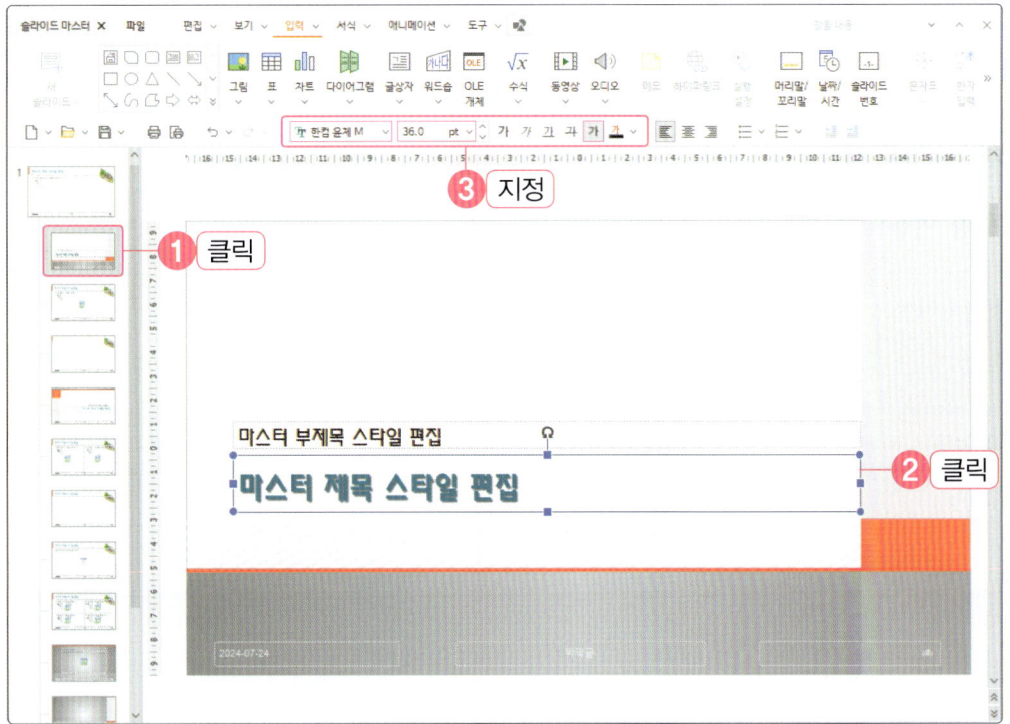

7 슬라이드 마스터 화면을 닫기 위해 [슬라이드 마스터] 탭에서 [닫기]를 클릭합니다.

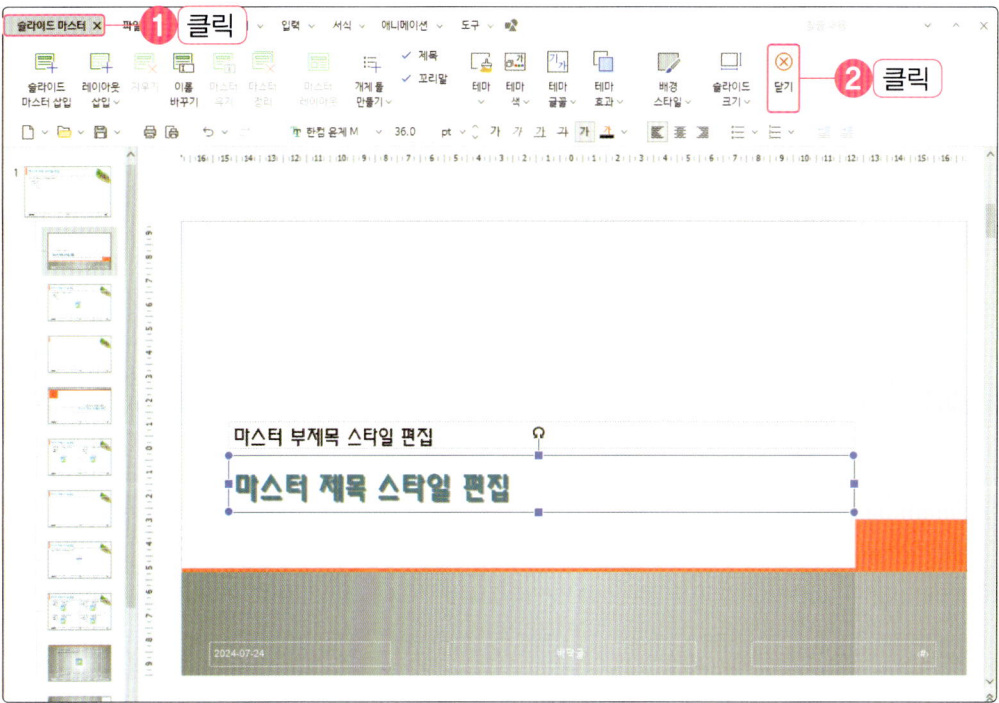

8 슬라이드 탭에서 슬라이드를 선택하면 다음과 같이 1번 슬라이드와 2번 슬라이드에 슬라이드 마스터가 적용된 것을 확인할 수 있습니다.

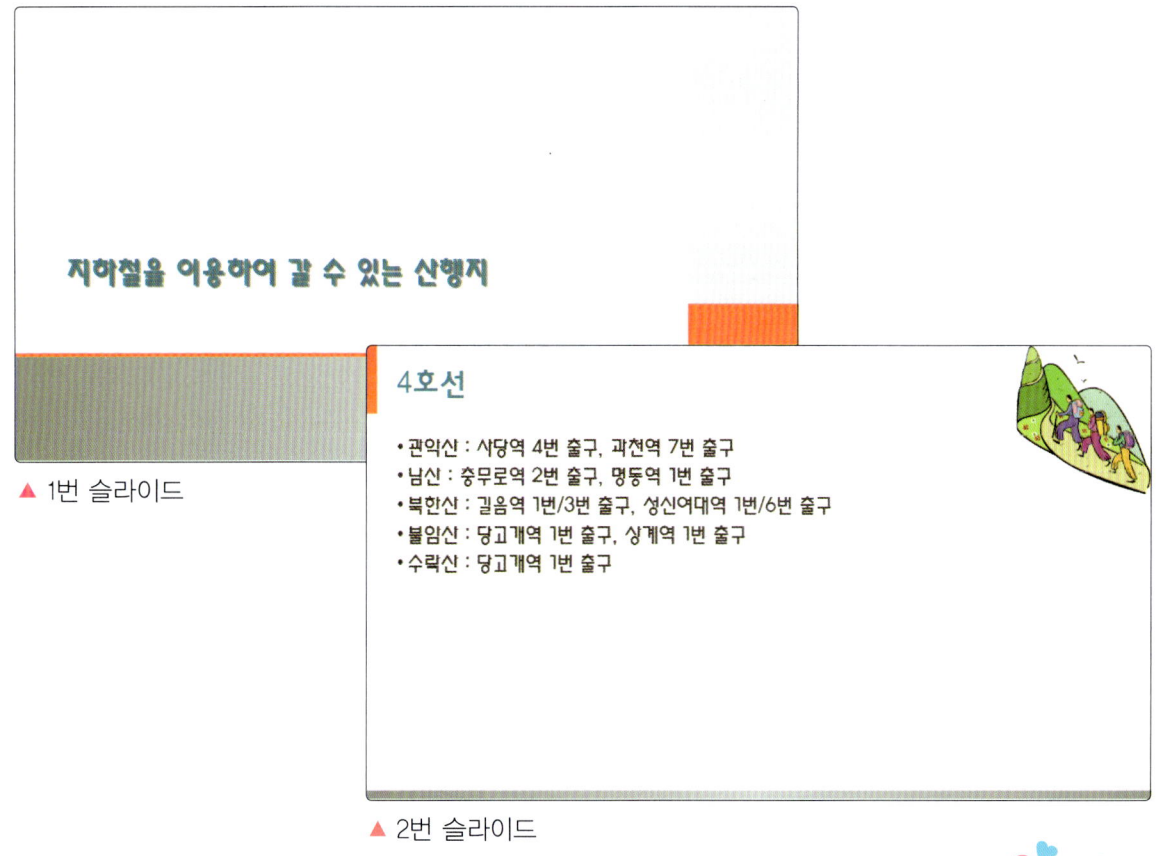

▲ 1번 슬라이드

▲ 2번 슬라이드

Tip
슬라이드에서 직접 제목이나 내용 등의 서식을 지정한 경우에는 슬라이드 마스터가 적용되지 않습니다.

THEME 02 유인물 마스터 설정하기

1 [보기] 탭에서 [유인물 마스터]를 클릭합니다.

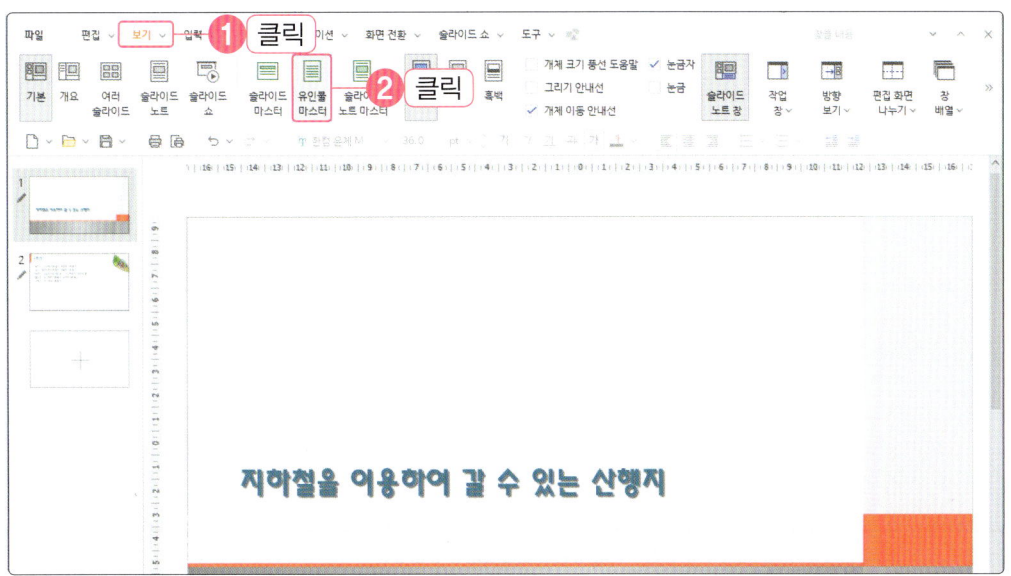

2 유인물 마스터 화면이 나타나면 그림을 삽입하기 위해 [입력] 탭에서 [그림]을 클릭합니다.

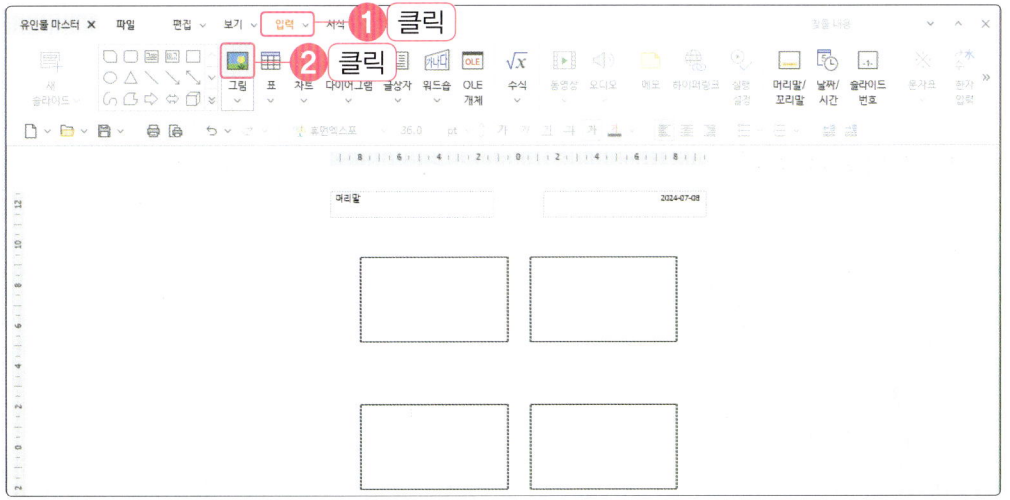

3 [그림 넣기] 대화상자가 나타나면 찾는 위치(한쇼 2022\Chapter 18)를 선택한 후 파일(녹색배낭)을 선택한 다음 [열기] 단추를 클릭합니다.

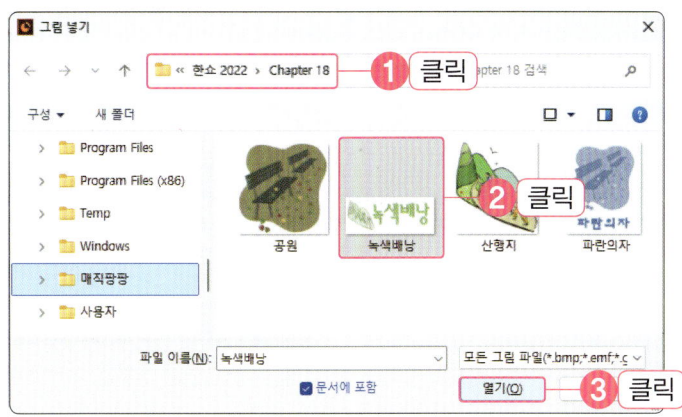

Chapter 18 - 슬라이드 마스터와 유인물 마스터 설정하기 **115**

④ 그림이 삽입되면 다음과 같이 그림을 이동시킵니다.

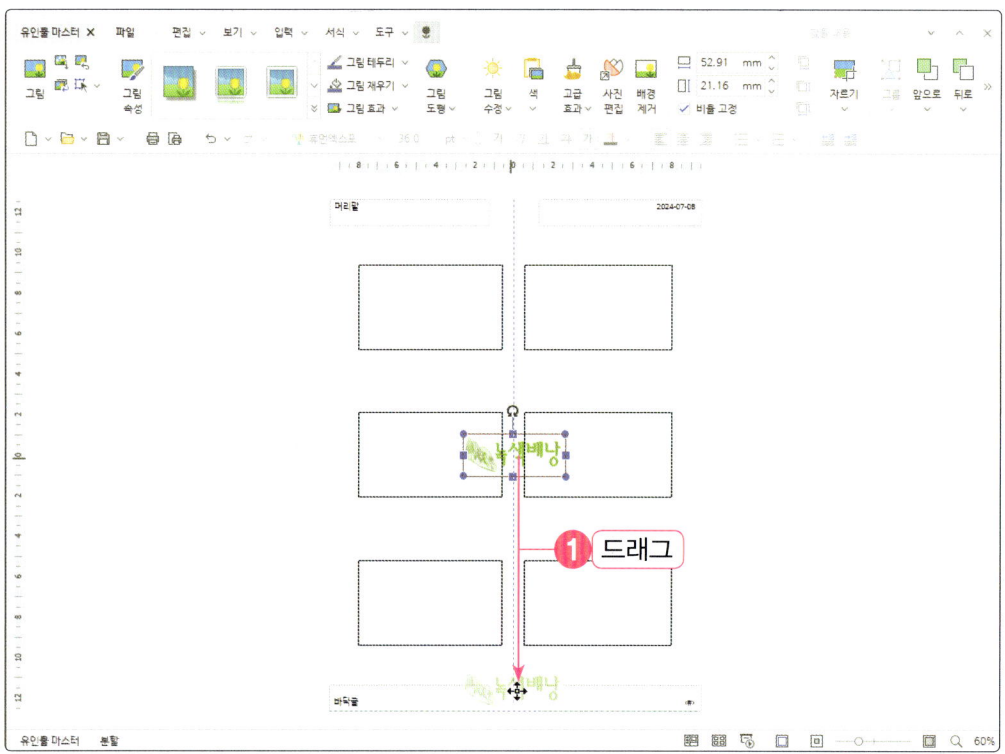

⑤ 유인물 마스터 화면을 닫기 위해 [유인물 마스터] 탭에서 [닫기]를 클릭합니다.

⑥ [파일] 탭에서 [미리 보기]를 클릭한 후 미리 보기 화면에서 인쇄 대상(유인물(2슬라이드/쪽))을 선택하면 다음과 같이 유인물에 유인물 마스터가 적용된 것을 확인할 수 있습니다.

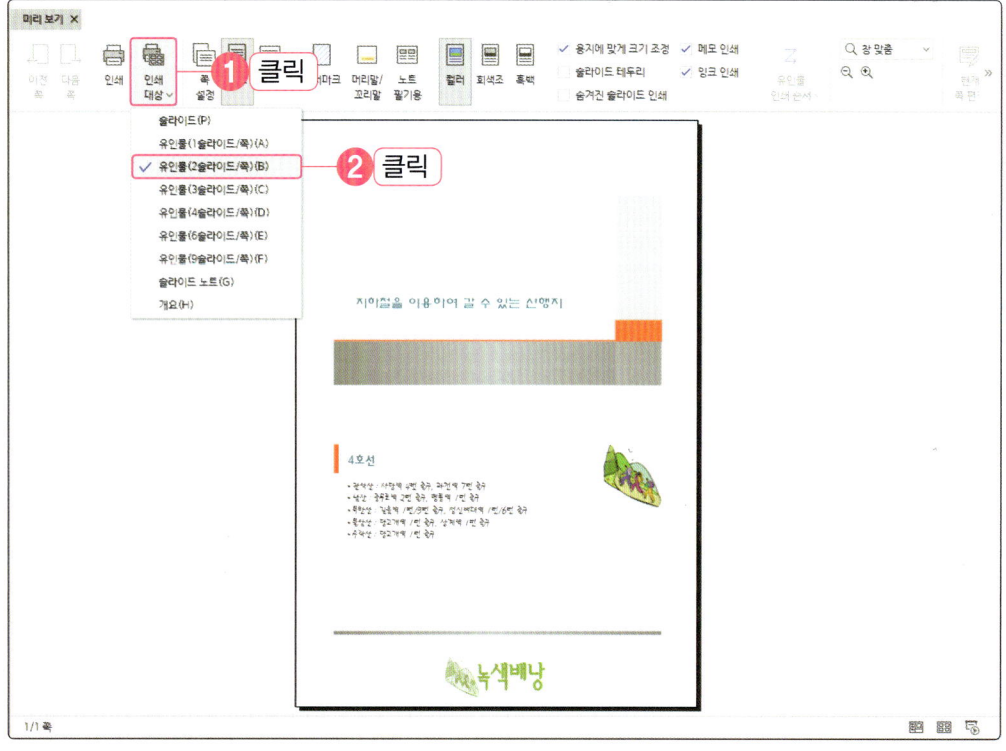

01 다음과 같이 '공원' 파일을 연 후 슬라이드 마스터를 설정해 보세요.

- **슬라이드 마스터** : [마스터 텍스트 스타일을 편집합니다] 개체(글꼴(HY수평선M)), 그림 삽입(위치(한쇼 2022\Chapter 18), 파일 이름(공원))
- **제목 슬라이드 레이아웃** : [마스터 제목 스타일 편집] 개체(글꼴(HY헤드라인M), 글자 크기(40))

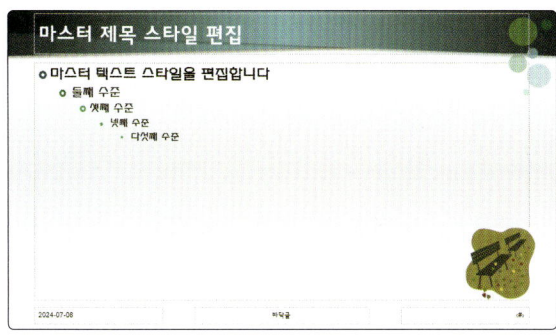
▲ 슬라이드 마스터

▲ 제목 슬라이드 레이아웃

02 다음과 같이 유인물 마스터를 설정해 보세요.

- **유인물 마스터** : 그림 삽입(위치(한쇼 2022\Chapter 18), 파일 이름(파란의자))

03 1번 슬라이드와 2번 슬라이드에 슬라이드 마스터가 적용된 것을 확인한 후 유인물에 유인물 마스터가 적용된 것을 확인해 보세요.

Chapter 19
화면 전환 효과 지정하고 슬라이드 쇼 시작하기

학습목표
- 화면 전환 효과를 지정하는 방법에 대해 알아보겠습니다.
- 슬라이드 쇼를 시작하는 방법에 대해 알아보겠습니다.

화면 전환 효과는 한 슬라이드에서 다른 슬라이드로 이동할 때 다른 슬라이드가 나타나는 방식을 말하는데요. 화면 전환 효과를 지정하면 생동감이 있어서 청중이 관심을 갖고 집중할 수 있도록 할 수 있습니다.

Preview

현악기
줄을 튕기거나 활로 그어서 소리를 내는 악기

THEME 01 화면 전환 효과 지정하기

1 '현악기' 파일을 연 후 슬라이드 탭에서 1번 슬라이드를 선택한 다음 [화면 전환] 탭에서 [자세히] 단추를 클릭합니다.

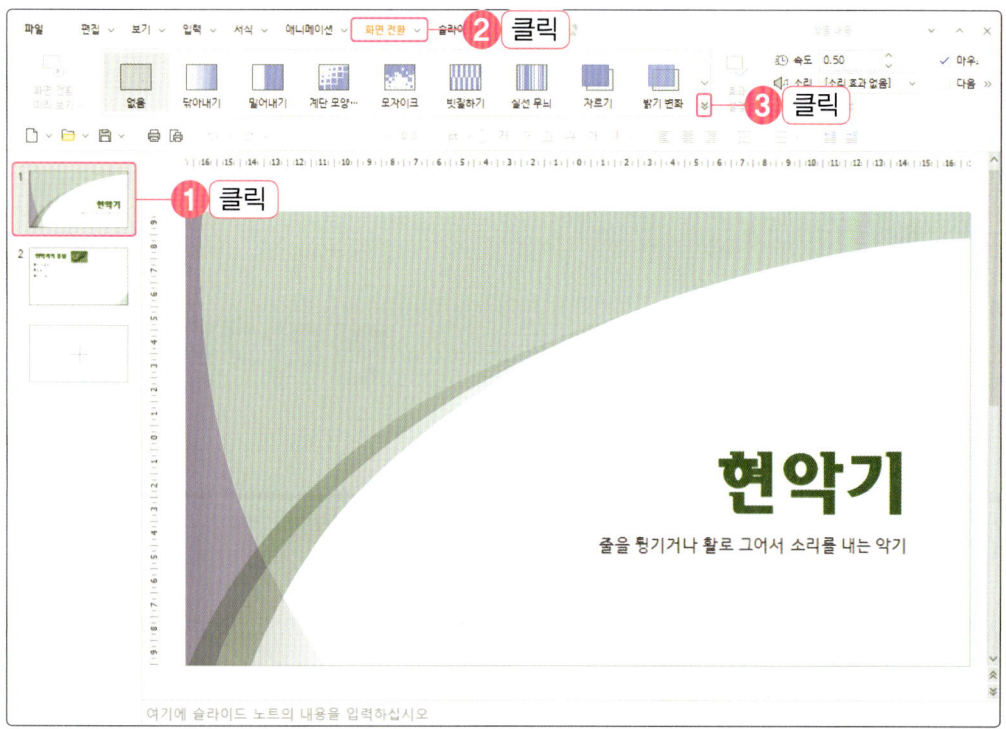

2 화면 전환 효과 목록이 나타나면 [확대/축소]를 클릭합니다.

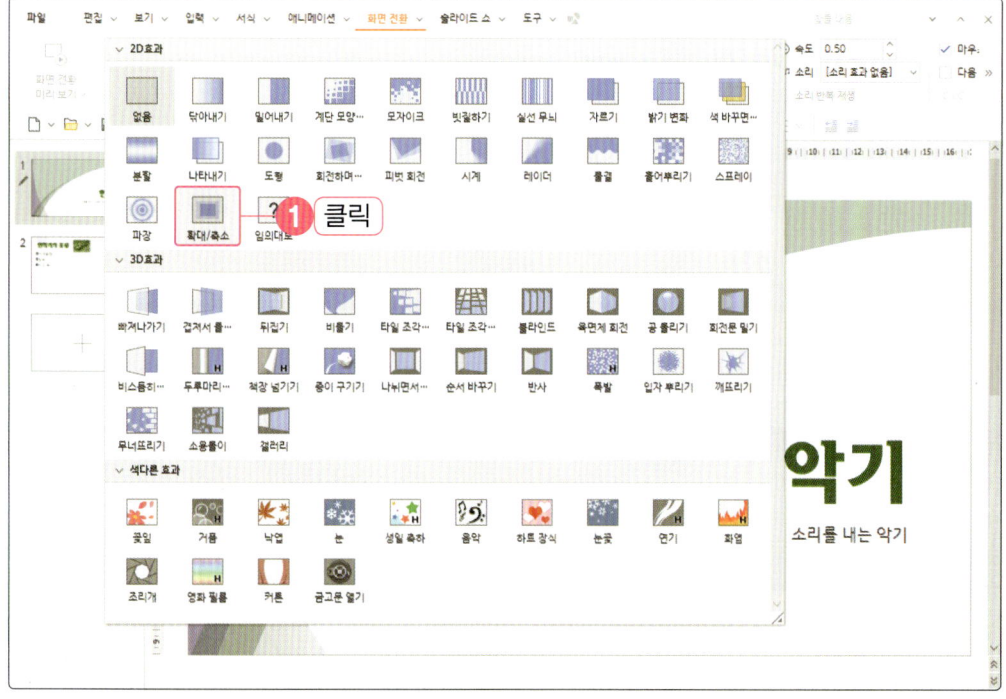

Chapter 19 – 화면 전환 효과 지정하고 슬라이드 쇼 시작하기

③ 1번 슬라이드에 화면 전환 효과가 지정되면 화면 전환 효과 옵션을 지정하기 위해 [화면 전환] 탭에서 [효과 설정]-[안쪽]을 클릭합니다.

화면 전환 효과를 지정하면 해당 슬라이드 번호 아래에 ◆[애니메이션 실행] 아이콘이 표시됩니다.

알아두면 실력튼튼

화면 전환 효과 옵션

다음과 같이 화면 전환 효과 옵션은 화면 전환 효과마다 다릅니다.

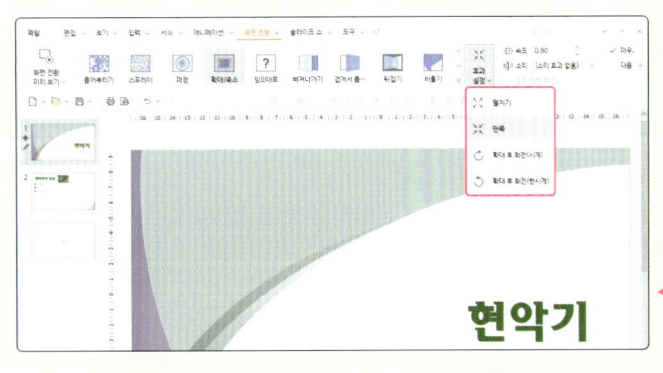

◀ 확대/축소(효과 설정)
펼치기, 안쪽, 확대 후 회전(시계), (반시계)

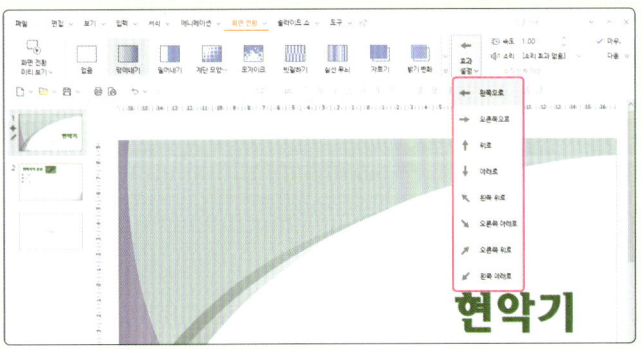

◀ 닦아내기(효과 설정)
왼쪽으로, 오른쪽으로, 위로, 아래로, 왼쪽 위로...

④ 속도를 지정하기 위해 [화면 전환] 탭에서 속도(2)를 입력한 후 모든 슬라이드에 화면 전환 효과를 지정하기 위해 [모두 적용]을 클릭합니다.

Tip
- 속도는 화면이 전환되는 시간을 말합니다.
- [소리]를 클릭하면 화면을 전환하는 동안 재생할 소리를 선택할 수 있습니다.

⑤ 다음과 같이 모든 슬라이드에 화면 전환 효과가 지정됩니다.

Tip
슬라이드 탭에서 화면 전환 효과가 지정된 슬라이드를 선택한 후 [화면 전환] 탭에서 [자세히] 단추를 클릭한 다음 [없음]을 클릭하면 지정된 화면 전환 효과를 제거할 수 있습니다.

화면 전환 효과 확인하기

슬라이드 탭에서 화면 전환 효과가 지정된 슬라이드를 선택한 후 [화면 전환] 탭에서 [효과 재생]을 클릭하거나 다음과 같이 ◆[애니메이션 실행] 아이콘을 클릭하면 지정된 화면 전환 효과를 확인할 수 있습니다.

THEME 02 슬라이드 쇼 시작하기

1 1번 슬라이드부터 슬라이드 쇼를 시작하기 위해 [슬라이드 쇼] 탭에서 [처음부터]를 클릭합니다.

Tip
- F5 를 눌러 슬라이드 쇼를 시작할 수도 있습니다.
- [슬라이드 쇼] 탭에서 [처음부터]를 클릭하거나 F5 를 누르면 1번 슬라이드부터 슬라이드 쇼를 시작하고, 슬라이드 탭에서 2번 슬라이드를 선택한 후 [슬라이드 쇼] 탭에서 [현재 슬라이드부터]를 클릭하거나 Shift + F5 를 누르면 2번 슬라이드부터 슬라이드 쇼를 시작합니다.

2 1번 슬라이드가 전체 화면으로 나타나면 다음 슬라이드로 이동하기 위해 슬라이드를 클릭합니다.

Chapter 19 - 화면 전환 효과 지정하고 슬라이드 쇼 시작하기

① 2번 슬라이드가 전체 화면으로 나타나면 슬라이드 쇼를 종료하기 위해 Esc 를 누릅니다.

② 슬라이드 쇼가 종료됩니다.

알아두면 실력튼튼

슬라이드 쇼에서 키보드로 슬라이드 이동하기

- 다음 슬라이드로 이동 : Enter , SpaceBar , PageDown , → , ↓
- 이전 슬라이드로 이동 : BackSpace , PageUp , ← , ↑

01 다음과 같이 '타악기' 파일을 연 후 모든 슬라이드에 화면 전환 효과를 지정해 보세요.

• 화면 전환 효과 지정 : 화면 전환 효과([순서 바꾸기]), 효과 설정(오른쪽으로), 속도(2), 모두 적용

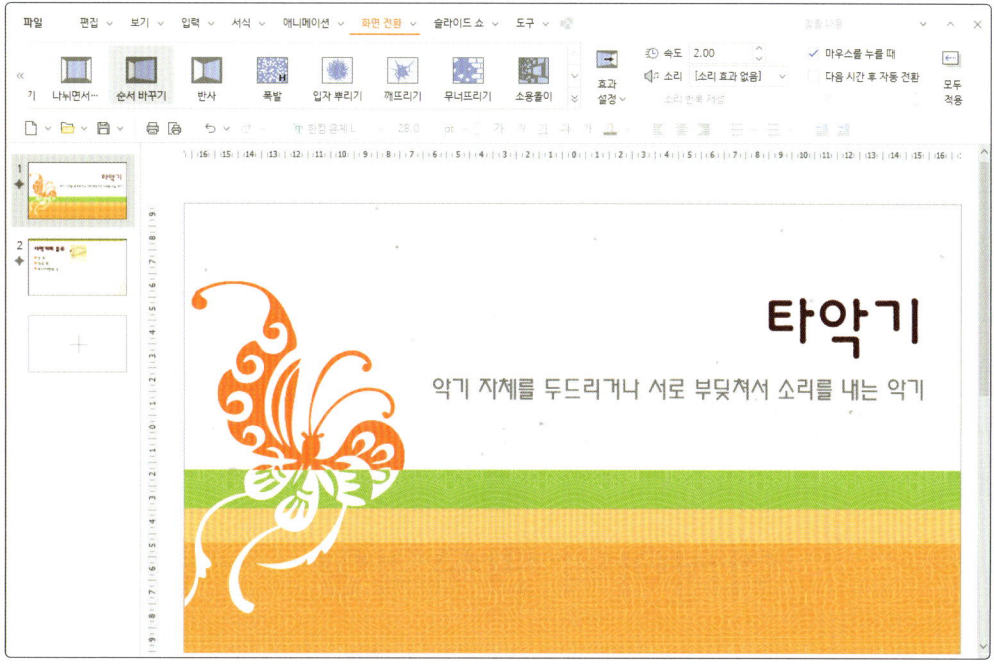

02 다음과 같이 1번 슬라이드부터 슬라이드 쇼를 시작해 보세요.

Hint
[슬라이드 쇼] 탭에서 [처음부터]를 클릭하면 1번 슬라이드부터 슬라이드 쇼를 시작할 수 있습니다.

Chapter 19 – 화면 전환 효과 지정하고 슬라이드 쇼 시작하기

Chapter 20 애니메이션 지정하기

학습 목표
- ◆ 애니메이션을 지정하는 방법에 대해 알아보겠습니다.
- ◆ 애니메이션을 추가하는 방법에 대해 알아보겠습니다.

애니메이션은 개체나 문단에 지정할 수 있는데요. 애니메이션을 너무 많이 지정하면 산만하여 내용을 이해할 수 없게 만들 수 있으므로 주의해야 합니다.

Preview

THEME 01 애니메이션 지정하기

1 '아시아의 민속의상' 파일을 연 후 첫 번째 도형을 선택한 다음 [애니메이션] 탭에서 [자세히] 단추를 클릭합니다.

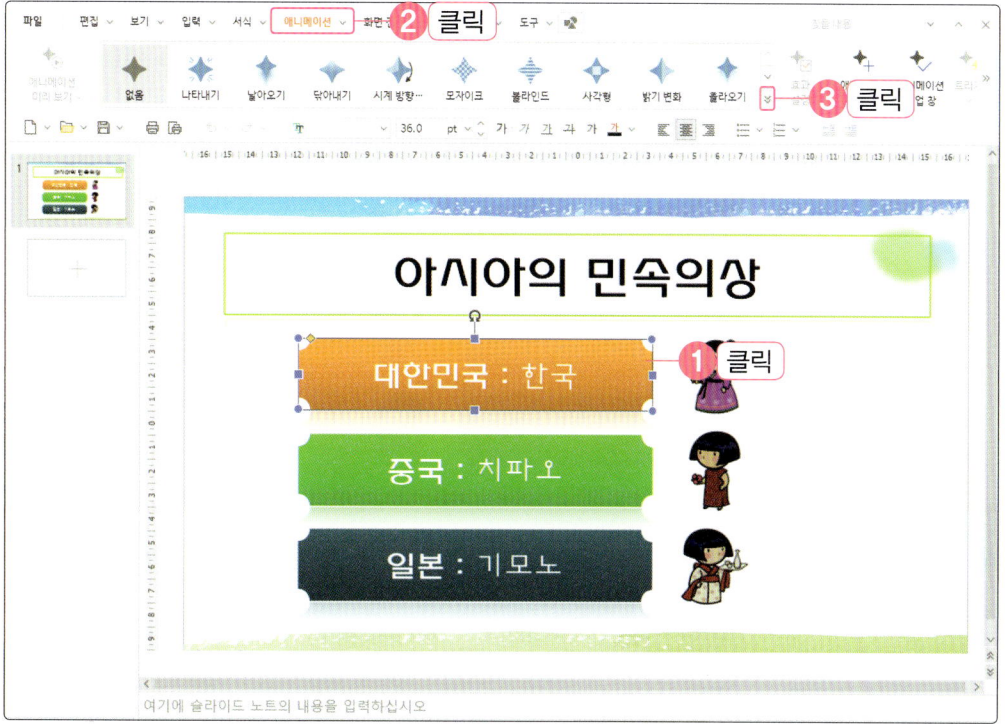

2 애니메이션 목록이 나타나면 [나타내기]-[올라오기]를 클릭합니다.

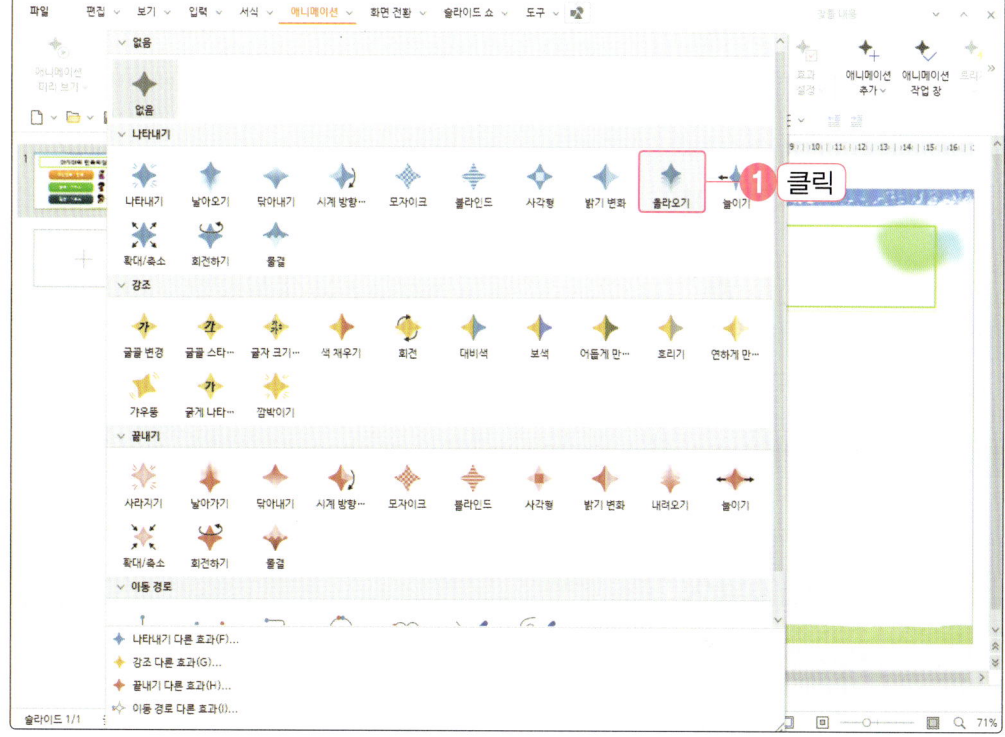

❸ 첫 번째 도형에 애니메이션이 지정되면 애니메이션 효과 옵션을 지정하기 위해 [애니메이션] 탭에서 [효과 설정]을 클릭한 후 [단어 단위로]를 클릭합니다.

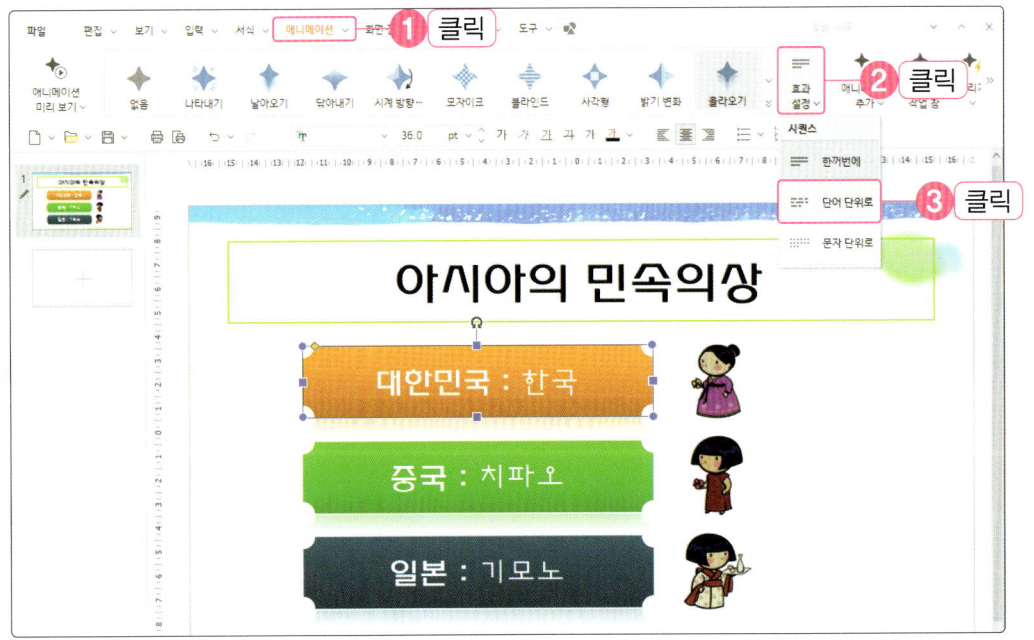

[애니메이션] 탭에서 [애니메이션 작업 창]을 클릭하면 화면 오른쪽에 작업 창이 표시되며, 애니메이션 작업 목록을 확인할 수 있습니다.

알아두면 실력튼튼

애니메이션 효과 설정

다음과 같이 애니메이션 효과 설정은 애니메이션마다 다릅니다.

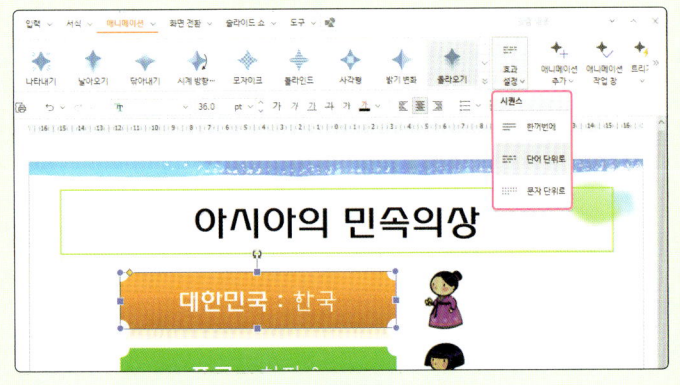

◀ 확대/축소(효과 설정)
　한꺼번에, 단어 단위로, 문자 단위로

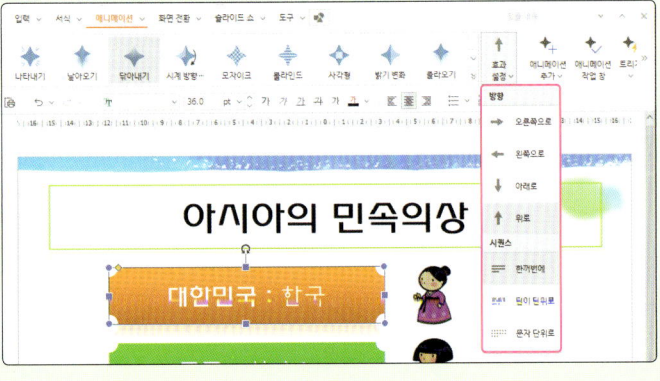

◀ 닦아내기(효과 설정)
　오른쪽으로, 왼쪽으로, 아래로, 위로...

④ 재생 시간과 지연을 지정하기 위해 [애니메이션] 탭에서 재생 시간(2)과 지연(1)을 입력합니다.

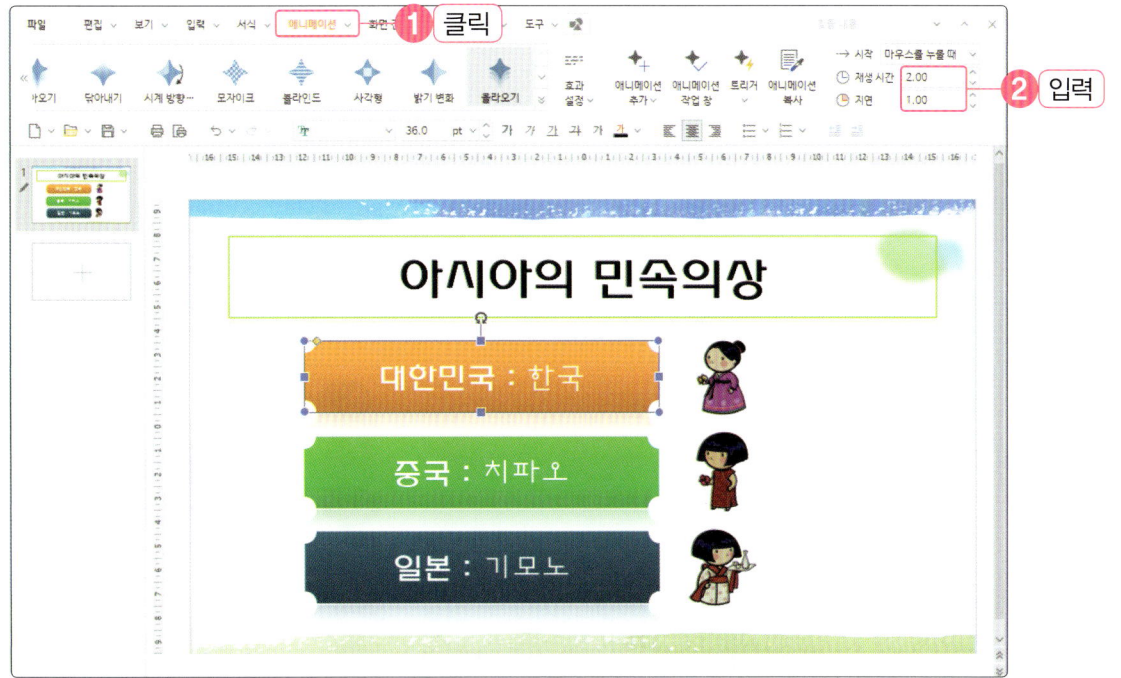

> **Tip**
> - 재생 시간은 애니메이션이 실행되는 시간을 말하고, 지연은 애니메이션이 실행되기 전에 대기하는 시간을 말합니다.
> - 애니메이션 번호를 선택한 후 [애니메이션] 탭에서 [자세히] 단추를 클릭한 다음 [없음]을 클릭하면 지정된 애니메이션을 제거할 수 있습니다.

⑤ 같은 방법으로 다음과 같이 두 번째 도형과 세 번째 도형에 애니메이션을 지정합니다.

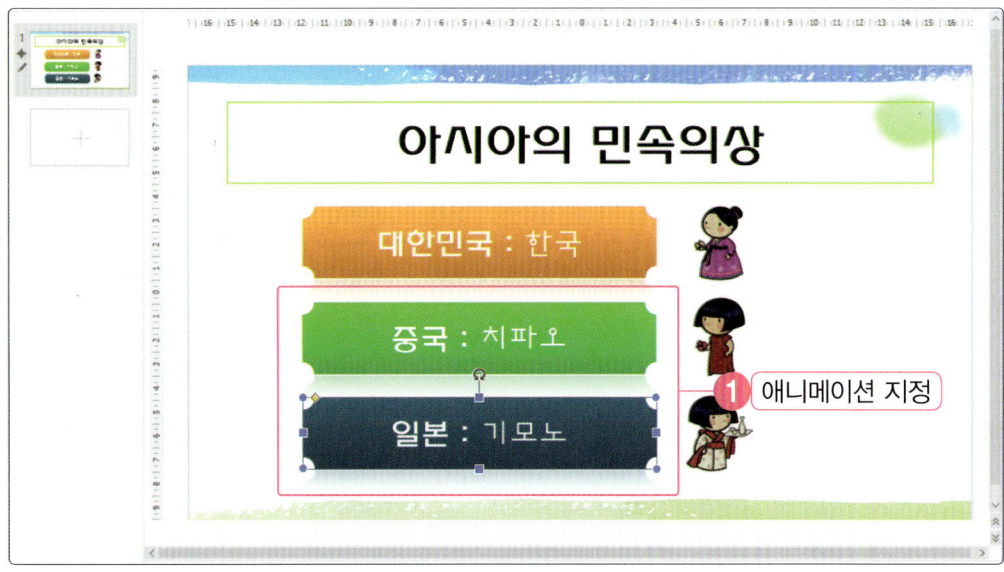

> **Tip**
> - 두 번째 도형 : 애니메이션 지정([나타내기]-[날아오기]), 효과 설정(오른쪽으로), 재생 시간(2), 지연(1)
> - 세 번째 도형 : 애니메이션 지정([나타내기]-[블라인드]), 효과 설정(세로), 재생 시간(2), 지연(1)

Chapter 20 – 애니메이션 지정하기

애니메이션 확인하기

슬라이드 탭에서 애니메이션이 지정된 개체나 문단이 있는 슬라이드를 선택한 후 [애니메이션] 탭에서 [효과 재생]을 클릭하거나 다음과 같이 ◆[애니메이션 실행] 아이콘을 클릭하면 지정된 애니메이션을 확인할 수 있는데요. 애니메이션을 지정하지 않은 개체나 문단은 애니메이션을 지정한 개체나 문단보다 먼저 나타납니다.

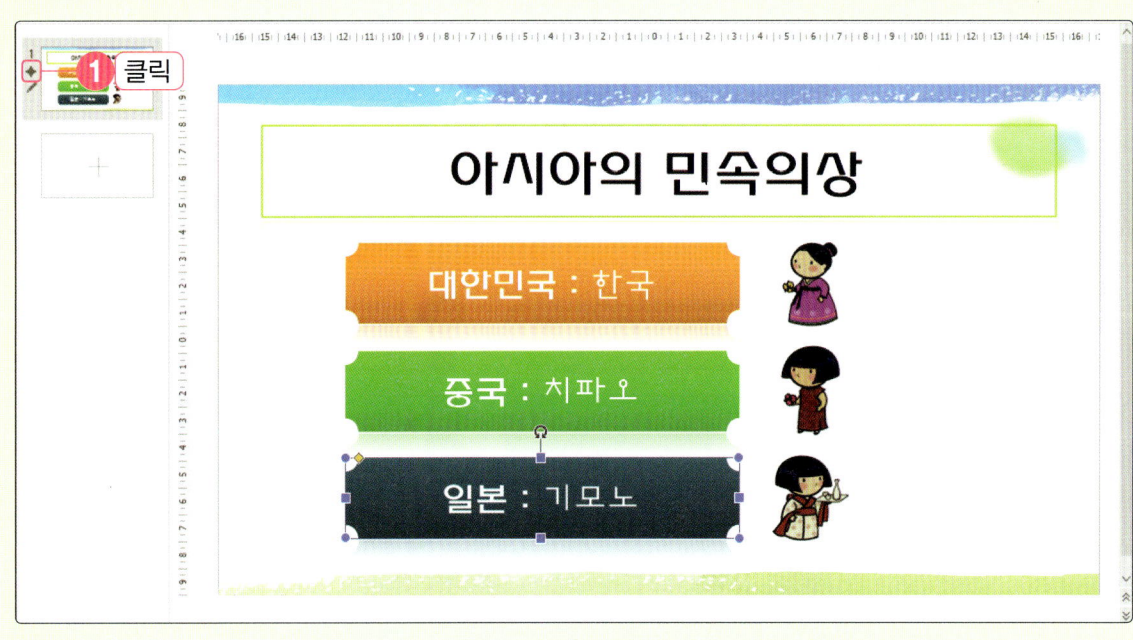

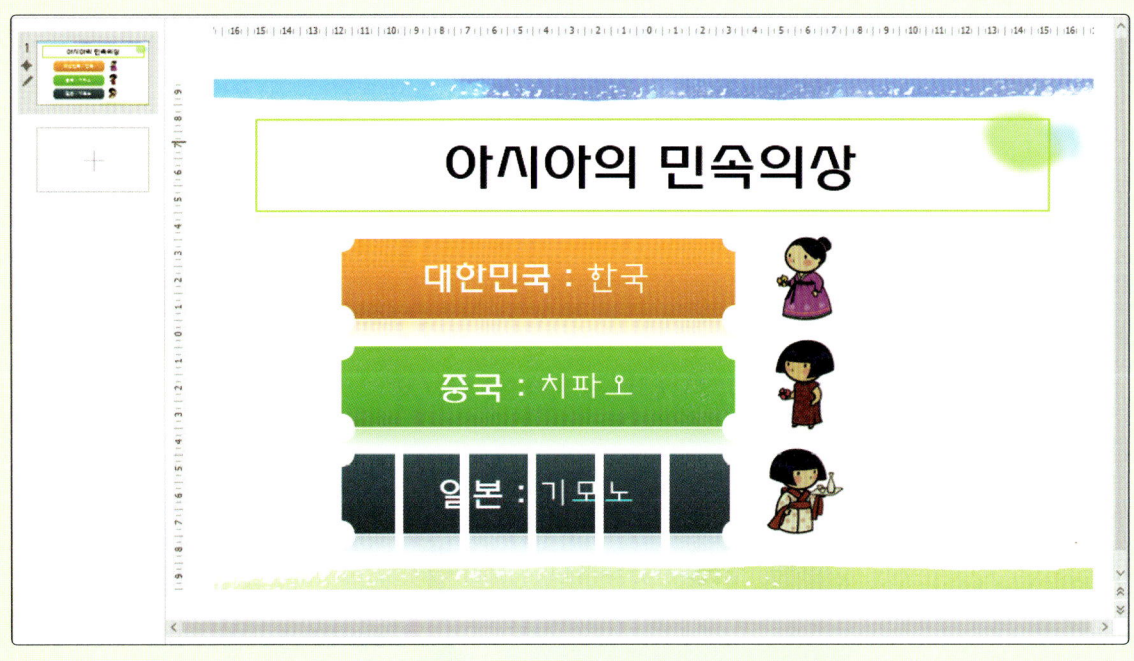

THEME 02 애니메이션 추가하기

1 [애니메이션] 탭에서 [애니메이션 작업 창]을 클릭하여 화면 오른쪽에 애니메이션 작업 창을 표시합니다.

2 첫 번째 도형을 선택한 후 [애니메이션] 탭에서 [애니메이션 추가]를 클릭한 다음 [나타내기 다른 효과]를 클릭합니다.

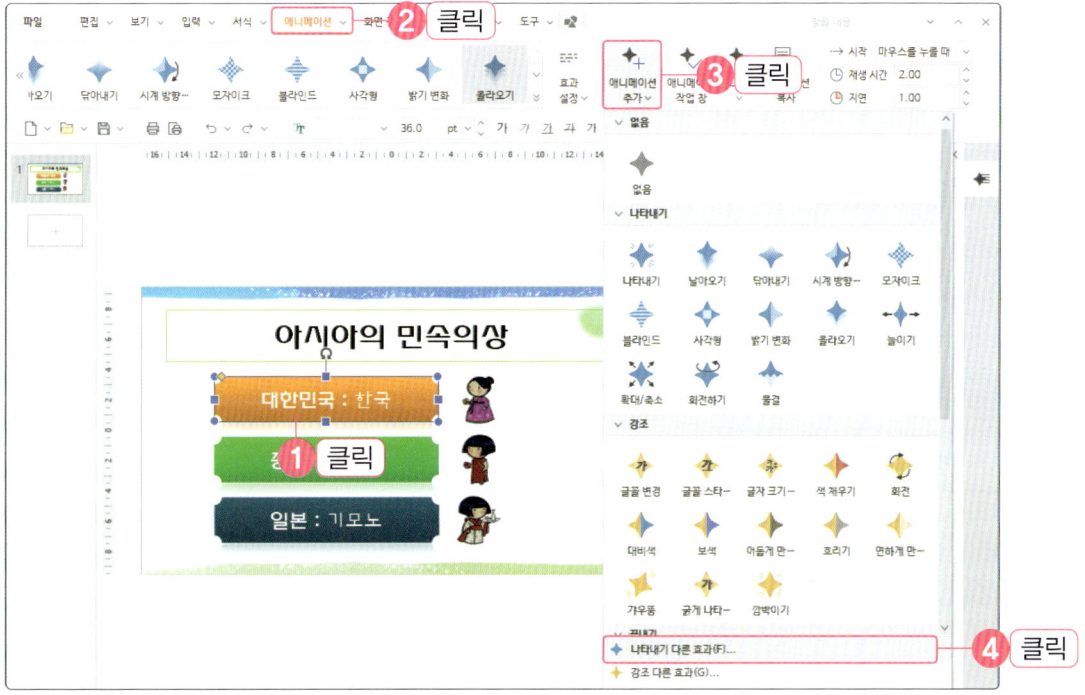

3 [나타내기 애니메이션 효과 추가] 대화상자가 나타나면 [온화한 효과]-[돌기]를 선택한 후 [적용] 단추를 클릭합니다.

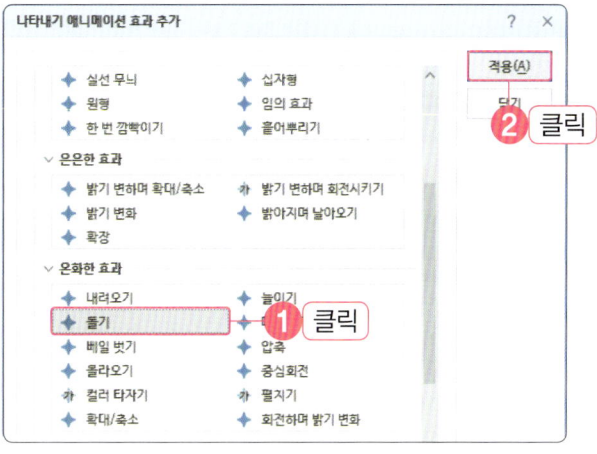

Chapter 20 - 애니메이션 지정하기 **131**

④ 같은 방법으로 다음과 같이 두 번째 도형과 세 번째 도형에 애니메이션을 추가합니다.

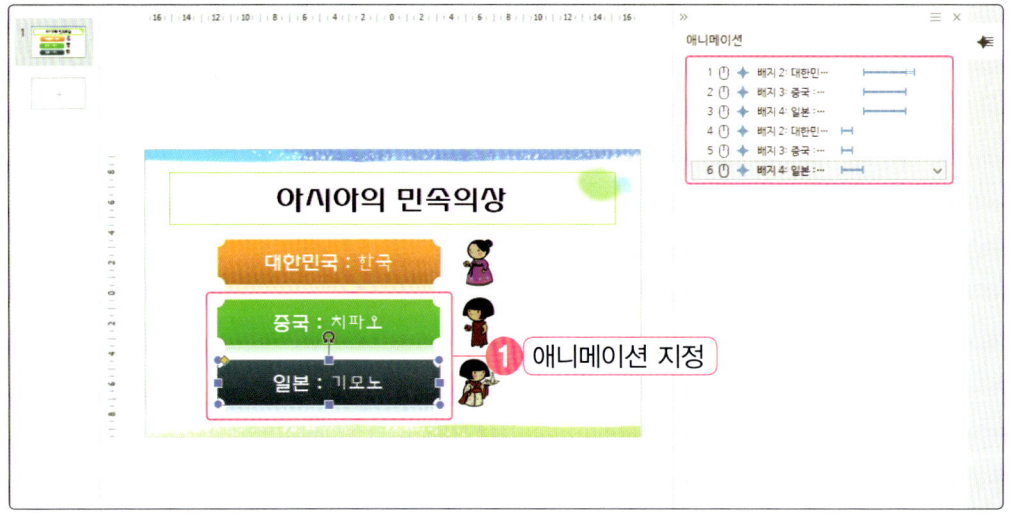

- 두 번째 도형 : 애니메이션 추가([나타내기 다른 효과]-[화려한 효과]-[물결])
- 세 번째 도형 : 애니메이션 추가([나타내기 다른 효과]-[온화한 효과]-[떠오르기])

애니메이션이 실행되는 순서 바꾸기

[애니메이션] 작업 창에서 번호를 선택한 후 순서 조정의 [위로]를 클릭하면 선택한 애니메이션을 지금보다 일찍 실행할 수 있고, [아래]를 클릭하면 선택한 애니메이션을 지금보다 늦게 실행할 수 있습니다.

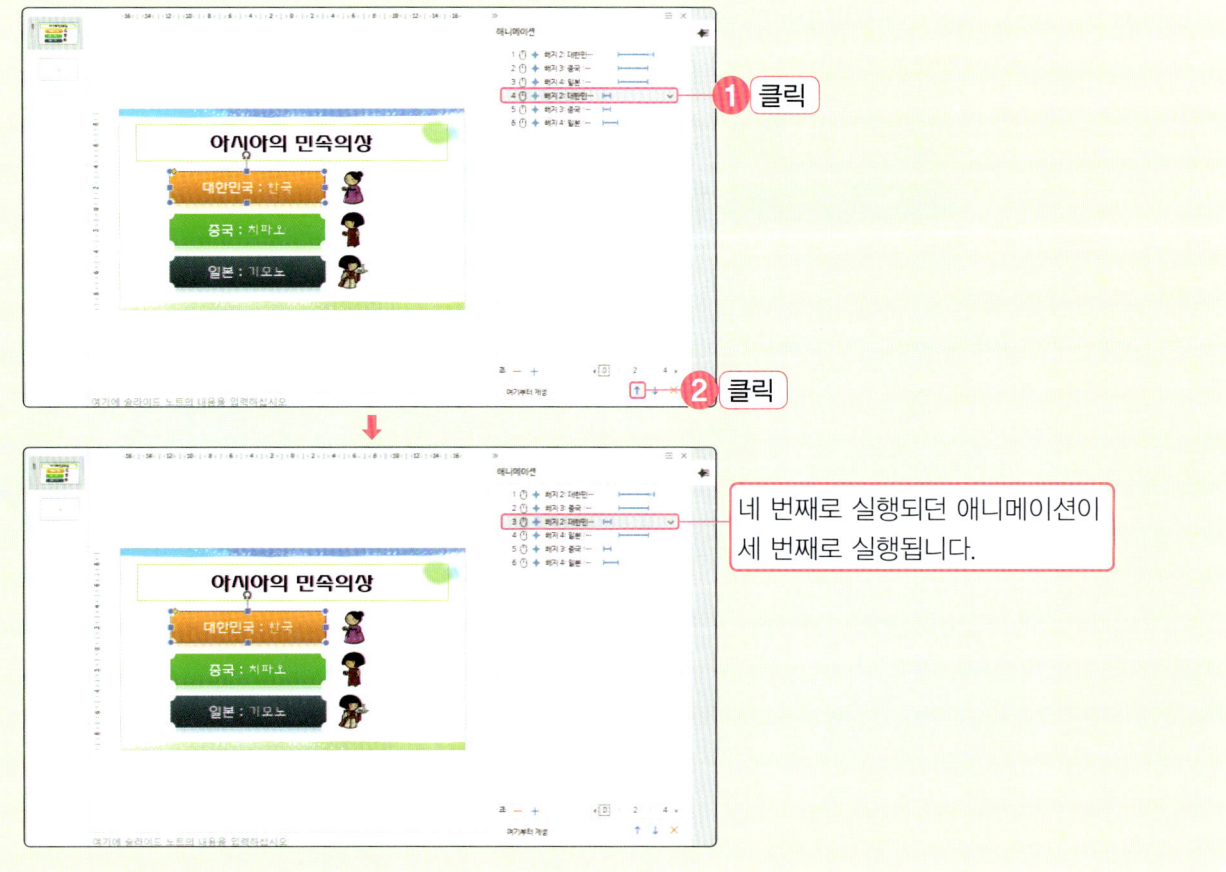

01 다음과 같이 '유럽의 민속의상' 파일을 연 후 도형에 애니메이션을 지정해 보세요.

• 첫 번째 도형/두 번째 도형/세 번째 도형 : 애니메이션 지정([강조]-[회전]), 재생 시간(3), 지연(1)

02 다음과 같이 도형에 애니메이션을 추가해 보세요.

• 첫 번째 도형/두 번째 도형/세 번째 도형 : 애니메이션 추가([강조 애니메이션 효과 추가]-[온화한 효과]-[올록볼록])

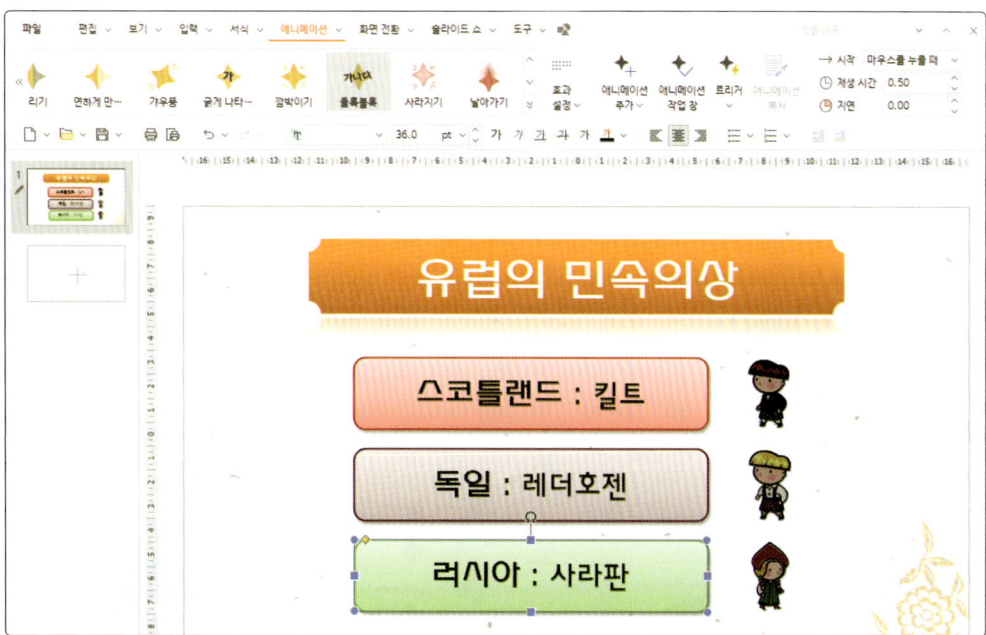

03 도형에 지정된 애니메이션을 확인해 보세요.

Chapter 21 하이퍼링크와 실행 단추 삽입하기

- ◆ 하이퍼링크를 삽입하는 방법에 대해 알아보겠습니다.
- ◆ 실행 단추를 삽입하는 방법에 대해 알아보겠습니다.

하이퍼링크와 실행 단추는 슬라이드 쇼를 진행하다가 다른 슬라이드로 바로 이동할 수 있는 기능인데요. 하이퍼링크와 실행 단추를 삽입하면 슬라이드 쇼를 매끄럽게 진행하여 효과적인 프레젠테이션을 할 수 있습니다.

Preview

경기도 소재 국립박물관

- 지도박물관
- 철도박물관

THEME 01 하이퍼링크 삽입하기

1 '경기도 소재 국립박물관' 파일을 연 후 슬라이드 탭에서 1번 슬라이드를 선택한 다음 '지도박물관'을 드래그하여 선택하고 [입력] 탭에서 [하이퍼링크]를 클릭합니다.

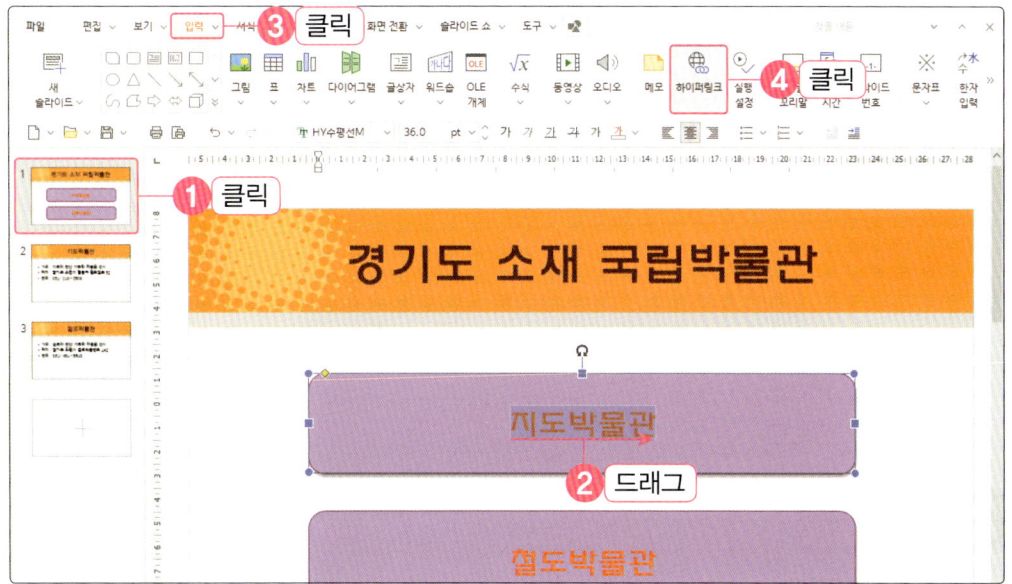

2 [하이퍼링크] 대화상자가 나타나면 연결 대상(현재 문서)을 선택한 후 슬라이드 제목(2. 지도박물관)를 선택한 다음 [넣기] 단추를 클릭합니다.

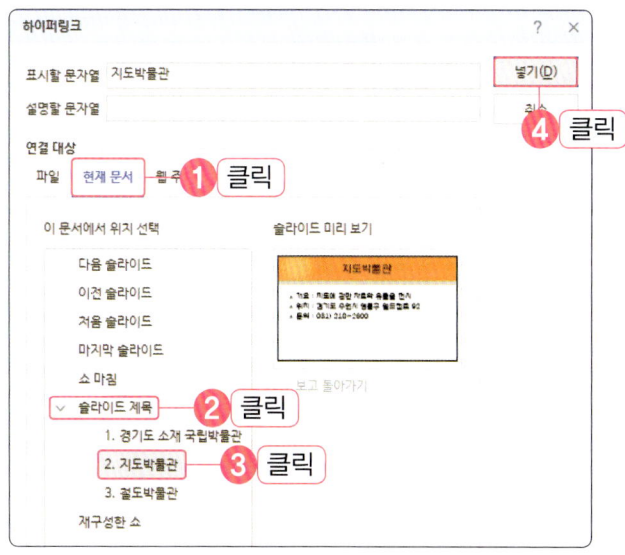

3 같은 방법으로 다음과 같이 1번 슬라이드의 '철도박물관'에 하이퍼링크를 삽입합니다.

1번 슬라이드의 '철도박물관': 하이퍼링크 삽입(연결 대상(현재 문서), 슬라이드 제목(3. 철도박물관))

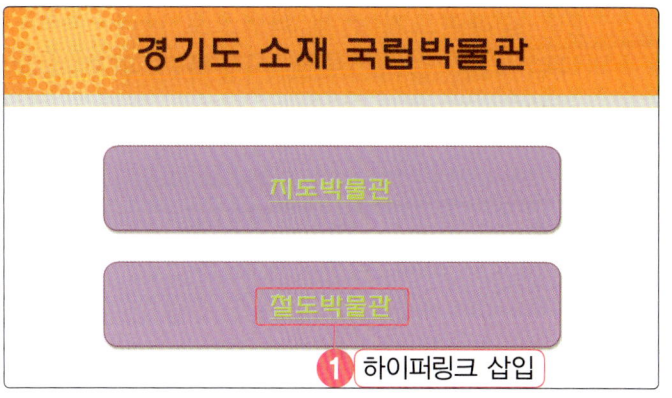

④ 1번 슬라이드부터 슬라이드 쇼를 시작하기 위해 [슬라이드 쇼] 탭에서 [처음부터]를 클릭합니다.

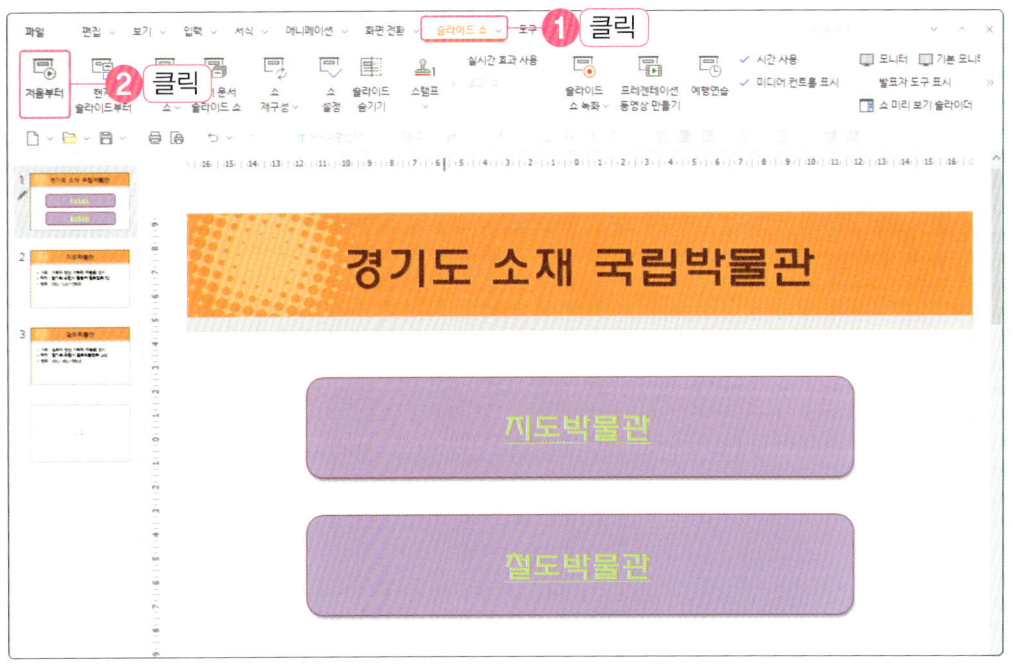

⑤ 1번 슬라이드가 전체 화면으로 나타나면 '지도박물관'을 클릭합니다.

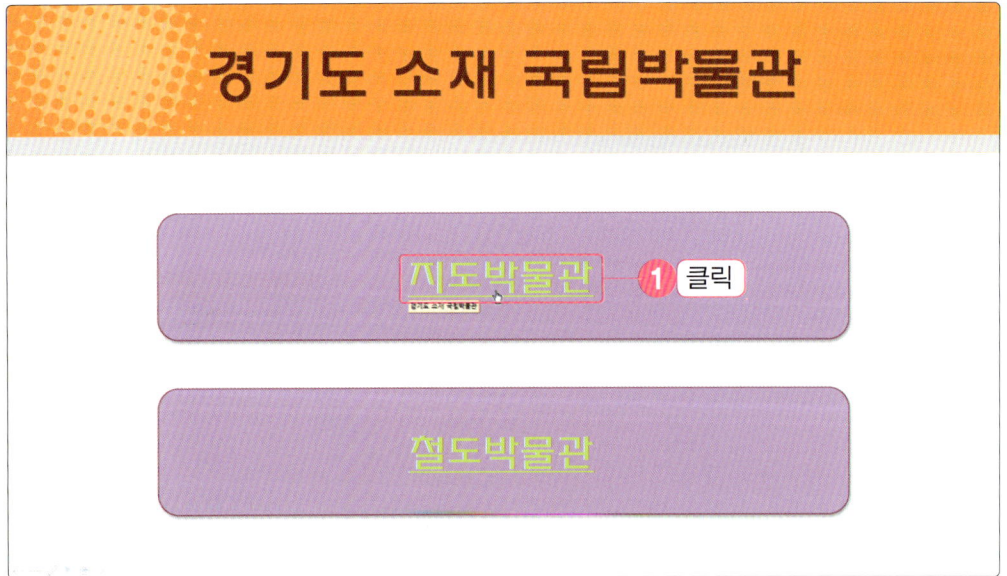

⑥ 2번 슬라이드가 전체 화면으로 나타나면 이전 슬라이드로 이동하기 위해 BackSpace 를 누릅니다.

Tip
1번 슬라이드의 '지도박물관'에 2번 슬라이드로 이동하는 하이퍼링크가 삽입되어 있기 때문에 2번 슬라이드가 전체 화면으로 나타납니다.

❼ 1번 슬라이드가 전체 화면으로 나타나면 '철도박물관'을 클릭합니다.

❽ 3번 슬라이드가 전체 화면으로 나타나면 슬라이드 쇼를 종료하기 위해 Esc를 누릅니다.

Tip
1번 슬라이드의 '철도박물관'에 3번 슬라이드로 이동하는 하이퍼링크가 삽입되어 있기 때문에 3번 슬라이드가 전체 화면으로 나타납니다.

❾ 슬라이드 쇼가 종료됩니다.

하이퍼링크 지우기

하이퍼링크가 삽입되어 있는 텍스트를 드래그하여 선택한 후 바로 가기 메뉴에서 [하이퍼링크 삭제]를 클릭하면 하이퍼링크를 제거할 수 있습니다.

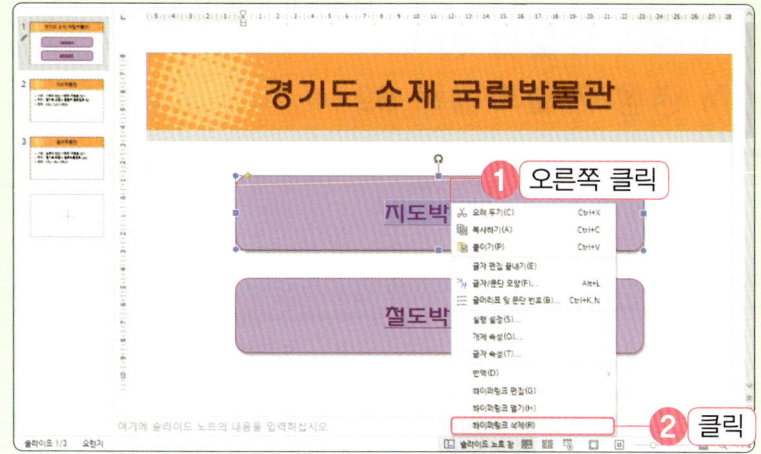

THEME 02 실행 단추 삽입하기

1 슬라이드 탭에서 2번 슬라이드를 선택한 후 [입력] 탭에서 [자세히]를 클릭한 다음 [실행 단추: 홈]을 클릭합니다.

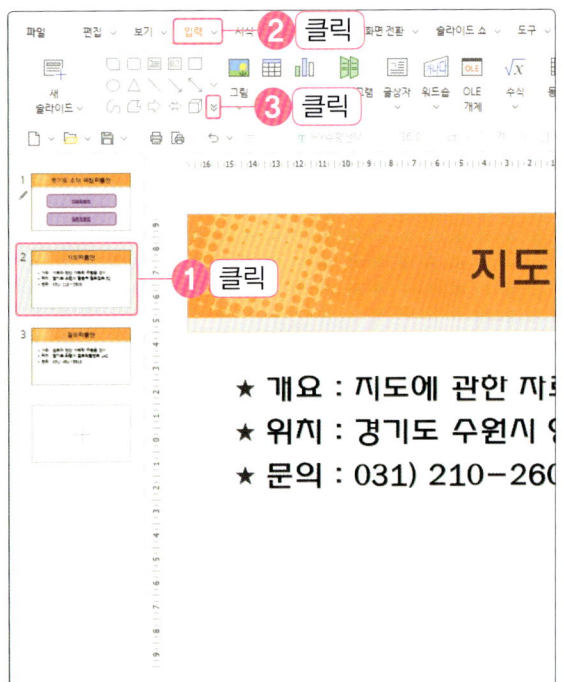
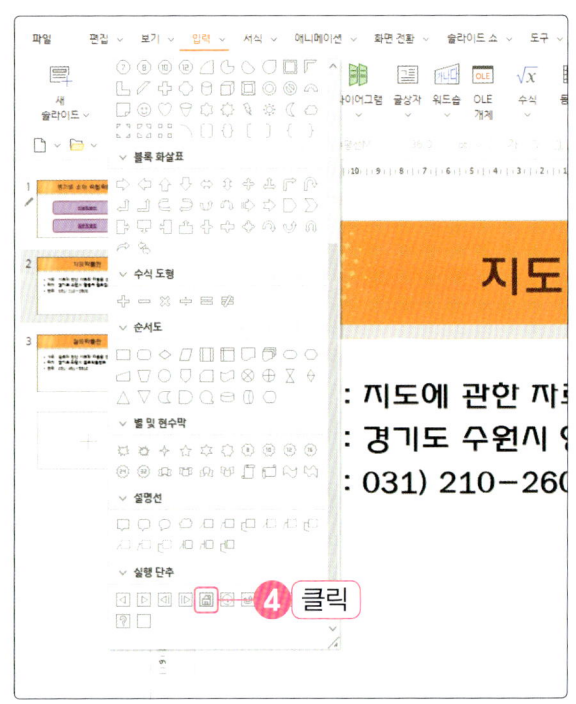

Tip 실행 단추는 슬라이드를 이동할 수 있는 하이퍼링크(이전 슬라이드, 다음 슬라이드, 첫째 슬라이드, 마지막 슬라이드 등)가 삽입되어 있는 단추 도형입니다.

2 마우스 포인터가 + 모양으로 변경되면 다음과 같이 드래그하여 실행 단추를 그립니다.

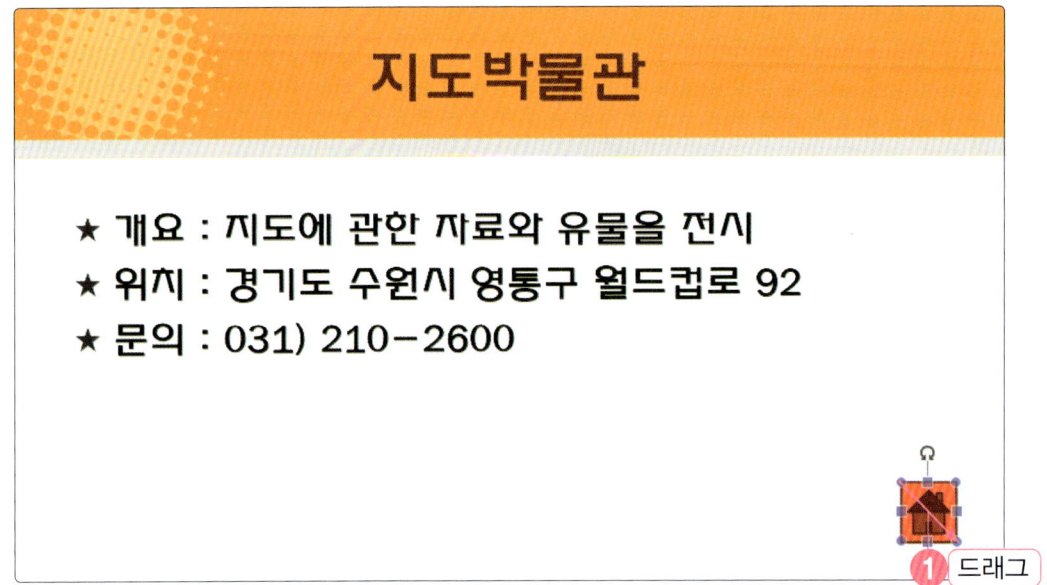

❸ [실행 설정] 대화상자가 나타나면 하이퍼링크가 '처음 슬라이드'로 선택되어 있는 것을 확인한 후 [넣기] 단추를 클릭합니다.

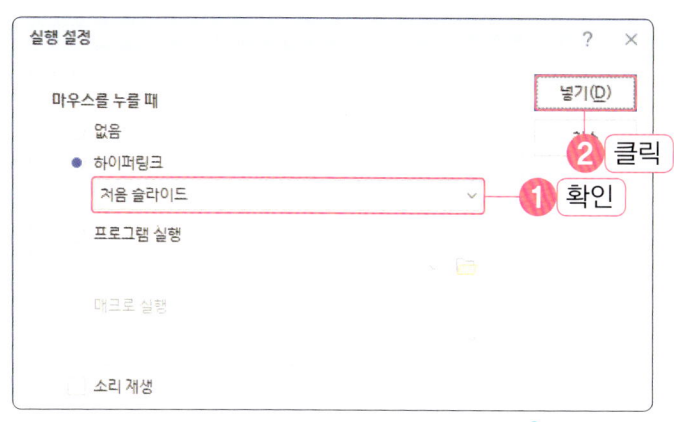

Tip
- [실행 설정] 대화상자는 실행 단추를 삽입하자마자 나타납니다.
- [실행 단추: 홈]에는 기본적으로 첫째 슬라이드(1번 슬라이드)로 이동하는 하이퍼링크가 삽입되어 있습니다.

❹ 같은 방법으로 다음과 같이 3번 슬라이드에 실행 단추를 삽입합니다.

Tip
슬라이드의 🏠을 선택한 후 [입력] 탭에서 [하이퍼링크]를 클릭하면 슬라이드의 🏠에 삽입되어 있는 하이퍼링크를 수정할 수 있습니다.

알아두면 실력튼튼

실행 단추에 기본적으로 삽입되어 있는 하이퍼링크
- ◁[실행 단추: 뒤로 또는 이전] : 이전 슬라이드
- ▷[실행 단추: 앞으로 또는 다음] : 다음 슬라이드
- ◁|[실행 단추: 시작] : 처음 슬라이드
- |▷[실행 단추: 끝] : 마지막 슬라이드
- 🏠[실행 단추: 홈] : 처음 슬라이드

⑤ 1번 슬라이드부터 슬라이드 쇼를 시작하기 위해 [슬라이드 쇼] 탭에서 [처음부터]를 클릭합니다.

⑥ 1번 슬라이드가 전체 화면으로 나타나면 '지도박물관'을 클릭합니다.

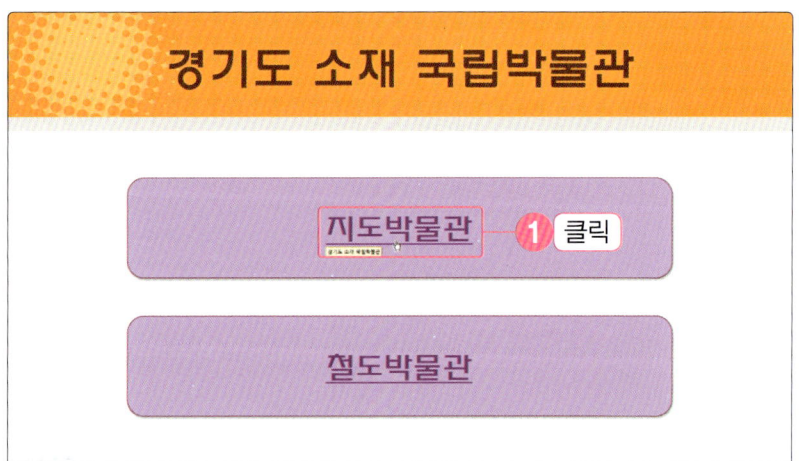

⑦ 2번 슬라이드가 전체 화면으로 나타나면 1번 슬라이드로 이동하기 위해 🏠를 클릭합니다.

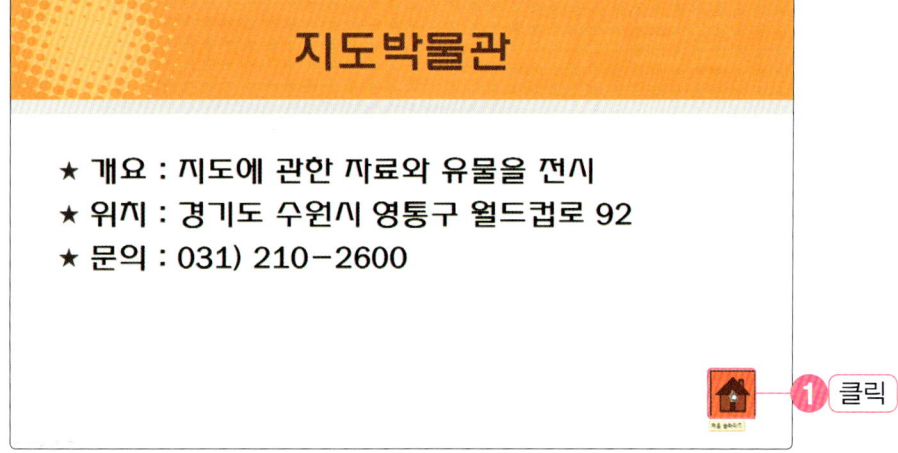

⑧ 1번 슬라이드가 전체 화면으로 나타나면 슬라이드 쇼를 종료하기 위해 Esc를 누릅니다.

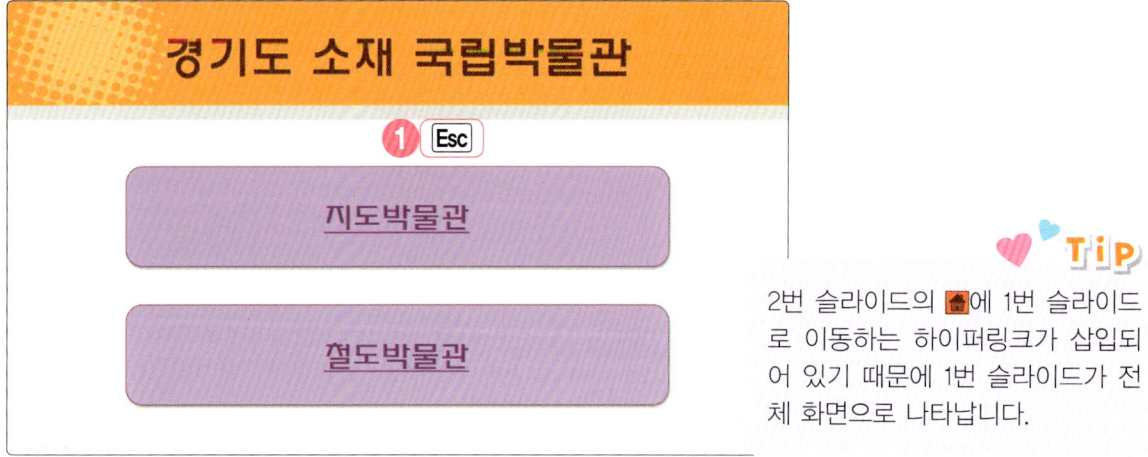

Tip 2번 슬라이드의 🏠에 1번 슬라이드로 이동하는 하이퍼링크가 삽입되어 있기 때문에 1번 슬라이드가 전체 화면으로 나타납니다.

⑨ 슬라이드 쇼가 종료됩니다.

01 다음과 같이 '광역시 소재 국립박물관' 파일을 연 후 하이퍼링크와 실행 단추를 삽입해 보세요.

- 1번 슬라이드의 '국립광주박물관' : 하이퍼링크 삽입(연결 대상(현재 문서), 이 문서에서 위치(2. 국립광주박물관))
- 1번 슬라이드의 '국립대구박물관' : 하이퍼링크 삽입(연결 대상(현재 문서), 이 문서에서 위치(3. 국립대구박물관))
- 2번 슬라이드/3번 슬라이드 : 실행 단추 삽입(🏠[실행 단추: 홈])

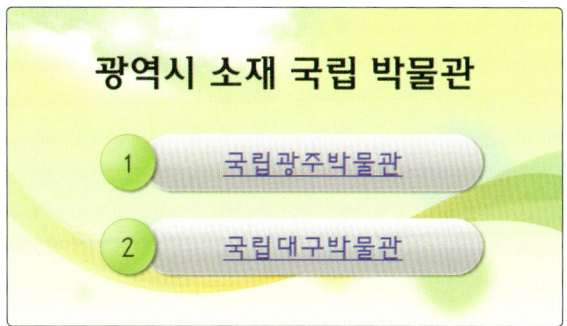

▲ 1번 슬라이드

▲ 2번 슬라이드

▲ 3번 슬라이드

02 1번 슬라이드부터 슬라이드 쇼를 시작하여 삽입한 하이퍼링크와 실행 단추를 확인해 보세요.

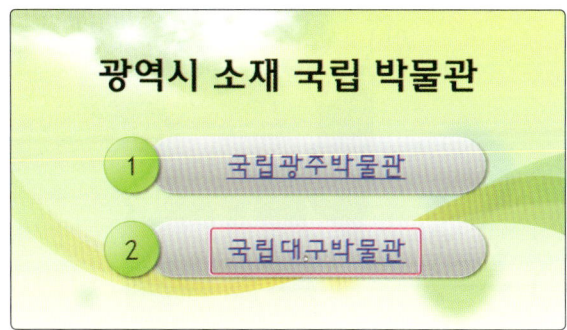

▲ 1번 슬라이드

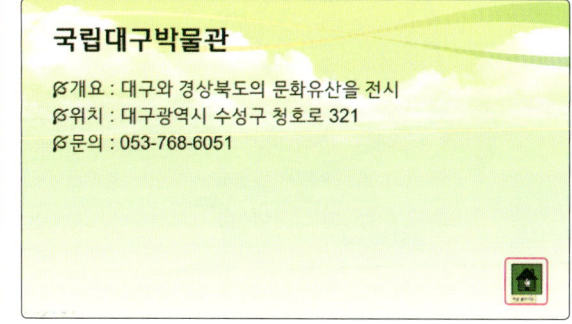

▲ 3번 슬라이드

Chapter 21 - 하이퍼링크와 실행 단추 삽입하기

Chapter 22
슬라이드 숨기고 슬라이드 쇼 재구성하기

학습목표
◆ 슬라이드를 숨기는 방법에 대해 알아보겠습니다.
◆ 슬라이드 쇼를 재구성하는 방법에 대해 알아보겠습니다.

프레젠테이션을 만든 후 슬라이드 쇼를 진행하다 보면 필요 없는 슬라이드가 있을 수 있는데요. 이런 경우, 필요 없는 슬라이드를 숨기거나 슬라이드 쇼를 재구성하면 필요 없는 슬라이드가 나타나지 않게 할 수 있습니다.

Preview

THEME 01 슬라이드 숨기기

1 '우리나라의 국보' 파일을 연 후 슬라이드를 숨기기 위해 슬라이드 탭에서 2번 슬라이드를 선택한 다음 [슬라이드 쇼] 탭에서 [슬라이드 숨기기]를 선택합니다.

[슬라이드 숨기기]는 클릭하면 선택되고, 다시 클릭하면 선택 해제됩니다.

2 슬라이드가 숨겨지면 1번 슬라이드부터 슬라이드 쇼를 시작하기 위해 [슬라이드 쇼] 탭에서 [처음부터]를 클릭합니다.

③ 1번 슬라이드가 전체 화면으로 나타나면 다음 슬라이드로 이동하기 위해 슬라이드를 클릭합니다.

④ 3번 슬라이드가 전체 화면으로 나타나면 슬라이드 쇼를 종료하기 위해 Esc를 누릅니다.

> **Tip**
> 2번 슬라이드가 숨겨져 있기 때문에 3번 슬라이드가 전체 화면으로 나타납니다.

⑤ 슬라이드 쇼가 종료되면 숨긴 슬라이드를 다시 표시하기 위해 슬라이드 탭에서 2번 슬라이드를 선택한 후 [슬라이드 쇼] 탭에서 [슬라이드 숨기기]를 선택 해제합니다.

THEME 02 슬라이드 쇼 재구성하기

① [슬라이드 쇼] 탭에서 [쇼 재구성]을 클릭한 후 [쇼 재구성]을 클릭합니다.

② [쇼 재구성] 대화상자가 나타나면 +[새로 만들기] 단추를 클릭합니다.

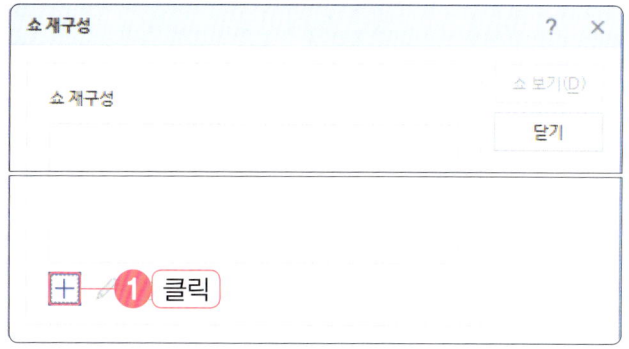

③ [쇼 만들기] 대화상자가 나타나면 슬라이드 쇼 이름(국보 제5호와 국보 제6호)을 입력한 후 프레젠테이션에 있는 슬라이드에서 1번 슬라이드와 4번 슬라이드를 선택한 다음 ▶[목록에 추가하기] 단추를 클릭합니다. 그런 다음 1번 슬라이드와 4번 슬라이드가 재구성한 쇼에 있는 슬라이드에 추가되면 [확인] 단추를 클릭합니다.

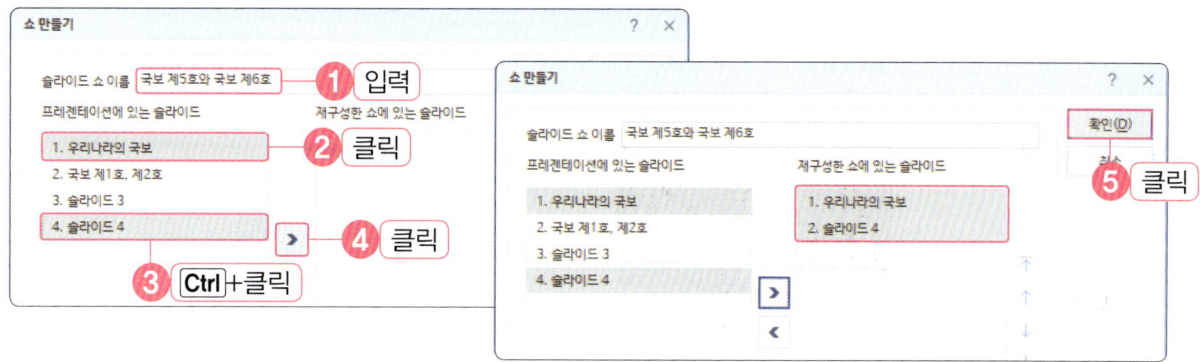

④ [쇼 재구성] 대화상자가 다시 나타나면 [쇼 보기] 단추를 클릭합니다.

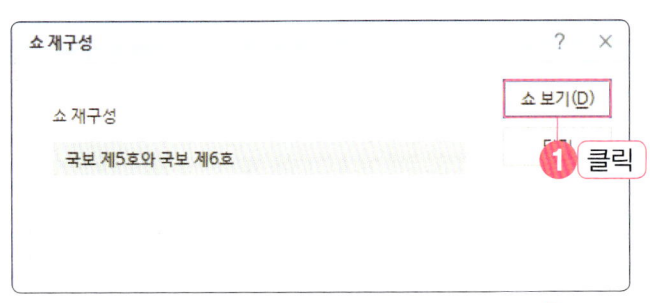

> **Tip**
> 재구성한 쇼를 선택 후 ✏[편집하기] 단추를 클릭하면 재구성한 쇼를 수정할 수 있고, 📋[복제하기]를 클릭하면 재구성 파일을 복제할 수 있으며, ×[지우기] 단추를 클릭하면 재구성한 쇼를 제거할 수 있습니다.

⑤ 1번 슬라이드가 전체 화면으로 나타나면 다음 슬라이드로 이동하기 위해 슬라이드를 클릭합니다.

⑥ 2번 슬라이드가 전체 화면으로 나타나면 슬라이드 쇼를 종료하기 위해 Esc를 누릅니다.

> **Tip**
> 재구성한 쇼에 있는 슬라이드만 전체 화면으로 나타나는 것을 확인할 수 있습니다.

⑦ 슬라이드 쇼가 종료됩니다.

알아두면 실력튼튼

재구성한 쇼 보기

재구성한 쇼는 [쇼 재구성] 대화상자에서 재구성한 쇼를 선택한 후 [쇼 보기] 단추를 클릭하면 볼 수 있지만 다음과 같이 [슬라이드 쇼] 탭에서 [쇼 재구성]을 클릭한 후 재구성한 쇼(국보 제5호와 국보 제6호)를 클릭하여 볼 수도 있습니다.

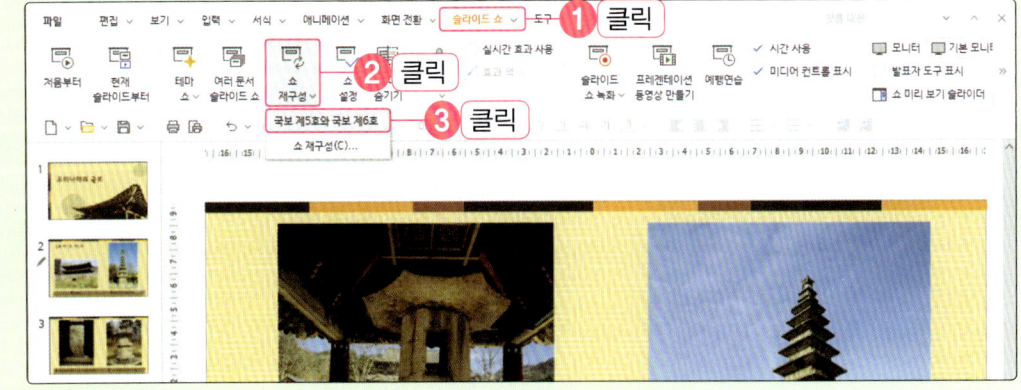

01 다음과 같이 '우리나라의 보물' 파일을 연 후 3번 슬라이드를 숨겨 보세요.

02 1번 슬라이드부터 슬라이드 쇼를 시작하여 숨긴 슬라이드가 전체 화면으로 나타나지 않는 것을 확인한 후 숨긴 슬라이드를 다시 표시해 보세요.

03 다음과 같이 슬라이드 쇼를 재구성해 보세요.

- 슬라이드 쇼 이름 : 보물 제1호와 보물 제2호
- 재구성한 쇼에 있는 슬라이드 : 1번 슬라이드/2번 슬라이드

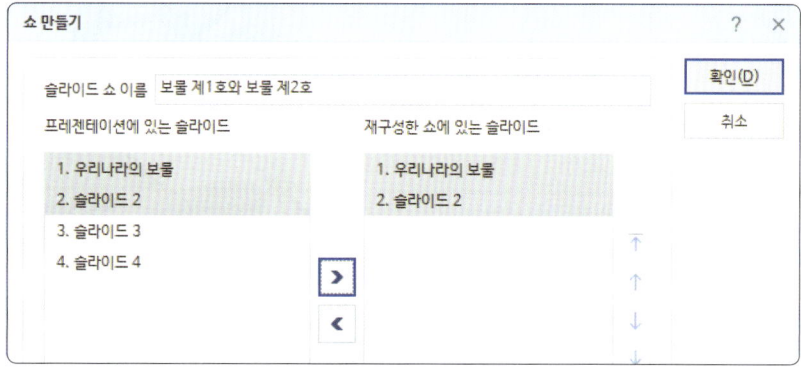

04 재구성한 쇼를 실행해 보세요.

> **Hint**
> [슬라이드 쇼] 탭에서 [쇼 재구성]을 클릭한 후 [보물 제1호와 보물 제2호]를 클릭하면 재구성한 쇼를 볼 수 있습니다.

Chapter 23

슬라이드 쇼 진행하고 예행연습하기

학습목표
- ◆ 슬라이드 쇼를 진행하는 방법에 대해 알아보겠습니다.
- ◆ 예행연습을 하는 방법에 대해 알아보겠습니다.

예행연습은 슬라이드 쇼를 매끄럽게 진행하기 위해 미리 슬라이드 쇼를 진행해 볼 수 있는 기능인데요. 슬라이드 쇼를 진행할 때 필요한 기능을 익히고 예행연습을 충분히 한다면 훌륭한 프레젠테이션을 할 수 있을 것입니다.

Preview

세종대왕은 조선의 제4대 왕(재위 기간 1418~1450)으로 이름은 이도입니다. 세종대왕은 궁중에 집현전을 설치하여 학문을 연구하도록 하였고, 앙부일구(해시계)와 자격루(물시계) 등의 과학 기구를 만들도록 하였습니다. 또한 여진족을 몰아내고 4군과 6진(군사 시설)을 설치하도록 하여 국토를 확장하였고, 왜구의 소굴인 쓰시마 섬(대마도)을 정벌하도록 하여 나라를 안정시켰습니다. 그리고 세상에서 가장 독창적이고 과학적인 한글(훈민정음)을 창제하여 백성이 쉽게 글자를 사용할 수 있도록 하였습니다.

세종대왕

THEME 01 슬라이드 쇼 진행하기

1 '우리나라의 위인' 파일을 연 후 [슬라이드 쇼] 탭에서 [처음부터]를 클릭합니다.

2 1번 슬라이드가 전체 화면으로 나타나면 3번 슬라이드로 이동하기 위해 ③을 누른 후 Enter를 누릅니다.

> **Tip**
> 슬라이드 번호를 누른 후 Enter를 누르면 해당 슬라이드로 바로 이동할 수 있습니다.

❸ 3번 슬라이드가 전체 화면으로 나타나면 형광펜으로 주요 내용을 표시하기 위해 슬라이드의 바로 가기 메뉴에서 [펜 설정]-[형광펜]을 클릭합니다.

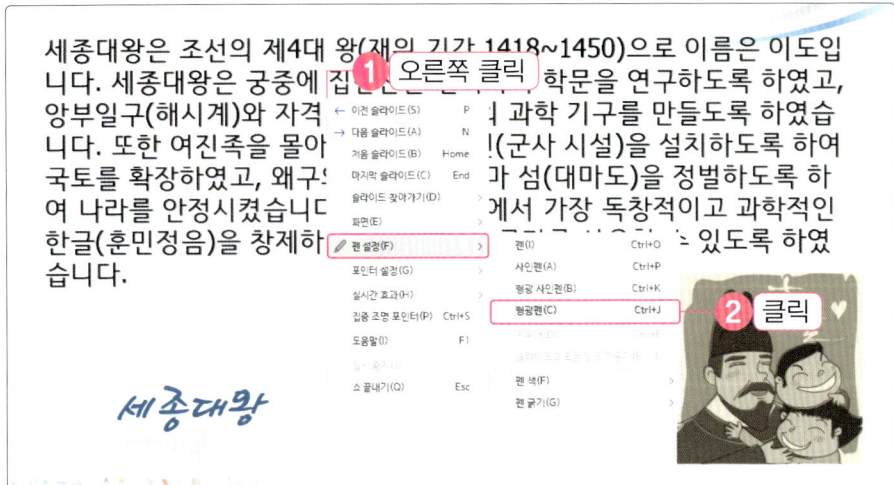

알아두면 실력튼튼

포인터 옵션

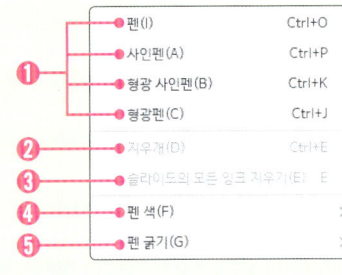

❶ 펜/사인펜/형광 사인펜/형광펜 : 주요 내용을 펜/사인펜/형광 사인펜/형광펜으로 표시할 수 있습니다.
❷ 지우개 : 지우개 모양으로 바뀌며 잉크 주석을 클릭하여 지웁니다.
❸ 슬라이드의 모든 잉크 지우기 : 잉크 주석을 모두 지웁니다.
❹ 펜 색 : 펜/사인펜/형광 사인펜/형광펜의 색을 바꿀 수 있습니다.
❺ 펜 굵기 : 펜/사인펜/형광 사인펜/형광펜의 펜 굵기를 바꿀 수 있습니다.

❹ 마우스 포인터가 형광펜 모양으로 변경되면 다음과 같이 드래그하여 주요 내용을 표시한 후 4번 슬라이드로 이동하기 위해 PageDown 을 누릅니다.

펜이나 형광펜을 사용하면 클릭하거나 Enter 를 눌러 다음 슬라이드로 이동할 수 없기 때문에 PageDown 을 눌러 이동해야 합니다.

5 4번 슬라이드가 전체 화면으로 나타나면 슬라이드 쇼를 종료하기 위해 Esc를 누릅니다.

> 광개토대왕은 고구려의 제19대 왕(재위 기간 391~412)으로 이름은 담덕입니다. 광개토대왕은 우리나라 최초로 '영락'이라는 연호를 사용하여 자주 의식을 높였습니다. 또한 북쪽으로는 후연과 동부여 등을 공격하여 만주를 차지하고, 남쪽으로는 백제를 공격하여 한강 이북을 차지하는 등 남북으로 국토를 크게 확장하였습니다. 그리고 400년에는 신라의 제17대 왕인 내물왕의 요청으로 5만의 원군을 보내어 왜구를 물리쳐 주었습니다.
>
>
>
>
>
>

6 '잉크 주석을 저장할까요?'라고 묻는 대화상자가 나타나면 [아니요] 단추를 클릭합니다.

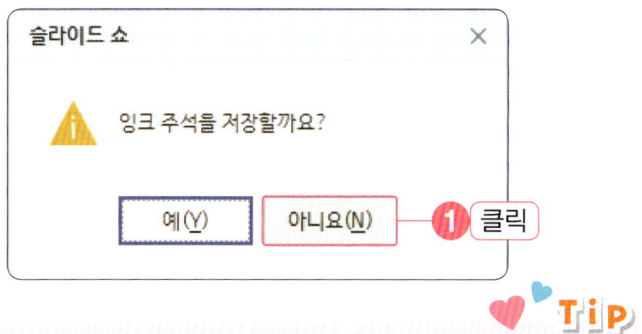

[예] 단추를 클릭하면 잉크 주석이 슬라이드에 도형을 그린 것처럼 삽입됩니다.

7 슬라이드 쇼가 종료됩니다.

알아두면 실력튼튼

슬라이드 쇼 일시 중지하기

- **방법1** : ,를 누르면(흰 화면이 됩니다) 슬라이드 쇼를 일시 중지시킬 수 있고, 다시 ,를 누르면 슬라이드 쇼를 진행시킬 수 있습니다.
- **방법2** : .를 누르면(검은 화면이 됩니다) 슬라이드 쇼를 일시 중지시킬 수 있고, 다시 .를 누르면 슬라이드 쇼를 진행시킬 수 있습니다.

THEME 02 예행연습하기

1 예행연습을 하기 위해 [슬라이드 쇼] 탭에서 [예행연습]을 클릭합니다.

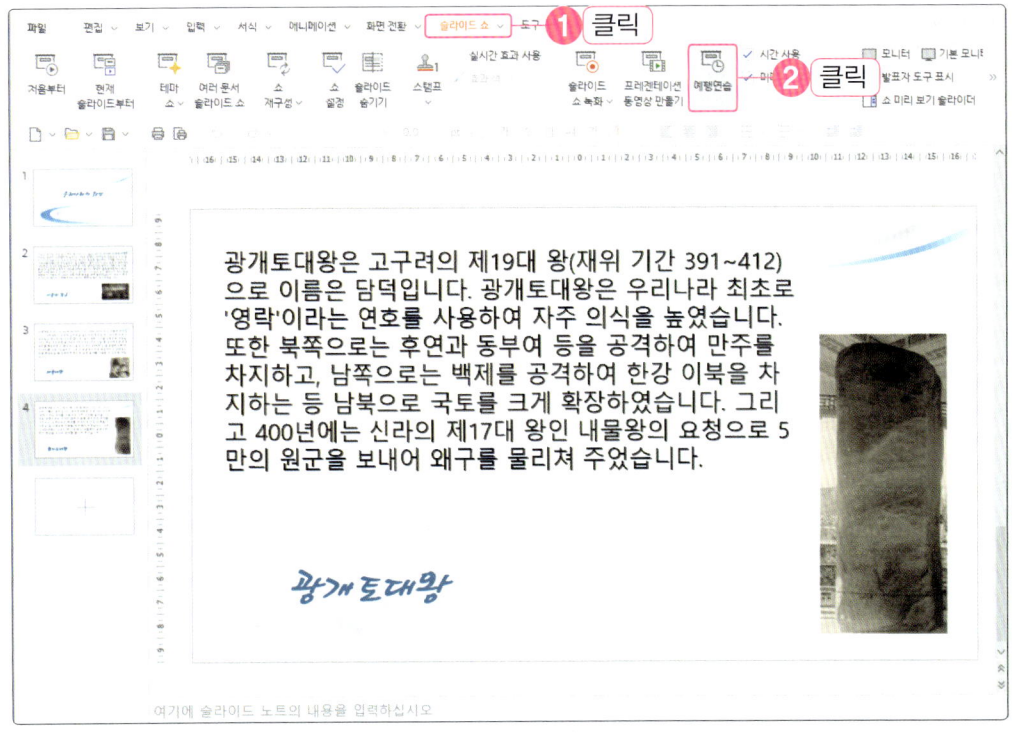

2 [예행연습] 도구 상자와 함께 1번 슬라이드가 전체 화면으로 나타나면 슬라이드 쇼를 진행합니다.

Tip

[예행연습] 도구 상자는 슬라이드 쇼의 진행 시간을 기록하는데요. 슬라이드 쇼를 일시 중지시킨 시간은 슬라이드 쇼의 진행 시간에 포함되지 않습니다.

예행연습 도구 상자

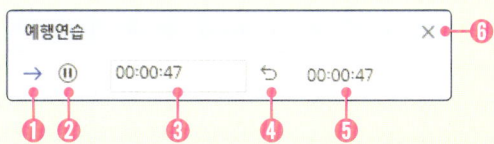

① **다음** : 다음 슬라이드로 이동하고, 예행연습 시간은 00:00:00부터 다시 시작됩니다.
② **일시 중지** : 예행연습 시간과 전체 예행연습 시간을 일시 정지합니다.
③ **슬라이드 시간** : 슬라이드 한 페이지를 진행하는 데 걸리는 시간을 HH:MM:SS 형식으로 표시합니다.
④ **다시 시작** : 예행연습 시간과 전체 연습 시간을 00:00:00으로 설정하면서 예행연습이 다시 시작됩니다.
⑤ **전체 예행연습 시간** : 전체 슬라이드의 프레젠테이션 진행 시간을 합산하여 전체 예행연습 시간을 HH:MM:SS 형식으로 표시합니다.
⑥ **닫기** : 예행연습을 종료합니다.

③ 슬라이드 쇼를 종료한 후 '슬라이드 쇼를 볼 때 사용할 새 슬라이드 시간을 저장할까요?'라고 묻는 대화상자가 나타나면 [저장] 단추를 클릭합니다.

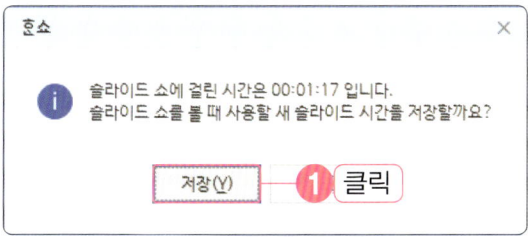

④ 다음과 같이 프레젠테이션 보기를 여러 슬라이드 보기로 전환하여 슬라이드별로 슬라이드 시간을 표시해 줍니다. 슬라이드 시간대로 슬라이드 쇼가 진행되는지 확인하기 위해 [슬라이드 쇼] 탭에서 [처음부터]를 클릭합니다.

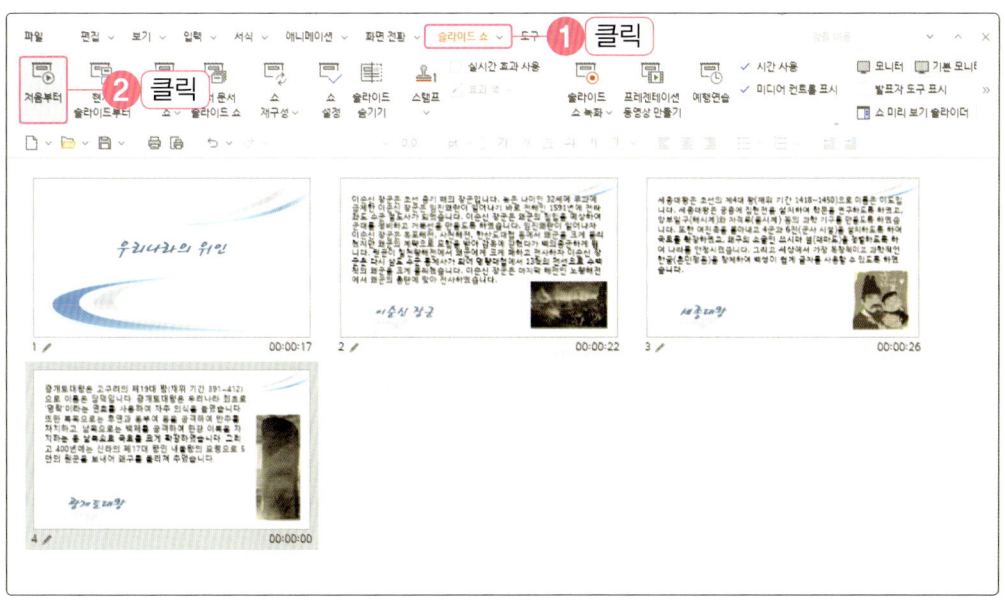

Chapter 23 - 슬라이드 쇼 진행하고 예행연습하기

❺ 다음과 같이 슬라이드 시간대로 슬라이드 쇼가 진행되는 것을 확인할 수 있습니다.

알아두면 실력튼튼

슬라이드 시간 사용하지 않기

다음과 같이 [화면 전환] 탭을 보면 [다음 시간 후 자동 전환]이 선택되어 있는 것을 확인할 수 있는데요. 예행 연습을 한 후 슬라이드 시간을 사용하면 [다음 시간 후 자동 전환]이 자동으로 선택되는 것입니다. [다음 시간 후 자동 전환]을 선택 해제하면 슬라이드 시간을 사용하지 않을 수 있습니다.

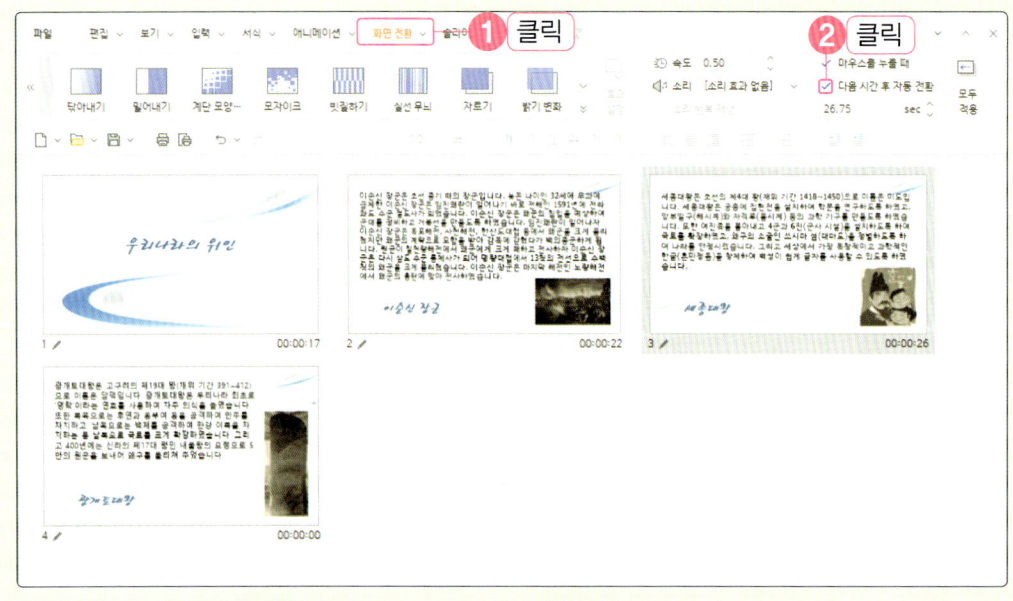

01 다음과 같이 '세계의 위인' 파일을 연 후 슬라이드 쇼를 진행하면서 펜으로 주요 내용을 표시해 보세요.

마더 테레사

마더 테레사는 마케도니아에 있는 스코페 출신으로 알바니아계이며 수녀입니다. 마더 테레사는 1928년에 수녀가 된 뒤 1929년에 영국의 식민지였던 인도의 캘커타(현재 콜카타)로 건너가 평생을 가난한 사람들, 버려진 아이들, 노인들, 한센병 환자들을 위해 헌신하였습니다. 마더 테레사는 막사이사이상, 요한 23세 평화상, 템플턴상 등을 받았으며 1979년에 노벨 평화상을 받았습니다.

02 다음과 같이 예행 연습을 하여 슬라이드 시간을 표시해 보세요.

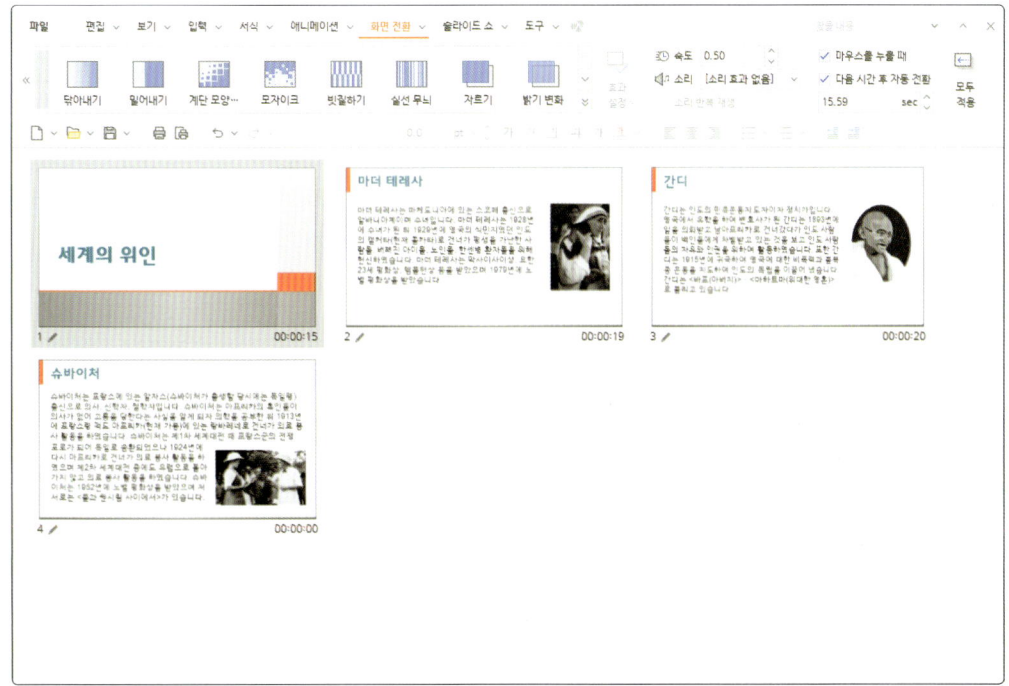

Chapter 24 단원 종합 평가 문제

01 다음 중 슬라이드 마스터에 대한 설명으로 옳지 않은 것은 어느 것인지 골라 보세요.
① 슬라이드 마스터를 설정하면 제목이나 내용 등의 서식을 모든 슬라이드에 동일하게 적용할 수 있습니다.
② [보기] 탭에서 [슬라이드 마스터]를 클릭하면 슬라이드 마스터를 설정할 수 있습니다.
③ 슬라이드 마스터를 설정하면 슬라이드에서 직접 제목이나 내용 등의 서식을 지정할 수 없습니다.
④ 제목 슬라이드 레이아웃을 설정하면 제목 슬라이드에만 적용됩니다.

02 다음 □ 안에 들어갈 말은 무엇인지 적어 보세요.

□은(는) 슬라이드 쇼를 진행하면서 펜이나 형광펜으로 표시한 흔적을 말합니다.

03 다음 중 슬라이드 쇼를 시작하는 방법에 대한 설명으로 옳지 않은 것은 어느 것인지 골라 보세요.
① [슬라이드 쇼] 탭에서 [처음부터]를 클릭하면 1번 슬라이드부터 슬라이드 쇼를 시작합니다.
② F5를 누르면 1번 슬라이드부터 슬라이드 쇼를 시작합니다.
③ 슬라이드 탭에서 2번 슬라이드를 선택한 후 [슬라이드 쇼] 탭에서 [현재 슬라이드부터]를 클릭하면 2번 슬라이드부터 슬라이드 쇼를 시작합니다.
④ 슬라이드 탭에서 2번 슬라이드를 선택한 후 Alt+F5를 누르면 2번 슬라이드부터 슬라이드 쇼를 시작합니다.

04 다음 중 슬라이드 쇼에서 다음 슬라이드로 이동할 수 있는 키가 아닌 것은 어느 것인지 골라 보세요.
① Enter   ② SpaceBar
③ BackSpace   ④ PageDown

05 다음 중 애니메이션에 대한 설명으로 옳지 않은 것은 어느 것인지 골라 보세요.
① 애니메이션은 개체나 문단에 지정할 수 있습니다.
② 애니메이션을 지정하면 해당 슬라이드 번호 아래에 ☆[애니메이션 실행] 아이콘이 표시됩니다.
③ 애니메이션 효과 옵션은 애니메이션마다 다릅니다.
④ 애니메이션을 지정하지 않은 개체나 문단은 애니메이션을 지정한 개체나 문단보다 나중에 나타납니다.

06 다음 중 슬라이드 쇼를 진행하다가 다른 슬라이드로 바로 이동할 수 있는 기능은 어느 것인지 골라 보세요.
① 하이퍼링크   ② 화면 전환 효과
③ 애니메이션   ④ 슬라이드 마스터

07 다음 중 마지막 슬라이드로 이동할 수 있는 실행 단추는 어느 것인지 골라 보세요.
① ◁| ② |▷
③ ◁   ④ ▷

08 한 슬라이드에서 다른 슬라이드로 이동할 때 다른 슬라이드가 나타나는 방식을 무엇이라고 하는지 적어 보세요.
(   )

■ 정답은 159 페이지에 있습니다.

09 다음과 같이 '쥐라기와 백악기에 살던 공룡' 파일을 연 후 모든 슬라이드에 화면 전환 효과를 지정한 다음 지정된 화면 전환 효과를 확인해 보세요.

• 화면 전환 효과 지정 : 화면 전환 효과(밀어내기[오른쪽으로]), 속도(3), 모두 적용

10 다음과 같이 '달의 한글이름' 파일을 연 후 실행 단추를 삽입한 다음 1번 슬라이드부터 슬라이드 쇼를 시작하여 삽입한 실행 단추를 확인해 보세요.

• 실행 단추 삽입 : 1번 슬라이드(▷[실행 단추: 앞으로 또는 다음]), 2번 슬라이드(◁[실행 단추: 뒤로 또는 이전])

▲ 1번 슬라이드   ▼ 2번 슬라이드

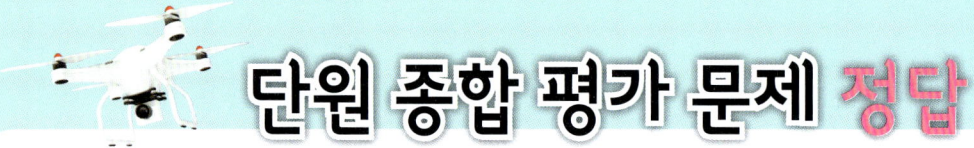

08 단원 종합 평가 문제 - 46 페이지

01 ③ 한쇼는 MS 오피스 프로그램의 파워포인트와 같이 프레젠테이션 문서를 만들때 사용합니다.

02 ② 메뉴 표시줄은 프로그램에서 사용하는 메뉴를 비슷한 기능별로 묶어 놓은 곳입니다.

03 **글머리표/번호 매기기** 문단의 앞에 붙은 숫자/기호/불릿 모양을 의미합니다.

04 ① ②는 제목 및 내용, ③은 내용 2개, ④는 제목만 슬라이드를 의미합니다.

05 ① Alt + D 는 슬라이드를 복제할 때 사용합니다.

06 ① 문단이란 글의 단위로 단락이라고도 합니다. Enter 를 누른 곳에서 부터 다음 Enter 를 누른 곳까지의 내용을 의미합니다.

07 ④ ①은 취소선, ②는 기울임, ③은 밑줄을 의미합니다.

08 **모양 복사** 모양 복사는 텍스트에 지정된 모양을 복사하여 다른 텍스트에 지정합니다.

16 단원 종합 평가 문제 - 102 페이지

01 ④ 개체를 서로 겹치면 먼저 삽입한 개체가 나중에 삽입한 개체 아래에 겹쳐집니다.

02 ② 원 또는 사각형을 그릴 때 Shift 를 누르고 드래그하면 정원 또는 정사각형을 그릴 수 있습니다.

03 **그룹** 선택한 개체를 합쳐서 하나의 개체로 만드는 것을 그룹이라고 합니다.

04 ① 셀보기에 표시된 표는 가로 행(줄)이 4, 세로 열(칸)이 5개인 4행 5열의 표입니다.

05 ③ 차트는 수치 데이터를 분석하여 그 관계를 일정한 양식(그래프)으로 나타낸 것을 의미합니다.

06 ④ 데이터 레이블은 데이터 요소의 계열 이름, 항목 이름, 값 및 백분율을 레이블로 표시합니다.

07 ③ ①은 그림 삽입, ②는 워드숍, ④는 글상자를 삽입할 때 사용합니다.

08 **유인물** 프레젠테이션을 진행하는 동안 청중이 보거나 나중에 참조할 수 있도록 배포하는 인쇄물을 유인물이라고 합니다.

단원 종합 평가 문제 정답

24 단원 종합 평가 문제 - 156 페이지

01 ③ 슬라이드 마스터를 설정하면 슬라이드의 제목 및 내용 등의 서식을 미리 지정할 수 있습니다.

02 잉크 주석 슬라이드 쇼를 진행하면서 펜이나 형광펜으로 표시한 흔적을 잉크 주석이라고 합니다.

03 ④ 현재 슬라이드부터 슬라이드 쇼를 진행할 경우 Shift+F5을 누릅니다.

04 ③ BackSpace는 이전 슬라이드로 이동할 때 사용합니다.

05 ④ 애니메이션을 지정하지 않은 개체는 지정한 개체보다 가장 먼저 나타납니다.

06 ① 슬라이드 쇼를 진행하다 다른 슬라이드로 바로 이동하는 기능을 하이퍼링크라고 합니다.

07 ② ①은 처음 슬라이드, ③은 이전 슬라이드, ④는 다음 슬라이드로 이동할 때 사용합니다.

08 화면 전환 효과 슬라이드와 슬라이드 간의 이동에는 화면 전환 효과를 사용합니다.